비즈니스 영어의 결정적 표현들

손민지

코넬대학교 경제학과 졸업 후 공채로 삼성화재에 입사. 영어 관련 업무를 본격적으로
공부하고자 한국외대 통번역대학원에 진학, 전 학기 성적 장학생으로 졸업했다.
회사원이던 경험을 살려 현장감 넘치는 비즈니스 영어를 가르치고 있으며, 직장인들이
영어로 스트레스를 덜 받았으면 하는 마음으로 강의에 살을 보태 이 책을 썼다.
국제회의 동시통역사로 N사, A사, D사 등 OTT 기업 및 다수의 아티스트가 소속된 H사와
지속적으로 협업하고 있다.

박도영

성신여대 불문과 조기 졸업 후 서울대 불어교육과에 진학해 학사만 두 개인 학사 부자.
해외 인턴 시절, 시험 영어가 실전 비즈니스 상황에서 통하지 않음을 뼈저리게 느끼고
학습 방법을 고민해 극복한 의지의 국내파이다.
영어교육 기업에서 커리큘럼 및 학습 방법 개발 업무를 담당했고, 강의 기획자가 되자마자
개인적인 경험을 바탕으로 강의를 제작했고, 이 책을 쓰게 되었다.
AI를 활용한 콘텐츠 개발 등 다방면으로 활동하고 있다.

비즈니스 영어의 결정적 표현들

지은이 손민지, 박도영
초판 1쇄 인쇄 2024년 4월 5일
초판 1쇄 발행 2024년 4월 15일

발행인 박효상 **편집장** 김현 **기획·편집** 장경희, 이한경 **디자인** 임정현
마케팅 이태호, 이전희 **관리** 김태옥

기획·편집 진행 김현 **교정·교열** 박혜민
본문 디자인 안혜선

종이 월드페이퍼 **인쇄·제본** 예림인쇄·바인딩

출판등록 제10-1835호 **발행처** 사람in **주소** 04034 서울시 마포구 양화로 11길 14-10 (서교동) 3F
전화 02) 338-3555(代) **팩스** 02) 338-3545 **E-mail** saramin@netsgo.com
Website www.saramin.com

ISBN 979-11-7101-074-5 14740
     978-89-6049-783-2 세트

우아한 지적만보, 기민한 실사구시 **사람in**

비즈니스 영어의 결정적 표현들

Business English:
Key Expressions

손민지, 박도영 지음

사람In

1만 직장인의 선택, 평점 5.0 만점의 강의를 책 한 권으로!

누구보다 직장인의 답답한 마음을 잘 아는 국내파 강의 기획자와 국내외 굴지의 기업들 (글로벌 OTT 서비스 N사, A사, D사, 대형기획사 H사 등)과 꾸준히 협업 중인 국내 탑티어 통번역사가 강의에 이어 도서로 다시 한번 힘을 합쳤습니다. 이 분들의 얘기를 살짝 들어볼까요?

🎎 저는 시험 영어는 자신 있지만 회화는 약한 전형적인 학교 스타일의 영어 학습자였어요. 그러다 제 전공인 프랑스어는 물론이고 영어까지 같이 써야 하는 업무 환경에 갑자기 떨어지게 되면서 고생 좀 했죠. 알아는 듣겠는데, 말하려면 문장이 이어지지 않아서 "어- 음…"만 옹알거렸던 많은 순간들이 지금도 아찔하네요.

✋ 저도 S화재 공채 출신으로, 또 9년차 국제회의 동시통역사로서 대기업, 외국계, 금융사 등 수없이 많은 회사 미팅에 참석하면서 그런 안타까운 케이스를 참 많이 봐 왔어요. 한국어로 말씀하실 땐 그렇게나 유창하고 스마트한 분들이 영어로 말해야 하는 순간만 오면 한없이 작아지는 모습을요.

🎎 그 마음 너무 잘 알 것 같아요. 저는 주어까지는 어떻게든 말해 놓고 동사에서 자주 막혔거든요. 그래서 회사에서 자주 쓰는 표현을 리스트로 만들고 상황에 맞게 영어 표현 2~3개를 찾아 두었어요. 각 표현의 미묘한 뉘앙스 차이는 현실에서 부딪혀 가면서 익혔던 것 같아요. 그때 처음 회사에서 한 문장을 말하더라도 이렇게 다양하게 표현할 수 있다는 걸 깨달았지요. 시간이 흘러 강의 기획자가 되었을 때, 처음부터 비즈니스 강의 제작을 꿈꿨던 건 이때의 경험이 워낙 강렬했기 때문이었죠. 그것이 이 책에 고스란히 담긴 거고요.

✋ 정말 공감하는 게 실제로 일에 대한 전문용어(명사)는 담당자 본인이 오히려 (담당자를 쪼고 또 쪼아서 전날 밤 다급히 건네받은 자료로 벼락치기 공부한) 통역사보다 훨씬 더 잘 아시거든요. 그래서 외국인이 샬라샬라 말해도 용어는 쏙쏙 잘 들으세요. 하지만 직접 반론을 제기하거나, 동의를 하거나, 혹은 새로운 제안을 하려고 할 때, 업계 용어는 알지만 그걸 문장으로 풀어내지 못 해서 답답해하는 분들을 많이 만났었죠.
그래서 비록 저의 미래 밥그릇이 걱정되는 한이 있더라도 어둠 속에 촛불(명사) 하나 의지해서 비틀비틀 가는 직장인 여러분들께 씩씩하게 걸어 가시라고 수많은 가로등(동사!)을 켜서 길을 밝혀 드리고자 합니다. 그것이 이 책을 기획하게 된 목적이자 이유입니다.

비즈니스 영어, 클래스는 영원하다

 저희가 심혈을 기울여 만든 이 책을 한 마디로 뭐라고 할 수 있을까요?

 비즈니스 영어는 직급에 따라 해야 할 말이 구분되는 것도 아니고 유행이라는 게 크게 있지 않잖아요. 비즈니스 영어가 필요한 순간마다 여러분의 손이 갈, 회사 책상 위 단 하나의 필독서가 될 책이라고 자부합니다. 비즈니스 영어계의 〈삐뽀삐뽀 119〉 같은 책이 되고 싶어요! (〈삐뽀삐뽀119〉 아시죠? 부모들의 육아 필독서)

 어떤 분들이 이 책을 보면 좋을까요?

음, 이런 분들이 보면 딱일 것 같아요.
- 단어는 아는데 이상하게 문장으로 조합이 안 되는 분
- '미안 = Sorry, 검토하다 = review'처럼 영어 동사를 단어처럼 1:1로 외우신 분
- 백날천날 회사에서 똑같은 동사 표현만 사용하시는 분
- 중요한 미팅 자리에서 적절한 톤앤매너로 말하고 있는지 고민이신 분
- 옆 팀 외국물 먹은 박 대리처럼 자연스럽게 easy~한 영어를 쓰고 싶으신 분

 "나는 일 정말 잘하는데 내가 저 친구보다 영어 좀 못 해서…" 이렇게 영어가 평생의 업보이고 고민이자 약점이었던 많은 분들! 그냥 다시 태어나야 하는 건가 하고 영어는 포기하셨던 분들! 이제 이 책으로 날개 펴시고 당당하게 회사 생활을 하실 수 있으면 좋겠습니다.

우리 모두 회사 생활해 봐서 알지만 그 바쁜 와중에 영어 공부를 하겠다고 결정하신 것 자체가 대단한 일이라고 생각합니다. 그 결심이 헛되지 않도록 저희 책이 돕겠습니다. 대한민국 직장인 화이팅!

손민지, 박도영

직장인이 회사에서 많이 쓰는 표현은 '~해 주세요'의 청유문과 '~하겠습니다'의 다짐을
나타내는 문장입니다. 문제는 나의 청유와 다짐은 듣는 사람에 따라, 말해야 하는 상황에
따라 표현이 달라져야 한다는 것입니다. 표현이 달라지는 것의 핵심은 동사지요. 유연한
직장 생활을 위한 비즈니스 필수 표현을 가장 효과적으로 드러내기 위해 본 책은 다음과
같이 구성되어 있습니다.

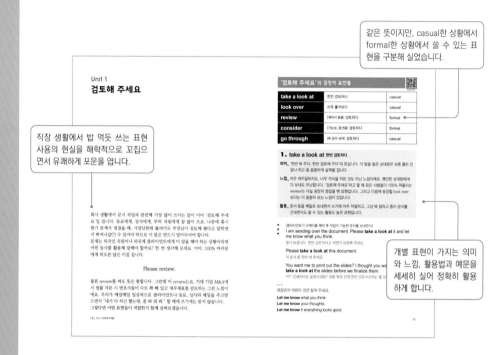

같은 뜻이지만, casual한 상황에서
formal한 상황에서 쓸 수 있는 표
현을 구분해 실었습니다.

직장 생활에서 밥 먹듯 쓰는 표현
사용의 현실을 해학적으로 꼬집으
면서 유쾌하게 포문을 엽니다.

개별 표현이 가지는 의미
와 느낌, 활용법과 예문을
세세히 실어 정확히 활용
하게 합니다.

저자 추천 활용법

!주의! 굉장히 많은 내용이 들어 있습니다. 정말 꽉꽉 채웠어요. 표현을 다 외우려고 하기보다는 각
표현의 디테일한 차이를 이해하고 새로운 표현법을 하나씩 시도해 보세요.

step 1. 내가 현재 사용하고 있는 동사 표현의 뉘앙스와 정확한 사용법을 확인해 보세요.

step 2. 추가로 사용하고자 하는 동사 표현을 하나씩 늘려 보세요.

step 3. 예문과 Good to Know에 나오는 내용을 익혀 유창함을 더해 보세요.

QR 코드를 찍으면 원어민이 녹음
한 표현과 예문, 상황 대화를 들을
수 있습니다.

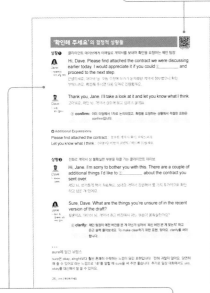

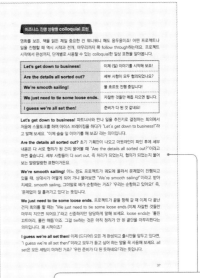

앞서 배운 표현들이 실제 상황에서 어떻게 쓰이는지
대화를 제시합니다. 우리말 해석을 보고 빈칸에 들
어갈 내용을 유추하면서 배운 내용을 상기해 보세
요. 캐릭터들의 속마음은 직장인들의 해학과 애환을
담아 자칫 딱딱할 수 있는 내용에 활기를 더합니다.

직장에서 자주 쓰이는 일명 쿠션어들과 알아
두면 좋을 팁들을 모았습니다. 진짜 필요하
지만 상세히 알기 힘들었던 내용을 해학과
익살을 곁들여 제시합니다.

Glossary

Glossary 활용법
각 유닛의 결정적 표현들 표에 있던 동사 표
현들, Additional Expressions에 나왔던
어구들, *** 코너와 Good to Know에 나왔
던 내용들이 한국어 기준으로 한-영 순서로
나와 있습니다. 우리말 뜻은 아는데 영어 표
현이 생각나지 않을 때 찾아보세요.

목차_

Chapter 1 문서 작업 시 결정적 비즈니스 표현들

Chapter 2 사내 커뮤니케이션 시 결정적 비즈니스 표현들

Chapter 3 회의와 컨퍼런스콜 전후 결정적 비즈니스 표현들

Chapter 4 문제 해결과 대응을 위한 결정적 비즈니스 표현들

결정적 상황들 속 인물들_

마케팅팀

Jane

마케팅팀장으로 일 잘하고 똑부러지는 커리어 우먼.
어리바리한 직원에, 협조 안 해 주는 타 부서 때문에
속은 썩지만 감싸 줄 때는 따뜻하고 지적할 때는
따끔하여 신망이 높다.

Mark

일 잘한다는 소리는 듣고 싶은 어리바리 신입 사원.
제인 팀장과 파트너사 사이에서 진퇴양난일 때도 있지만
늘 긍정적으로 임한다.

Ken

마케팅팀 대리로 마크가 힘들 때마다 은근슬쩍
나서서 도와주는 센스 있는 구원자.
가끔 빼질대는 때도 있지만 제인 팀장 앞에서는
항상 온순한 양이다.

협력사

Dave

제인 팀장네 주요 클라이언트. 잘 나가다 아닌 밤중에
홍두깨 같은 소리를 해서 제인 팀장 속을 뒤집기도 하지만,
제인 팀장의 능력을 인정하여 문제없이 관계를 이어 오고 있다.

Gena
데이브의 비서. 이랬다저랬다 하는
데이브 때문에 스트레스 받아서 제인 팀장한테
무례하게 굴다 와장창 깨진 전력의 소유자.
이후로 온순하다.

Lauren

제인 팀장네 외주 디자이너.
기껏 정해 놓고 나중에 뒤엎는 바람에 생고생을 하지만,
그래도 마크와 티키타카를 이뤄 일을 진행해 낸다.

그 외 조연 인물들

Tim: 데이브의 남자 비서
Ted: 제인 팀장 회사 CEO
Michael: 제인 팀장 회사 IT팀장
Christine: IT팀 직원
Noah: IT팀 직원
Grace: 마케팅팀 직원
Natalie: HR팀 직원

Chapter 1

문서 작업 시 결정적 비즈니스 표현들

Unit 1
검토해 주세요

회사 생활에서 문서 작업과 관련해 가장 많이 쓰이는 말이 아마 '검토해 주세요'일 겁니다. 동료에게, 상사에게, 부하 직원에게 참 많이 쓰죠. 나중에 혹시 뭔가 문제가 생겼을 때, 사장님한테 불려가도 부장님이 검토해 줬다고 말하면서 빠져나갈(?) 수 있어야 하므로 이 말은 반드시 알아두어야 합니다.

문제는 외국인 직원이나 외국계 클라이언트에게 이 말을 해야 하는 상황이라면 어떤 동사를 활용해 말해야 할까요? 한 번 생각해 보세요. 아마, 100% 여러분에게 떠오른 답은 이걸 겁니다.

Please review.

물론 review를 써도 뜻은 통합니다. 그런데 이 review는요, 거대 기업 M&A에서 법률 자문 시 변호사들이 수트 쫙 빼 입고 재무제표를 검토하는 그런 느낌이에요. 우리가 매일매일 일상적으로 클라이언트나 동료, 상사와 메일을 주고받으면서 "내가 다 하긴 했는데, 좀 봐 줘 봐." 할 때에 쓰기에는 맞지 않습니다.

그렇다면 어떤 표현들이 적합한지 함께 살펴보겠습니다.

'검토해 주세요'의 결정적 표현들

mp3 001

take a look at	한번 검토하다	casual
look over	쓰윽 훑어보다	casual
review	(계약서 등을) 검토하다	formal
consider	(가능성, 옵션을) 검토하다	formal
go through	(죽 읽어 보며) 검토하다	casual

1. take a look at 한번 검토하다

의미_ '한번 봐 주다, 한번 검토해 주다'의 뜻입니다. 이 말을 들은 상대방은 보통 틀린 건 없나 하고 좀 꼼꼼하게 살펴볼 겁니다.

느낌_ 아주 캐주얼하지도, 너무 격식을 차린 것도 아닌 느낌이에요. 웬만한 상대방에게 다 보내도 무난합니다. '검토해 주세요'라고 할 때 모든 사람들이 100% 떠올리는 review는 사실 굉장히 점잖을 뺀 표현입니다. 그리고 다음에 등장할 look over 보다는 더 꼼꼼히 보는 느낌이 있답니다.

활용_ 문서 등을 메일로 보내면서 쓰기에 아주 적절하고, 그냥 봐 달라고 종이 문서를 건네면서도 쓸 수 있는 활용도 높은 표현입니다.

- - - (클라이언트가 오케이를 해야 후 작업이 가능한 문서를 보내면서)
I am sending over the document. Please **take a look at** it and let me know what you think.
문서 보냅니다. 한번 검토하시고 어떤지 말씀해 주세요.

Please **take a look at** this document.
이 문서 좀 한번 봐 주세요.

You want me to print out the slides? I thought you wanted to **take a look at** the slides before we finalize them.
PPT 인쇄하라는 말씀이세요? 최종 확정 전에 한번 검토하시려는 줄 알았어요.

* * *
괜찮은지 어떤지 의견 알려 주세요.

Let me know what you think.
Let me know your thoughts.
Let me know if everything looks good.

15

2. look over 쓰윽 훑어보다

의미_ look over도 비즈니스 상황에서 굉장히 많이 쓰입니다. over는 위를 쓰윽 지나가는 의미이고, at은 정확히 한 지점이죠. 그래서 look over는 '쓰윽 보다'의 뜻이고, take a look at은 '좀 더 자세히 보고 검토하다'라는 차이점이 있습니다.

느낌_ 페이지를 쓱쓱 넘기면서 훑어보는 확인의 느낌이 바로 look over입니다.

●
●
●
   (컨퍼런스 콜이 예정돼 있어서 어제 제안서를 넘긴 상황)

Did you have a chance to **look over** the proposal I sent you yesterday?
혹시 어제 보내드린 제안서 보셨어요?

Let's have a talk after I **look over** this draft, shall we?
일단 제가 이 기획안 좀 읽어 보고, 그 후에 잠깐 얘기 좀 할까요?

How much time do you need to **look over** the draft?
기획안 보시는 데 시간이 얼마나 걸릴까요?

* * *
'혹시'는 Did you have a chance to ~?

영어에서 질문할 때 Did you ~?라고 바로 훅 들어가기보다 '혹시'의 의미인 Did you have a chance to ~?를 넣어 말하면 훨씬 더 우회적이고 매너 있는 화법입니다.

Did you look over the proposal I sent over yesterday?
어제 보낸 제안서 봤어요?

Did you have a chance to look over the proposal I sent over yesterday?
혹시 어제 보내드린 제안서 보셨어요?

3. review (계약서 등을) 검토하다

느낌_ review는 앞에서도 얘기했듯이 조금 포멀한 느낌입니다. 마치 검토자가 단순히 보고 끝나는 게 아니라 메모에 의견을 달아서 제시해야 할 것 같은 뉘앙스가 있지요.

활용_ 계약서 같은 공식 문서일 때 사용하거나, (상사에게 검토를 부탁드리는 것보다 오히려) 상사가 부하 직원한테 일을 시킬 때 사용하는 게 더 적합할 수도 있습니다. 또 두 회사가 계약하는데 계약서를 한 쪽에서 쓰고서 다른 쪽에 검토하라고 넘길 때 쓸 수 있습니다.

- Please **review** the attached agreement.
  첨부한 계약서 검토 부탁드립니다.

  Have you had the time to **review** the contract?
  계약서 검토해 보실 시간이 있으셨어요?

  I think it's better we **review** the contract together in person.
  직접 만나서 계약서를 같이 검토하는 게 더 좋을 듯해요.

4. consider (가능성, 옵션을) 검토하다

활용_ consider하면 '고려하다'가 먼저 떠오를 겁니다. 비즈니스 영어에서 consider는 문서보다는 제안을 검토하거나 어떤 옵션을 검토할 때 사용합니다.

- We're **considering** the possibility of developing a new app.
  신규 앱 개발 가능성을 검토하고 있습니다.

  We're **considering** three options at the time.
  현재로서는 세 가지 옵션을 검토하고 있습니다.

  We will need some time to **consider** your proposal.
  제안을 고려해 볼 시간이 좀 필요합니다.

  *time 앞에 some을 추가하면 '어느 정도의 시간'이란 의미로 그냥 time만 쓸 때보다 좀 더 유한 느낌이 듭니다.

* * *

톤다운의 선봉장 possibility of

불확실성이 크거나 가능성 자체를 검토 중일 때는 possibility of를 써서 (나중에 엎어질 수도 있으니 미리 방지 차원에서) 톤다운해 보세요.

considering developing a new app
속뜻: 신규 앱 개발 가능성 80% 이상

considering the **possibility of** developing a new app
속뜻: 신규 앱 개발 가능성 50:50

5. go through (죽 읽어 보며) 검토하다

느낌_ go through 하면 관통해서 죽 나가는 거죠? 죽 읽어 보며 검토해 본다는 의미의 go through는 서류 등을 한 장 한 장 넘기며 검토하는 느낌에 부합합니다.

- Let me **go through** the document and see if there's anything I could add.
  문서 죽 읽어 보면서 제가 추가할 수 있는 게 있나 볼게요.

  Let's **go through** the agreement page by page.
  계약서 한 장 한 장 검토해 보죠.

  I don't think I have time to **go through** the whole deck thoroughly.
  제가 PPT 전체를 꼼꼼히 볼 시간이 없을 것 같아요.

* * *

PPT 대신 deck이나 slides!

PPT를 영어로는 slides, deck라고 보통 표현합니다. slide는 장표 1장, slides 하면 전체 PPT라는 뜻이죠. PPT라는 줄임말은 거의 쓰지 않고요, 차라리 powerpoint라고 풀어 쓰는 경우가 더 많습니다.

Have you finished creating all the **slides**?
PPT 장표 다 만들었어요?

Here is the link for the new **deck**.
새 PPT는 여기 링크에 올려 두었어요.

Good to Know 정중함을 더하는 표현

비즈니스에서 무엇보다 중요한 것이 정중하게 표현하는 것입니다. please만 붙인다고 다 정중한 표현이 되는 건 아니죠. 정중한 표현을 할 때는 문장에 would / could / can / let me know를 많이 씁니다.

1. I **would** like your thoughts on the contract.
   계약서에 관한 귀하의 의견을 알고 싶습니다.

2. Please **let me know** if you have any questions / concerns / feedback.
   질문 / 우려 사항 / 피드백이 있으면 알려 주십시오.

3. **Could** you tell me which option you prefer between sample A and B?
   샘플 A와 B 중 선호하는 게 어떤 건지 알려 주시겠어요?

mp3 002

상황❶ 클라이언트 데이브에게 계약서 초안을 보내고 검토해 달라고 하는 제인 팀장

Jane:
└ 초안 겸
최종본으로!

Hello, Dave. We'd appreciate it if you can ①_____ the draft contract I've attached below. Please let me know your thoughts.

안녕하세요, 데이브 님. 첨부한 계약서 초안 검토 요청 드립니다. 관련해서 의견 부탁합니다.

Dave:

Thank you for sharing the draft contract, Jane. I reviewed it and everything looks fine.

계약서 초안 공유해 주셔서 감사합니다, 제인 님. 검토해 보니 다 괜찮아 보이네요.

Jane:
└ 이거 이거 또
대충 봤구먼.

So fast? Wow, thank you! I was worried it would take you quite some time to ②_____ it all.

벌써요? 감사해요! 꼼꼼히 다 보시는 데 시간이 꽤나 걸릴 줄 알았어요.

> ① **review:** 공식적인 문서를 검토해 달라는 정중하고 포멀한 상황이기에 review를 씁니다.
> ② **go through:** 계약서이다 보니 자세히, 꼼꼼히 봐야 하기 때문에 go through를 씁니다.

상황❷ 다 괜찮아 보인다더니 갑자기 진상 멘트를 날리는 클라이언트 데이브

Dave:
└ 자연스럽게
뻔뻔하게…

We're ①_____ sending over 30% of the service fee in advance. Would that be alright?

우선 계약 금액의 30%를 먼저 보내는 걸 검토 중이에요. 괜찮을까요?

Jane:
└ 뭐야,
속을 뻔!

We usually ask for an upfront payment of 50% of our service fee, but let me look into that with my team and get back to you.

저희는 서비스 제공 전 선수금 50% 수령을 원칙으로 합니다만, 팀과 내부 논의해 보고 다시 알려 드릴게요.

> ① **considering:** 원래 선금이 50%인데, 데이브가 자기 마음대로 30%만 내는 걸 검토, 고려한다고 합니다. 문서가 아닌 어떤 옵션을 검토할 때는 consider가 들어가면 아주 적합합니다.

➕ Additional Expressions

Let me look into that with my team.: 팀 내부적으로 한번 고려해 볼게요.
Let me get back to you.: 확인해 보고 다시 말씀드리겠습니다. (위급 상황을 모면할 유용한 표현)

상황❸　제인 팀장에게 작성한 문서를 봐 달라고 부탁하는 마크

Mark:
└ 팀장님 ~
한 번만
살려줘요.

Hi, Jane. Do you think you'll have the time to ①_____ a draft summary I wrote up for Dave today? He asked me to share it with him by tomorrow morning.

제인 팀장님, 오늘 데이브 님에게 보낼 요약본 초안을 작성해 봤는데 검토해 주실 수 있을까요? 데이브 님이 내일 오전까지 공유해 달라고 하더라고요.

Jane:
└ 그래, 까짓것
보내 보거라.

Sure, Mark. I can take a look at it. Can you send me a copy via email?

그럼요, 마크. 검토해 줄 수 있죠. 메일로 보내 줄래요?

> ① **take a look at:** 마크는 요약본을 쓰는 데 익숙하지 않으니 문제가 없는지 좀 꼼꼼한 검토가 필요합니다. 제인 팀장이 수정까지 해 주면 더 좋고요. 이럴 때 쓰는 적절한 표현이 바로 take a look at입니다.

상황❹　마크에게 이력서 좀 쓱쓱 봐 달라고 부탁하는 제인 팀장

Jane:
└ 인간적으로
네가 하자.

Mark, I need you to ①_____ the CVs HR shared with us for the internship position at our team. I don't think I'll have the time to look over all of them thoroughly.

마크, 우리 팀 인턴 채용 관련해서 HR에서 보낸 CV 좀 검토해 줄래요? 내가 다 꼼꼼히 확인할 시간이 없을 것 같아요.

Mark:
└ 그성 맞로
때우게 해
줘요.

Okay, Jane. Do you want me to write down my comments and send you an email or should we just talk about it at tomorrow's meeting?

넵, 팀장님. 코멘트 정리해서 메일로 보낼까요, 아니면 그냥 내일 미팅 때 구두로 얘기할까요?

> ① **look over:** 인사팀에서 이력서를 넘겨줬는데, 제인 팀장이 워낙 바쁘니까 마크에게 쓱쓱보고 좀 추려 달라고 합니다. 쓱쓱 넘기며 훑어보는 느낌으로 쓸 수 있는 표현이 바로 look over입니다.

➕ Additional Expressions

CV: 이력서 (= curriculum vitae)

HR: 인사팀 (= Human Resources)

I need you to ~: 네가 ~ 좀 해 줘야겠어 (상사가 부하 직원에게 쓰기 적합한 표현. 반대라면 최소 사장 아들의 위치)

방금 배운 '검토해 주세요'처럼 앞으로 회사에서 하루에도 여러 번 사용하는 표현들을 함께 볼 텐데요, 이 표현들과 단짝인 친구들이 있습니다. 뭔지 감이 오나요? 그렇지요. 바로 **'쿠션어'**입니다.

아무리 개인적인 일이 아니라 회사 일이라도 검토 요청을 그냥 무턱대고 하기는 뭣하죠. 결국은 상대방에게 일을 시키는 셈이니까 '시간 나실 때, 바쁘지 않으실 때 해 주시면 감사하겠습니다.' 같은 말을 써서 굉장히 예의 바른 느낌으로 포문을 열게 되는데, 이때 쓰는 표현을 바로 쿠션어라고 해요. 앞으로 표현과 어울리는 쿠션어들을 함께 알려 드릴 게요.

우리말은 보통 앞에 쿠션어가 오는 반면, 영어는 앞에 들어갈 때도 있고 뒤에 올 때도 있다는 점을 늘 참고해 주세요. 검토를 부탁할 때, 혹은 부탁받고 대답할 때 유용하게 사용할 수 있는 4가지 '시간 날 때' 관련 표현을 살펴보겠습니다.

when you have the time to,	시간 나실 때 (casual)
if time allows,	시간이 나면 (casual)
whenever you can,	시간 나실 때 아무 때나 (casual)
at your convenience,	편하실 때 (formal)

When you have the time to, do you mind taking a look at this research paper I wrote up?
시간 나실 때 제가 작성한 리서치 페이퍼 좀 봐 주실 수 있을까요?

I'll look over your paper **if time allows**.
작성하신 페이퍼는 제가 시간 나면 나면 한번 볼게요.

Please go through the deck **whenever you can**.
시간 나실 때 PPT 한번 검토 부탁드려요. (시간이 부족한 상황은 아닐 때)

If you can review the agreement **at your convenience** and just let me know when you're done, that'd be perfect.
편하실 때 계약서 검토하시고 말씀만 주시면 너무 감사하겠습니다.

Unit 2
확인해 주세요

돌다리도 두들겨 보고 건너야 하는 회사 생활, 두 번 일하지 않기 위해서 확인은 정말 중요합니다. '어제 말씀 드린대로 업무 진행해도 괜찮을까요?', '이 부분이 좀 불분명한데 정확하게 확인해 주시겠어요?'처럼 일에 착수하기 전에 확인하는 것도 있을 수 있고요. '지난주 발주 내역 확인 부탁드리겠습니다.', '제가 다음 주 출장 일정을 제대로 알고 있는지 확인 좀 할게요.'처럼 내용을 명확히 하기 위해서 필요할 때도 있죠.

이렇게나 중요한 '확인해 주세요.', 우리가 한민족임을 '확인'하기 위해 확인을 요청해야 하는 상황에서 쓰는 영어 동사를 떠올려 보세요.

Please check.

미드 대사에서, 영어로 된 노래 가사에서 '이거 한번 봐 봐.', '확인해 봐.'의 의미로 자주 나오는 'Check it out.', 또 식당에서 채식 메뉴가 먹고 싶을 때 'Do you guys have a vegetarian option?' 하고 물으면 'Let me check with our chef and get right back to you.'처럼 일상에서 check가 정말 많이 쓰이는 건 맞습니다. 하지만 비즈니스 TPO (Time-Place-Occasion)에 맞는 '확인하다'는 실제로 훨씬 다양하답니다.

그럼 다양한 '확인해 주세요'의 표현들을 '확인'해 보겠습니다.

Are you okay with ~?	~가 괜찮으세요?	casual
make sure that ~	~가 확실한지 확인해 주세요	casual
confirm	(합의된 내용을) 확인하다	formal
clarify	(모호한 부분을) 확인하다	formal

1. Are you okay with ~? ~가 괜찮으세요?

느낌_ 캐주얼로 분류되기는 했지만, 구어체로 회사에서 확인하는 거의 대부분의 상황에 사용하실 수 있습니다.

활용_ 아래 예문처럼 견적서 확인 같은 돈이 오가는 중요한 일에도 쓰일 수 있습니다.

- **Are you okay with** the quotation our vendor shared with us yesterday? If you want me to further negotiate, I'll give it a try.
  어제 벤더한테 받은 견적서 괜찮으세요? 혹시 좀 더 협상하길 원하시면 제가 해 볼게요.

  Are you okay with me not going to today's meeting?
  저 오늘 미팅 참가 안 해도 괜찮으세요?

  Are you okay with everything as is?
  지금 이대로 괜찮으시겠어요? (= 지금 이대로 갈까요?)
  *as is는 '지금 있는 그대로'라는 의미입니다.

***
우리말 ←→ 영어, 더 적절하게 바꾸기!

문장을 옮길 때 고민되는 부분인데요, 항상 한국어에서 영어로 갈 때는 힘을 한 번 빼거나 한 단계 낮춰 표현하고, 반대로 영어에서 한국어로 갈 때는 한자어로 축약해서 좀 더 고급지게 표현하면 아주 적절합니다.

23

2. make sure that ~ ~가 확실한지 확인해 주세요

느낌_ 이 표현 자체에 부드러운 부탁, 명령의 느낌이 담겨 있어요. Please를 앞에 붙여서 더 부드럽게 만들기도 합니다.

활용_ 이 표현은 확실히 해달라는 명령조가 들어 있어서, 보통 클라이언트가 벤더(협력 업체)한테 얘기할 때, 또는 상사가 부하 직원한테 지시를 내릴 때 사용하면 아주 적합합니다.

- I need you to **make sure that** James wants both of us in the meeting. Otherwise, I should be going to this conference call instead.
  제임스가 우리 둘 다 회의에 참석하길 원하는지 확실히 확인해 줘요. 아니면 난 지금 이 컨퍼런스 콜에 참석하는 게 맞을 것 같아요.

  I need you to **make sure that** the product description does not contain any false information.
  제품 설명에 잘못된 정보가 들어가 있지 않은지 확인해 주세요.

  Can you **make sure that** the numbers are all up to date?
  수치가 다 최신 버전인지 확인해 줄래요?

* * *
'최신 버전'은 new version?

new는 '새로운'의 뜻이라서 '최신'은 most recent 또는 latest란 표현이 더 적절합니다. 계속해서 바뀌는 수치 같은 경우는 현재가 반영되어 있다는 의미로 up to date라는 표현도 자주 쓰입니다.

3. confirm (합의된 내용을) 확인하다

의미_ 이미 상호 합의된 부분을 다시 한번 확인해 확정을 짓는 '확인하다'의 의미입니다.

느낌_ 확실하게 못 박는 것이 목적이라 '나중에 다른 말 하기 없다'의 느낌이에요.

- I sent you an email last Friday and I haven't heard back from you since. Please **confirm** if you have received the email.
  지난 금요일에 제가 메일을 보냈는데 그 후로 답을 못 받았네요. 이메일 잘 받았는지 확인 좀 해 주세요.

  Could you **confirm** the following two points we discussed during our quarterly marketing call yesterday?
  어제 우리 분기별 마케팅 회의 때 논의한 두 가지 포인트 확인해 줄 수 있어요?

4. clarify (모호한 부분을) 확인하다

의미_ confirm과 다르게 애매하거나 모호한 부분을 make clear, 즉 명확하게 풀어서 설명해 달라는 의미입니다.

느낌_ 설명에 가까운 확인의 느낌입니다.

- I didn't understand items 2 and 3 on the meeting agenda. Could you **clarify** these points for me?
  회의 아젠다에 2번 하고 3번 사항을 이해 못했어요. 무슨 의미인지 확인해 줄 수 있어요?

I think we have different ideas about the deadline. Why don't we sit down and **clarify** the timeline?
데드라인에 대해서 우리가 생각이 좀 다른 것 같아요. 앉아서 타임라인을 좀 명확히 해 볼까요?

Could you **clarify** why the production of *product A* should be completed before that of *product B*? My understanding was that you need *product B* delivered sooner than *product A*.
A제품 생산이 B제품보다 먼저 완성되어야 하는 이유를 명확히 해 줄 수 있어요? A제품보다 B제품을 먼저 받아보겠다고 한 걸로 아는데요.

* * *
문장을 간결하게 해 주는 that

앞의 예문 Could you clarify why the production of *product A* should be completed before that of *product B*?에서 that은 production을 대체하는 역할입니다. A제품의 생산과 B제품의 생산을 비교해야 하기 때문에 that을 넣어 동일하게 맞춰 주는 것이죠. that 대신 the production을 넣어도 문제는 없지만, that은 문장을 더 간결하게 만드는 역할을 합니다.

The price of a laptop is higher than **that** of a desktop.
노트북 가격은 데스크탑 가격보다 높다.

> **Good to Know** 〉 Please find (the) attached ~

이메일 보낼 때 '첨부한 ~을 확인해 주세요'라는 말 정말 많이 쓰죠? 고정된 표현이 있어서 외워 두시면 굉장히 유용합니다.

1. **Please find the attached** files for your reference.
   참고하시라고 첨부한 파일을 확인 부탁드려요.

2. **Please find attached** the draft contract.
   첨부한 계약서 초안을 확인해 주세요.

그리고 마지막으로, 확인을 부탁했으면 고맙다고 인사해야겠죠? 상대방이 뭔가를 확인해 준 상황에서 "확인 감사합니다."라는 의미로 "Thank you for your confirmation." 혹은 "Thank you for your clarification."이라고 하면 됩니다.

mp3 004

상황❶ 클라이언트 데이브에게 이메일로 계약서를 보내며 확인을 요청하는 제인 팀장

Jane:
└ 언제까지
이거 고칠 거야.

Hi, Dave. Please find attached the contract we were discussing earlier today. I would appreciate it if you could ① _____ and proceed to the next step.

안녕하세요, 데이브 님. 오늘 오전에 우리가 논의했던 계약서 첨부했으니 확인 부탁드려요. 확정해 주시면 다음 단계로 진행할게요.

Dave:
└ 아유
보기 싫어~

Thank you, Jane. I'll take a look at it and let you know what I think.

고마워요, 제인 님. 계약서 검토해 보고 알려 드릴게요.

> ① **confirm**: 이미 미팅에서 1차로 논의되었고, 확정을 요청하는 상황에서 적절한 표현은 confirm입니다.

❶ **Additional Expressions**

Please find attached the contract.: 첨부한 계약서 확인 부탁드려요.
Let you know what I think.: (내용이) 어떤지 코멘트 / 피드백 드릴게요.

상황❷ 전화로 계약서 상 불확실한 부분을 태클 거는 클라이언트 데이브

Dave:
└ 위에서
그러래.

Hi, Jane. I'm sorry to bother you with this. There are a couple of additional things I'd like to ① _____ about the contract you sent over.

제인 님, 번거롭게 해서 죄송해요. 보내준 계약서 관련해서 몇 가지 추가적으로 확인하고 싶은 게 있어요.

Jane:
└ 뭐가 또
문제여! 소주
어디 있나.

Sure, Dave. What are the things you're unsure of in the recent version of the draft?

물론이죠, 데이브 님. 계약서 최근 버전에서 어느 부분이 불확실한가요?

> ① **clarify**: 제인 팀장이 예전 버전을 본 게 아닌가 싶어서 '최신 버전 본 게 맞는지' 하고 은근 슬쩍 물어보네요. To make clear하기 위한 표현, 맞아요. clarify를 써야 합니다.

* * *
sure에 담긴 뉘앙스

sure은 okay, alright보다 훨씬 흔쾌히 수락하는 느낌이 담긴 표현입니다. '전혀 귀찮지 않아요. 당연히 해 줄 수 있어요'라는 느낌으로 '네!'를 말할 때 sure을 써 주면 좋습니다. 추가로 일상 대화에서도 yes, okay를 대신해서 잘 쓸 수 있어요.

상황❸ 업무 우선순위를 헷갈린 신입 사원 마크에게 화를 내는 제인 팀장

Mark:
└ 들어오라는데
어떻게
안 가요.

Jane, I was going to send Dave the summary this afternoon, but I've been asked to join a call at three. ① _____ me getting back to Dave after the call?

제인 팀장님, 데이브 님께 오늘 오후에 써머리 보내려고 했는데, 3시 컨퍼런스 콜에 참석 요청이 왔어요. 혹시 컨퍼런스 콜 끝나고 나서 데이브 님께 연락해도 될까요?

Jane:
└ 모르겠어?
뭐이 중헌디,
지금!

Mark, is it absolutely necessary for you to join the call? I thought we were on the same page about getting back to Dave being a priority.

마크 님, 그 회의 정말 꼭 참석해야 하는 거예요? 데이브 님께 요약본 보내는 게 최우선이라고 우리 둘 다 이해한 줄 알았는데요.

> ① **Are you okay with:** 해맑은 신입 사원 마크가 '~해도 될까요?, ~해도 괜찮을까요?' 하고 물어보는 거니까 Are you okay with가 좋겠네요.
> 그나저나 마크가 눈치가 있으면 '죄송합니다! 컨콜 불참하겠습니다!' 해야 할 텐데요.

➕ Additional Expressions

Is it absolutely necessary?: (싫은 뉘앙스) 정말 꼭 필요해요? 꼭 해야 해요?

* * *

똑같이 이해하고 있다. We are on the same page.

우리가 같은 페이지에 있다, 즉 '똑같이 이해하고 있다'라는 뜻입니다. 회의하다가 이슈에 대해 상대방과 이해가 일치함을 확인할 때 이렇게 말할 수 있어요. 한글리쉬 '얼라인이 됐다'라는 표현도 많이 쓰죠?

So **are we on the same page** on this issue?
그럼 우리가 이 이슈를 똑같이 이해하고 있는 거죠?

I somehow feel like **they're not on the same page** with us on this matter.
이 일에 대해서 왠지 그들이 우리랑 이해한 바가 다른 기분이에요.

상황❹ 마크가 추천해 준 인턴 후보에 대해 묻는 제인 팀장

Jane:
└ 학연 지연
   혈연은 네버!

Mark, I'm considering giving one of the two people you've recommended the intern job. But I need to ① _____ you don't have any personal connections with them.

마크, 마크 씨가 추천해 준 두 명 중 한 명을 인턴으로 뽑을까 검토 중이에요. 먼저 그 둘과 개인적 친분이 없는지를 확인해야 해요.

Mark:
└ 대학교 때 저
   아싸였다고요!

Well, I think I mentioned in passing that one of the two candidates went to the same college with me but we're not exactly on a first-name basis.

제가 얼핏 말씀드린 적 있는데 한 명은 저랑 동문이지만 별로 친하진 않아요.

> ① **make sure that:** 제인 팀장이 마크가 추천해 준 두 명이 마음에 들었나 봐요.
> 그들 중 한명이 추천인 마크와 개인적 친분이 있는지를 확실히
> 확인할 때 쓸 수 있는 표현이 바로 make sure that입니다.
> 하나 더, 제인 팀장이 검토 중인 것이 문서가 아닌 옵션이어서
> considering이 쓰인 것도 꼭 확인하세요.

➕ Additional Expressions

I mentioned in passing: 지나가는 말로 얘기했는데
first-name basis: 성이 아닌 이름을 부르는 친밀한 사이
We're on a first-name basis.: 우리는 친밀한 사이예요.
⟷ We're not on a first-name basis.: 우리는 별로 친하지 않아요.

일이 있어서 전화를 하거나, 메일을 보내거나 연락을 할 때, 어떻게 말을 시작하면 어색 하지 않을까요? 전화하자마자 대뜸 '이거 확인해 주세요!' 할 수는 없잖아요. 그럴 때 쓸 수 있는 다양한 표현들을 모았습니다.

Just checking in,	그냥 확인차 연락 드려요 (casual)
Just calling to ask if ~	다름이 아니라 ~한지 여쭤보려고 전화드려요 (casual)
I'm writing to you to confirm ~	확인차 메일 드립니다 (formal)

Just checking in, 뭐 대단한 일은 아닌데 그냥 연락할 때, 그냥 다 잘 되어 가고 있는지 확인차 연락할 때 쓸 수 있는 아주 캐주얼한 표현입니다. 꼭 비즈니스 상황이 아니어도 오랫동안 못 본 친구와도 "야, 어떻게 잘 지내?" 이런 느낌으로 대화를 시작할 수 있는 쿠션어입니다.

Just calling to ask if ~ "아, 다름이 아니고 그냥 ~ 여쭤보려고 전화드렸어요"라는 느낌으로 말을 시작할 수 있습니다. 캐주얼한 편이에요.

I'm writing to you to confirm ~ 가장 포멀한 표현이에요. '~를 컨펌하려고/확인하려고 메일 드립니다'라는 의미가 됩니다.

***

Just checking in, how's everything going so far?
그냥 확인차 연락 드려요. 잘 되어 가고 있을까요?

Just calling to ask if all of your team will be coming to the dinner tomorrow.
다름이 아니라 내일 저녁 식사 자리에 팀 전원이 오시는지 여쭤보려고 전화 드렸어요.

I'm writing to you to confirm the deadline of the production of the introduction video.
소개 영상 제작 마감일 확인차 메일 드립니다.

Unit 3
공유해 주세요

링크 하나, 클릭 한 번으로 모든 게 공유가 가능해진 세상입니다. 우리가 사회적 동물로서 동료 또는 외부 파트너와 협업을 하다 보면 문서, 파일, 자료, 시안, 견적 등을 하루에도 여러 번 공유하게 되죠. 우리말로 먼저 맥락을 좀 살펴볼까요?

"대리님, 지난번 그 문서 좀 공유해 주세요."

"부장님, 업체에 견적서 초안 공유 요청해 두었습니다."

"조셉, 다음 주 출장 항공권 나한테 공유 좀 해 줘."

생각해 보면 공유해 달라는 말은 결국 '내가 그게 지금 필요하니, 좀 보내 줘'라는 의미를 가질 때가 많습니다. 이렇게 공유를 요청할 때 사용하는 동사, 어떤 것이 있을까요? 다음처럼 말하면 될까요?

Please share.

아마 share를 떠올리고, 그 다음으로 give를 떠올린 분들이 많을 거라고 예상합니다. 그럼 하나 더 여쭤볼게요. share와 give는 비즈니스 맥락에서 사용하기에 적절한 표현일까요?

질문에 대한 답을 이번 유닛에서 찾아보세요.

'공유해 주세요'의 결정적 표현들

share	공유하다	casual / formal
send	보내다, 공유하다	casual / formal
Can I have ~?	~ 받아볼 수 있을까요?	casual / formal
provide somebody with something	~에게 …을 공유하다	formal

1. share 공유하다

느낌_ '공유하다'를 말할 때 가장 편하게 쓰이는 표현으로 캐주얼하게도, 포멀한 느낌으로도 사용할 수 있습니다.

활용_ 포멀한 활용에서 '공유해 주세요'라고 하고 싶을 때는 please나 could you를 추가해서 Please share with me ~나, Could you share with me ~? 이렇게 말하면 됩니다.

- (이메일에 파일 두 개를 첨부하면서)
- **I am sharing** the two design options you requested during our conference call the other day.
  지난번 컨퍼런스 콜에서 요청하셨던 디자인 시안 두 개를 보내드립니다.

  Let me arrange the meeting after checking the google calendar to make sure there's no schedule conflict. Once we're set on the date, I will **share** the details of the meeting.
  구글 캘린더 확인해서 일정이 겹치는지 확인 후, 회의를 어레인지할게요. 날짜 정해지면, 회의 세부 정보를 공유하겠습니다.

  I'd like to **share** some alternative dates, so we can reschedule our meeting.
  대체 가능한 날짜를 몇 개 공유하오니, 회의 일정을 다시 잡아주세요.

****

외부에서 공유받은 자료를 내부에 공유할 때
I will share with you ~, Let me share with you ~

외부에서 공유받은 자료를 내부에 공유할 때가 있죠. 그럴 때를 대비해 I will share with you ~/Let me share with you ~를 기억해 두세요.

둘 중 Let me를 쓴 표현이 I will을 사용한 문장보다 더 예의 바릅니다. I will에는 주체인 '나'의 의사만 있고 '상대방'의 의사가 고려되어 있지 않지만, Let me에는 '당신이 허락하면 내가 이렇게 할게' 라는 뜻이 있어 상대방의 의사를 고려하는 보다 정중한 표현이 됩니다.

I'll share with you the pdf version of the paper as soon as I get it from Sharon.
샤론 님한테 보고서 pdf 버전을 받으면 바로 공유할게요.

Let me share with you the one where the numbers are all up to date.
수치가 다 최신 걸로 되어 있는 버전으로 공유해 드릴게요.

Can you **share** your screen?
(화상 회의 시) 스크린 공유 부탁드려요!

2. send 보내다, 공유하다

의미_ send는 '보내다'의 뜻이라 요청 시에는 can you/could you/please가
꼭 들어가야 합니다.

활용_ 문서나 파일처럼 눈에 보이는 것을 '보내서' '공유'하는 상황에 활용할 수 있어요.
예를 들어, 날짜처럼 눈에 보이지 않는 것을 공유할 때는 share나 provide가
적합합니다.

Can you **send** me a copy of the quotation? I need to have it reviewed
by my boss before drafting the contract.
견적서 좀 보내 주실래요? (한 부 보내주시면) 계약서 작성하기 전에 상사에게 검토받아야
해서요.

Please let me know when you are available. I will arrange the meeting
and **send** you the details along with a link for the call.
언제 가능하신지 알려 주세요. 제가 회의 주선해서 세부 내용과 함께 콜 링크를 보내 드리겠
습니다.

Please **send** me a copy of the receipt, so I can help you get
reimbursed.
영수증 사본을 보내 주시면, 경비를 상환해 드릴게요.

3. Can I have ~? ~를 받아볼 수 있을까요?

의미_ have는 '가지다'이지만, Can I have something? 하면 '~를 주실 수 있나요?' 혹은 '~ 보내 주실 수 있나요?'라는 의미로도 잘 쓰입니다. have 대신 get을 쓰기도 합니다.

활용_ '~ 보내 주실 수 있나요?'라고 할 때 캐주얼하게 쓸 수 있습니다.

- **Can I have** the agenda in hard copy?
  저도 안건을 출력물로 한 부 주시겠어요?

  Can I have the document for reference too? That's my email address right there.
  저도 참고차 문서를 받아볼 수 있을까요? 거기 제 이메일 주소가 적혀 있습니다.

  No, I don't need it printed. Actually, **can I get** a soft copy just in case?
  아뇨. 프린트해 주실 필요 없어요. 혹시 모르니까 소프트 카피 하나 받아 둘 수 있을까요?

4. provide somebody with something
~에게 …을 공유하다

의미_ provide 자체는 '제공하다'인데 with를 함께 사용하면 '누군가에게 공유하다, 보내다'라는 뜻이 됩니다.

활용_ could you / please를 넣어 정중하고 포멀하게 사용할 수 있어요.

- Let me **provide** you **with** the draft.
  초안을 공유하겠습니다.

  Could you **provide** us **with** a copy of your ID, so we can have you registered on our HR system?
  저희에게 신분증 사본 보내 주시면 인사 시스템에 등록하겠습니다.

  To get a better understanding of the situation, we'd like to take a look at your quarterly sales report. Could you **provide** us **with** a soft copy?
  저희가 상황을 더 잘 이해할 수 있게 귀사의 분기별 매출 보고서를 보고 싶은데, 소프트 카피로 보내 주실 수 있을까요?

***
정중한 의사 전달의 We'd like to

We'd like to는 '~하려고 한다, ~하고 싶다'라는 의미로, 소망의 의사를 전달하는 정중한 표현입니다. 특정 목적으로 뭔가를 하기 위해 자료나 문서를 요청할 때 쓰면 좋습니다.

We'd like to meet you in person this month to talk about this project, if that's fine with you.
괜찮으시면 이 프로젝트 논의를 위해 이번 달에 직접 만나 뵙고 싶습니다.

We'd like to spend some time today to go through our terms.
오늘은 시간을 저희 계약 조건 검토에 좀 할애하고자 합니다.

Good to Know

회사 업무에서 많이 언급되는 soft copy와 hard copy를 구분 짓는 요소는 바로 '인쇄 여부' 입니다. '인쇄되지 않은' 디지털 문서 파일을 소프트 카피(soft copy)라고 하고, '인쇄된' 문서는 하드 카피(hard copy)라고 하죠.

1. I did get **a hard copy,** but can I get **a soft copy** too?
   하드 카피를 받긴 했는데, 소프트 카피도 받을 수 있을까요?

2. Sorry, I only have **the hard copy** on me right now.
   죄송해요. 지금 저한테는 하드 카피밖에 없네요.

I will share the details of the meeting.

mp3 006

상황 ❶ 프리랜서 디자이너에게 외주를 맡기려고 이메일로 연락한 마크

Mark:
└ 두근두근 신입
첫 이메일!

Lauren, it's great to connect with you through Jane. We'd like to work with you on the UX design for our new mobile app. Could you ① _____ some samples of your work, please?

로렌 님, 제인 팀장님 통해서 인사드립니다. 저희 새로운 모바일 앱 UX 디자인을 함께 작업하고 싶은데요. 작업 샘플 좀 공유해 주실 수 있을까요?

Lauren:
└ 오, 예. 마크
만세, 제인
만만세!

Hi, Mark. Thanks for reaching out to me. Let me ② _____ you a link, so you can take a look at my portfolio.

마크 님, 안녕하세요. 연락 주셔서 감사해요. 제가 링크를 보내 드릴게요. 여기서 제 포트폴리오 확인해 보실 수 있어요.

① **provide us with:** 공유를 요청하고 있지만, 사실상 일방적인 제공에 가깝기 때문에 포멀하게 provide ~ with를 씁니다. 물론 send us, share with us 다 가능합니다.
② **send:** 여기서는 링크를 이메일로 보내기 때문에 send란 표현을 씁니다.

⊕ Additional Expressions
It's great to connect with you.: 이렇게 연이 닿아 기쁩니다. 알게 되어 기쁩니다.
reach out to ~: ~에게 연락하다 (처음 연락할 때 contact 대신 많이 씁니다.)

상황 ❷ 마크에게 작업한 시안을 보낸 로렌

Lauren:
└ 뭘 좋아할지
몰라 다
준비했어.

Hi, Mark. I wanted to follow up on the UX design we discussed earlier. I'm ① _____ some design options for you to look over.

마크 님, 전에 이야기한 UX 디자인 관련 팔로업 드리려고요. 검토하실 수 있게 디자인 옵션 몇 개 보내드려요.

Mark:
└ 난 아바타.
팀장님 의견이
먼저!

Looks good. I'll ② _____ these with Jane, ask her what she thinks, and get right back to you.

좋은데요. 제인 팀장님께 공유해서 의견 여쭤보고 바로 다시 연락 드리겠습니다.

35

➕ **Additional Expressions**

Looks good.: 괜찮네요. 좋네요.

I'll get right back to you.: 바로 답/연락 드릴게요.

* * *

get back to someone의 다양한 활용

get back to someone은 단순히 연락을 다시 하거나, 답장하는 것뿐만 아니라 미팅에서 누군가 질문을 했을 때 I'll get back to you. 하면은 '(당장은 수중에 답이 없지만) 나중에 내가 그건 다시 팔로업/대답해 주겠다'는 의미로 쓸 수도 있습니다.

상황❸ 마크에게 디자인 시안 소프트 카피를 요청하는 제인

Jane:
└ UX 디자인을
  프린트로
  봐야겠니?

Mark, thank you for printing out a hard copy of Lauren's draft designs. I do want to check how it looks on the monitor, so ① _____ the soft copy too?

마크, 로렌 님 디자인 시안 하드 카피로 프린트해 줘서 고마워요. 모니터 상에서 어떻게 보이는지 확인하고 싶어서, 소프트 카피도 받아볼 수 있을까요?

Mark:
└ 앗, 헤헤.
  솔직히 생각
  못 함!

Of course! I'll forward it to you right away.

그럼요! 메일로 바로 전달해 드리겠습니다.

* * *

즉시, 바로 right away

'바로' 무엇을 한다고 할 때는 right now가 아니라 right away입니다. right now는 "지금 당장!"이라는 뜻으로 무례할 수 있다는 점을 유의하세요.

I'll take care of it **right away**.
바로 처리할게요.

I need you to work on the quote **right away**.
지금 바로 견적서를 진행해 주세요.

영화를 보든, 책을 읽든 제일 중요한 건 뭐니뭐니 해도 용두용미죠! 어떤 프로젝트나 일을 진행할 때 역시 시작과 전개, 마무리까지 쭉 follow through하는데요. 프로젝트 시작에서 완성까지, 단계별로 사용할 수 있는 colloquial한 일상 표현을 알아봅니다.

Let's get down to business!	이제 (일) 이야기를 시작해 보죠!
Are the details all sorted out?	세부 사항이 모두 협의되었나요?
We're smooth sailing!	물 흐르듯 진행 중입니다!
We just need to tie some loose ends.	자잘한 것들만 매듭 지으면 됩니다.
I guess we're all set then!	준비가 다 된 것 같네요!

Let's get down to business! 파트너사와 만나 일을 추진키로 결정하는 회의에서 처음에 스몰토크를 하며 아이스 브레이킹을 하다가 "Let's get down to business!"라고 말해 보세요. "이제 슬슬 일 이야기를 해 보죠!"라는 의미입니다.

Are the details all sorted out? 초기 기획안이 나오고 아웃라인이 짜인 후에 세부 내용은 다 서로 협의가 된 건지 물어볼 때 "Are the details all sorted out?"이라고 하면 좋습니다. 세부 사항들이 다 sort out, 즉 처리가 되었는지, 협의가 되었는지 물어보는 말랑말랑한 표현이거든요.

We're smooth sailing! 어느 정도 프로젝트가 궤도에 올라서 문제없이 진행되고 있을 때, 상대사가 어떻게 되어 가냐 물어보면 "We're smooth sailing!"이라고 받아치세요. smooth sailing, 그야말로 배가 순항하는 거죠? '우리는 순항하고 있어요!' 즉, '문제없이 잘 흘러가고 있다'는 뜻입니다.

We just need to tie some loose ends. 프로젝트가 끝을 향해 갈 때 이제 다 끝난 건지 회의를 할 때는 "We just need to tie some loose ends.(이제 자잘한 것들만 마무리 지으면 되어요.)"라고 신중하지만 당당하게 말해 보세요. loose ends는 '풀린 끄트머리, 풀린 매듭'이죠. 그걸 tie하는 것은 아직 정리가 안 된 끝단을 마무리한다는 의미입니다. 꽤 시적이죠?

I guess we're all set then! 이제 (드디어!) 모든 게 완성되고 출시만을 앞두고 있다면, "I guess we're all set then!"이라고 모두가 듣고 싶어 하는 말을 꼭 사용해 보세요. all set은 모든 세팅이 마쳐진 거죠? '우린 준비가 다 된 듯하네요!'라는 뜻입니다.

Unit 4
반영해 주세요

인생은 선택의 연속이고 업무는 수정의 연속이죠. '최종_최종_최최종'을 반복하면서 수정 사항을 "반영해 주세요!"라는 말을 너무나 많이 하고도 듣습니다. 국어로는 '반영'이라고 하면 수정한 걸 빼거나 넣거나 다 통틀어서 말하는 느낌인데, 그걸 영어로는 어떻게 하시나요? 내가 뺄 것도, 추가할 것도, 바꿀 것도 전부 메모로 달아 놓긴 했는데… "반영해 주세요."하면 혹시 생각나는 표현, 자주 쓰시는 표현이 이건 아닌가요?

Please reflect.

한국어로 번역해 보면 'please = 해 주세요, reflect = 반영하다'라서 얼핏 완벽한 것 같죠? 그런데 영어에서 reflect는 보통 '거울로 비춰보다' 또는 '내 자신을 돌아보고 반추하다'의 의미로 훨씬 많이 쓰입니다.
우리말 '반영하다'에 딱 떨어지는 동사는 없을지 몰라도, Please reflect.보다는 훨씬 더 자연스러운 표현을 '반영해 주세요'의 결정적 표현에서 확인해 보세요.

mp3 007

take something into account	(요청 사항을) 고려해 수정하다/반영하다	casual / formal
reflect	(시스템이나 공식 문서 등에) 반영하다	formal
make sure something be corrected/added/ included/taken out	수정/추가/포함/제외를 확실히 하다	casual / formal
throw something in	추가하다	casual

1. take something into account
(요청 사항을) 고려해 수정하다 / 반영하다

의미_ '뭔가를 고려하다'는 의미에서 출발해 '고려하여 수정하다', '고려하여 반영하다' 까지 사용할 수 있을 만큼 활용 범위가 굉장히 넓은 표현입니다. take something into account and change/improve/add처럼 뒤에 직접적인 행위가 오는 경우가 많습니다.

활용_ 자잘한 즉각적인 수정보다 전반적인 방향성 변화의 반영 등에 더욱 적합할 수 있습니다.

- **I took** your feedback **into account** and changed the font size so it's more readable.
  피드백을 고려(반영)해서 가독성이 더 좋도록 글씨 크기를 바꾸었어요.

  Did you **take** the new numbers **into account**? I think these stats are from last year.
  새로운 수치 반영한 거 맞아요? 이 수치들 작년 것 같은데요.

  I'll try to **take** everything **into account** and get you a revised copy by EOW.
  최대한 전부 반영해서 금주 안으로 수정본을 드리도록 해 볼게요.

➕ Additional Expressions
EOW: 금주 내 (= End of Week)
EOD: 금일 내 (= End of Day)
stats: 수치, 숫자 (statistics의 약자)

2. reflect (시스템이나 공식 문서 등에) 반영하다

의미_ reflect는 좀 더 공식적인 느낌이라서 시스템에 반영한다거나 공식 문서 등에 전반적인 업데이트를 하는 느낌과 유사합니다.

활용_ reflect something into something처럼 '~에 …을 반영하다'의 구조로 주로 쓰입니다.

- Our members have repeatedly raised claims on our server stability, so we're going to **reflect** that **into** our annual update plan.
  회원들이 우리 회사의 서버 안정성과 관련한 클레임을 여러 번 제기했기 때문에 연례 업데이트 계획에 이 부분을 반영할 예정입니다.

Have all the changes been **reflected** in the new version of the contract?
계약서 최신 버전에 변경 사항들이 전부 다 반영된 건가요?

While I don't necessarily agree with all of their feedback, I guess it's our job to **reflect** all of them **into** the product.
사실 내가 그들이 준 피드백에 전부 다 동의하진 않지만, 그걸 다 제품에 반영하는 게 우리 일이겠지 뭐.

* * *
꼭 그렇지는 않지만 not necessarily

뭔가 동의하진 않는데 또 완전히 비동의할 순 없고 다른 제안을 하고 싶을 때는 '아, 꼭 그렇진 않은데….'라는 의미의 'not necessarily'로 표현 가능합니다!

Sharon: I guess we've only got one option — to hire an agency, right?
어쩔 수 없이 방법이 하나밖에 없네. 대행사를 고용하는 거, 맞지?

Mia: Not necessarily! There's a way around it.
꼭 그렇진 않아! 다른 방법이 있어.

➕ Additional Expressions
a way around something: 꼭 그렇게 하지 않는 다른 길, 다른 방법

3. make sure something be corrected/added/ included/taken out 수정/추가/포함/제외를 확실히 하다

느낌_ 좀 더 협의하여 단어, 수치, 문장 등을 삭제하거나 추가하는 '세세한 수정 사항을 반영한다'는 뜻이에요.

활용_ 반영을 수정/추가/포함/제외로 나누었다 생각하고 필요한 동사를 선택해서 사용해 보세요.

- Please **make sure** that the graphs **are included**. We definitely need more visual aid in this presentation.

  그래프들 꼭 추가해 주세요. 이번 프레젠테이션엔 시각 자료가 꼭 더 필요해요.

  We'll **make sure** that the phrase **is taken out** from the article—sorry we did not think it could be controversial.

  기사에서 해당 문구는 제외할게요. 문제의 소지가 될 수 있다는 걸 생각 못해 죄송해요.

  Did you **make sure** all the numbers **are corrected**? We don't want our numbers to be outdated.

  수치들은 다 수정 반영해 주셨나요? 예전 수치는 안 되니까요.

4. throw something in 추가하다

의미_ 뭔가를 던져 넣는 것이니 수치, 그림, 내용 등을 '추가하여 반영한다'는 캐주얼한 표현입니다.

느낌_ 뭔가 내용이 충분치 않거나 분량이 더 나와야 할 때 '이것도 넣어 볼까' 하며 쓸 수 있어요.

- The report needs to be at least 50 pages long, so let's **throw in** a couple of graphs in there.

  보고서가 최소 50장 분량은 되어야 하니까, 그래프 몇 개 좀 추가해 봅시다.

  How about we **throw in** some context in the beginning? Maybe it'll help the readers better understand the story behind this campaign.

  시작에 상황 설명을 넣으면 어때요? 독자가 이 캠페인의 계기를 더 잘 이해할 수 있을 것 같아서요.

  Please don't forget to **throw in** those numbers here and there so our opinion seems backed by science.

  우리 의견이 과학적으로 뒷받침된다고 느껴지게 (기존에 얘기한) 수치들을 여기저기 추가 반영하는 것 잊지 마세요.

'반영해 주세요'의 결정적 상황들

mp3 008

상황❶ 시안에 대해 이야기 나누는 마크와 로렌

Mark:
└ 아바라
왔습니다.

Lauren, thank you so much for your draft designs. I just had a thing or two to talk about.

로렌 님, 디자인 시안 잘 받았습니다. 몇 가지 좀 말씀드릴 게 있어요.

Lauren:
└ 아 왜, 쉽게
가자 쉽게.

Of course. Please feel free to tell me what you think!

그럼요. 편하게 말씀해 주세요!

Mark:
└ 푸르딩딩하게
해달라시네.

Yeah, thanks. It's just that the color palette we were thinking of was more blue and green-ish. Do you think you can ① _____ and reflect that into your design?

네, 고맙습니다. 별건 아니고 저희가 생각한 컬러 팔레트가 좀 더 파란색, 초록색 느낌 이었거든요. 이거 고려해서 디자인에 반영해 주실 수 있을까요?

Lauren:
└ 미리 말하면
나 좋고 너
좋잖아!

Sure thing! It won't take long. I'll ② _____ orange and pink is _____ and go with blue and green.

물론이죠! 얼마 안 걸릴 거예요. 제가 주황색과 분홍색을 확실하게 빼고, 파란색과 초록색으로 해 볼게요.

Mark:
Thank you so much!

감사합니다!

> ① **take this into account:** 파랑/초록 팔레트를 고려해서 반영해 줘야 하죠? 그래서 take this into account를 한 후에 그대로 reflect, 반영을 해 준다는 의미입니다.
>
> ② **make sure, taken out:** 원래는 오렌지와 핑크로 디자인했는데 이것을 '확실히 빼 버리고'라는 의미로 make sure orange and pink is taken out을 씁니다.

➕ Additional Expressions
-ish: 약간 ~한, ~의 기미가 있는
It won't take long.: (시간이) 얼마 안 걸려요.
go with: ~를 선택하다

상황❷ 마크에게 업데이트하는 로렌

Lauren:
└ 마지막이야.
  나 참지 않는
  말이즈야.

Mark, I've made sure the colors are ① _____ in the design. I was also going to ask if you need me to ② _____ anything in the design—maybe a symbol or a logo of some sort?

마크 님, 말씀하신 색상 디자인 시안에 반영해 두었어요. 그리고 제가 여쭙고 싶었던 게, 혹시 뭐 심볼이나 로고 같은 디자인에 추가하고 싶은 건 없으세요?

Mark:
└ 난 아바라니까
  기다려 보십쇼.

Actually, that's a good point. Why don't I get back to you after talking with Jane about this?

아, 좋은 지적이세요. 제가 제인 팀장님이랑 이 부분 얘기해 본 후에 다시 연락 드릴게요.

> ① **reflected:** 디자인에 전반적으로 반영, 업데이트한 것이다 보니 reflected in the design이 자연스럽죠.
> ② **throw:** 디자인에 심볼이나 로고를 추가하는 거니까 '던져 넣다'는 느낌의 throw ~ in이 딱입니다.

➕ Additional Expressions

of some sort: 어떤 그런 (뭔지 확실히 정의할 수 없지만 그런 류의 것이라는 뜻)

I was going to ask ~: ~를 물어보려고 했는데 (큰 의미는 없는 질문 전의 쿠션어)

* * *

일리가 있다 someone has / have got a point

'좋은 포인트를 짚었다', '좋은 지적을 했다'라고 할 때 You've made a good point., That's a good point.라고 하죠. 그렇다면 "He's got a point."는 뭘까요? 누군가 무슨 얘길 했는데 다들 무시하는 상황에서 나는 그 말이 들어 볼 필요가 있다고 생각할 수 있잖아요. 그럴 때 "He's got a point. Let's listen to what he has to say."라고 하면 '저 사람 말 일리가 있어. 무슨 말을 하는지 들어나 보자.' 라는 의미가 됩니다. '일리가 있어'는 someone has / have got a point로 기억해 주세요!

상황❸　제인 팀장과 대화하는 마크

Jane:
└ 오, 의외로
　좋은데!

Mark, I think we're all set with the color palette. I love it. Just remind Lauren to make sure the cat symbol is ① _____ .

마크, 컬러 팔레트는 이대로 하면 될 것 같아요. 전 아주 좋은데요? 로렌 님에게 고양이 심볼만 꼭 추가 반영해 달라고 리마인드해 줘요.

Mark:

Sounds great! I will let her know right away.

잘 알겠습니다. 바로 이야기하겠습니다.

> ① **included:** 이 경우에는 없던 심볼을 추가하여 반영하는 것이니 make sure the cat symbol is included라고 말할 수 있겠죠. included 외에 added도 당연히 가능합니다.

* * *
예의를 갖추는 표현 let

I will tell her가 '내가 그녀에게 말하겠다!'라는 직접적인 느낌인 반면, I will let her know는 '그녀가 알도록 하겠습니다'라는 간접적인 느낌입니다. 이렇게 행위자가 강조되는 방식보다는 let을 써서 행위 자체가 드러나도록 하는 어투가 영어에서는 자주 쓰입니다.

I'll let you think about it for a moment.
좀 생각하실 시간을 드릴게요.

I'll let you make the corrections.
수정 직접 하실 수 있게 할게요.

Please make sure that the graphs are included.

회의를 하면 보통 한 안건만 있는 게 아니라서 이 얘기도 했다가 그다음 얘기도 하면서 여러 가지 안건을 다 짚고 넘어가야 하죠? 그런데 한국어로는 "다음으로 넘어가서"라고 자연스럽게 말할 수 있는데 영어로는 "다음"하면 "Next"밖에 생각이 안 나서 그대로 얘기하면, 마치 계산대에서 점원이 퉁명스럽게 "다음 분!" 하고 외치는 것 같아질 수 있습니다. 이럴 때 물 흐르듯 부드럽게 다음 안건으로 넘어갈 때 쓸 수 있는 쿠션어를 알려 드립니다.

Moving on,	다음으로 넘어가서 (casual / formal)
Which brings me to my next point	이게 제 다음 의견으로 연결되는데요 (casual / formal)
Next on the agenda we have ~	다음 의제는 바로 ~입니다 (formal)

Moving on, 가장 많이 쓰이는 것으로 "다음으로 넘어가서" 그 자체의 표현입니다. 캐주얼 또는 포멀하게 아무 때나 쓸 수 있고, 다음 페이지, 다음 안건, 다음 슬라이드로 넘어갈 때 moving on이라고 얘기하고 넘어갈 수 있습니다. 아주 만능 표현이죠.

Which brings me to my next point 그 전에 말한 것과 이어져서 물 흐르듯 내가 다음에 말하려던 게 연결될 때 (이 분은 프로 발표인!) "이게 제가 다음에 드릴 말씀과 연결이 되는데요 ~" 하면서 which brings me to my next point라는 쿠션어를 쓰실 수 있습니다.

Next on the agenda we have ~ 보다 포멀한 상황에 더 어울리죠. 실제로 의제가 나와 있고 처리해야 하는 안건이 정해져 있어 그 다음 안건으로 넘어갈 때 이 표현이 딱입니다.

***

Moving on, why don't we talk about the travel expenses?
다음으로 넘어가서, 출장 경비에 대한 이야기를 해 볼까요?

We just talked about the travel expenses, **which brings me to my next point** of virtual meetings.
방금 출장 경비에 대한 얘기를 했는데요, 이게 제 다음 의견인 화상 회의로 연결이 됩니다.

Next on the agenda we have the issue of whether we need brick-and-mortar offices.
다음 의제는 물리적(오프라인) 사무실의 필요성에 대한 이슈입니다.

Unit 5
수정해 주세요

회사에서 클라이언트에게 많이 듣는, 혹은 내가 외주사에 자주 하게 되는 슬프고도 잔인한 바로 그 말 "수정해 주세요!" 차라리 내가 수정을 요청받는 쪽이면 번거롭지만 하면 되는데, 상대방에게 수정을 요청할 때 어려움을 느끼는 분들 많으실 거예요. 그도 그럴 것이 상대방이 열심히 작업한 결과물에 수정을 요청하는 거니 혹시나 상대방 기분이 상하진 않을까 감정적인 부분도 챙겨야 하고, 또 지금 다른 일로 바쁜데 수정 요청을 하는 건 아닌지 스케줄도 한번 확인해 봐야 하니까요. 그렇다고 안 고치고 넘어갈 수도 없고…. 이렇게 여러모로 신경 쓰이는 '수정하다'라는 표현, 영어로 어떻게 사용하고 계시나요?

Please edit.

문서 작업에 익숙하신 분들이라면 edit을 많이 떠올리셨을 것 같고, 직관적인 change를 떠올린 분들도 계실 거예요. 그런데 원어민들은 이 '수정하다'를 정말 다양한 동사로 표현한답니다. 무려 6개나 되는 이번 유닛의 표현, '수정해 주세요'를 결정적 표현에서 확인해 보세요.

'수정해 주세요'의 결정적 표현들

mp3 009

edit	(작은 규모의) 수정하다	casual / formal
make a correction (on)	(교정에 가까운) 수정하다	casual / formal
revise	(전체적인 틀과 내용을) 수정하다	semi-formal
change	(전체적인 변화가 필요한) 수정하다	casual / formal
polish	(매끄럽고 가독성 좋게) 수정하다	casual
revisit	(다시 한번 보며) 수정하다	formal

1. edit (작은 규모로) 수정하다

의미_ 작은 규모로 수정할 때 쓰이며, 캐주얼하게도, 포멀한 느낌으로도 사용할 수 있습니다.

활용_ '숫자'를 수정하는 것 같은 협의의 수정에 적합합니다. 다음에 나오는 make a correction이 틀린 것을 교정하는 의미라면, edit은 틀린 것과 관계없이 수정한다고 보시면 됩니다.

I need you to **edit** the draft marketing budget plan you shared with me yesterday. I don't think we've allocated enough for the consulting fees this quarter.
어제 제게 공유해 주신 마케팅 예산안 수정 좀 해 줘야겠어요. 이번 분기에 컨설팅 비용을 충분히 배정을 안 해 둔 것 같아서요.

If we were to make some last-minute tweaks, how long would the **editing** take?
저희가 막판 수정을 조금 한다치면, 수정이 얼마나 걸릴까요?

Editing the content wouldn't take much time, but the problem is re-doing the design.
내용 수정은 그렇게 시간이 많이 걸리지 않을 텐데, 문제는 디자인을 다시 해야 하는 거죠.

➕ Additional Expressions

make some tweaks: 소소하게 수정하다 (원래 뜻인 '비틀다'라는 의미에서 출발)

47

'내가 만약 ~한다면'이라고 가정할 땐 If I was가 아닌 If I were라고 씁니다. If I were to buy a house, I would get one with a pool.(내가 집을 산다면, 난 수영장 딸린 집으로 살 거야.) 이렇게 쓸 수 있습니다. I, we 관계없이 were을 쓰는 것, 기억해 주세요!

2. make a correction (on) (교정에 가까운) 수정하다

의미_ edit과 유사하게 간단하게 수정하는 것을 의미합니다.

활용_ edit은 틀리지 않았어도 이것저것 고치는 경우에 사용하지만, make a correction 은 오타를 교정하거나 이전 수치를 현재 수치로 바꾸는 등 틀린 것을 바로잡는 '교정'에 가까운 개념입니다.

- **I made a correction on** sheet 2 in the excel file you shared with me this morning. I'm afraid some of the numbers in the previous version were incorrect.
  오늘 아침에 공유해 주신 엑셀 파일 시트 2에 수정 하나 했어요. 예전 버전의 몇몇 수치가 틀린 게 있는 것 같더라고요.

  Do we need to **make a lot of corrections on** the contract? Because if we do, I think it'd be best we call a meeting with the client.
  계약서에 고칠 부분이 많나요? 그러면 고객사와 미팅을 잡는 게 좋을 것 같아서요.

  It's not going to be like a big revision—we just have a few minor **corrections to make.**
  대대적인 수정은 전혀 아닐 거고요, 그냥 소소하게 몇 가지만 수정하면 됩니다.

➕ Additional Expressions
revision: edit, correction과 대비되는 전반적인 수정 (바로 다음 표현으로 배워요!)

* * *
착하게 할 말 다하게 해 주는 I'm afraid

잘못된 것을 지적해야 하거나 상대의 요청을 거절해야 할 때가 있지요. 이때, 상대방이 기분 상하지 않게 이야기하고 싶다면 문장 앞에 I'm afraid를 붙이면 됩니다. I'm afraid가 추가되면 마치 우리말로 '죄송하지만 ~'의 뉘앙스가 추가되는 느낌이에요.

I'm afraid we can't provide you with the report.
죄송하지만 그 보고서는 제공해 드릴 수가 없어요.

I'm afraid we need to make some corrections.
죄송하지만 몇 가지 수정이 필요해요.

3. revise (전체적인 틀과 내용을) 수정하다

의미_ 전체적인 틀과 내용을 수정하는 것이라 앞서 배운 두 가지 표현보다 좀 더 큰 개념의 수정이에요.

활용_ 수정을 요구할 때 대표적으로 자주 쓰이는 동사입니다. 단순한 숫자가 아닌 문단 자체를 바꿔야 하는 등의 수정이 필요할 때 사용해 보세요. 명사형 revision(수정)도 자주 쓰여요.

- Could you **revise** the paragraph on our business priorities? I think some of the information might be outdated.
  저희 사업 우선순위 문단 좀 수정해 줄 수 있어요? 정보 중에 좀 옛날 정보가 포함되어 있는 것 같아요.

  Are you sure this is the **revised** draft? I don't think any of our feedback was taken into account.
  이게 수정본이 확실해요? 우리 쪽 피드백이 전혀 반영(고려)되지 않은 것 같은데요.

  What I meant with **revision** was not just minor corrections, but reshuffling the table of contents.
  제가 말한 수정은 소소하게 몇 개 고치는 게 아니라, 목차 순서 자체를 바꾸자는 거였어요.

⊕ **Additional Expressions**
reshuffle: 순서를 다시 섞다, 순서를 다시 정하다

4. change (전체적인 변화가 필요한) 수정하다

의미_ 가장 큰 규모의 수정을 의미하며 전체적인 변화가 필요할 때 쓰면 적합합니다.

활용_ 전체를 들어내고 다른 것으로 대체할 때도 change를 쓸 수 있어요.

- We need to **change** the copy used in the advertisement because the current wording turned out to be somewhat controversial.
  광고 카피를 바꿔야 할 것 같아요. 왜냐면 현재 워딩이 좀 논란의 소지가 있는 것으로 나타났어요.

  I don't believe we need to **change** our hypothesis. We just need to throw in some more evidence.
  우리 가설을 수정할 필요는 없을 것 같아요. 그냥 입증 자료만 더 추가하면 돼요.

  Maybe it'd be better to **change** the diagram because it might be misleading.
  도표가 좀 오해의 소지가 있어서 수정하는 게 좋을 것 같아요.

➕ Additional Expressions

mislead: 오해의 소지가 있다, 사실과 다르게 해석할 여지가 있다 (mis-잘못 lead-이끌다)

* * *
시간이 지나고 나서 보는 느낌, turned out to be ~

turned out to be는 '그럴 줄 몰랐는데 하고 보니 그렇더라'라는 뜻으로 잘 쓰입니다. 시간이 좀 지나고 나서 되돌아보는 느낌이 담겨 있어요. 예문으로 확인해 보세요.

His latest album **turned out to be** a big success.
그의 최근 앨범이 (그렇게까지 잘 될지 몰랐는데) 내놓고 보니 엄청 성공적이었어.

Changing the format **turned out to be** the best thing we did.
포맷을 수정한 게 (지나고 보니) 제일 잘한 일이었어요.

5. polish (매끄럽고 가독성 좋게) 수정하다

의미_ 틀려서 수정하는 게 아니라 매끄럽게 하거나 가독성 좋게 개선하는 수정을 의미해요.

느낌_ 때 빼고 광내는 느낌으로 기억하면 좋아요. 손톱을 예쁘게 광내는 매니큐어를 영어로 nail polish라고 하듯이 문서나 차트를 보기 좋게 만들 때 polish를 쓰면 적절합니다.

:
: Before we take this project plan to the executives, we should
: probably **polish** the chart. It's not reader-friendly enough.
이 사업 계획을 경영진에 보여드리기 전에 차트를 좀 수정하는 게 좋겠어요. 가독성이 좋지 않은 것 같아요.

I think we've got everything we need in here, but it looks like we do have a lot of **polishing** to do.
필요한 건 여기 다 들어간 것 같긴 한데, 매끄럽게 고치는 건 많이 해야 할 것 같아요.

So after one last **polishing**, we're good to go?
마지막으로 매끄럽게 수정하면 다 된 거죠?

* * *
아직 한참 남았다 have a lot of work to do

마무리하기에 아직 갈 길이 멀 때 We've still got a lot of work to do. I guess we have a lot of work to do.라고 자조적으로 쓸 수 있습니다. '아직 갈 길이 머네. 할 일이 많네.'의 뜻이죠.

6. revisit (다시 한번 보며) 수정하다

의미_ 당장 수정해야 할 부분은 없을지 모르지만 다시 한번 검토해서 수정하면 좋겠다는, '재고＋수정'의 의미가 있어요.

느낌_ 틀린 게 있어서 교정하는 게 아니라 완성도를 위해 다시 보는 거니 polish에 가까워요.

- Do you think we could maybe **revisit** the article they wrote to promote the upcoming conference? We could add some additional information about the events we decided to host.
  곧 개최할 컨퍼런스 홍보 기사, 우리가 한번 다시 수정할 수 있을까요? 주최 확정된 이벤트 관련해서 추가 정보를 좀 더 넣을까 싶어서요.

  Do you think you need to **revisit** the deck one last time? The changes were minor but just in case.
  PPT 마지막으로 한번 보셔야 할까요? 수정 사항이 별건 없었는데 혹시나 해서요.

  I **revisited** the article and I think throwing more stuff in will just make it look unnecessarily long.
  기사 다시 봤는데요, 뭘 더 추가하면 그냥 불필요하게 길어만 보일 것 같아요.

Good to Know **edit requests**

수정을 요청하는 표현들을 배워 봤는데요, 그럼 '수정 사항'은 영어로 뭐라고 할까요?
edit requests로 쓸 수 있습니다.

1. Do you have any other **edit requests** for this version?
   이번 버전에 다른 수정 사항 있으세요?

2. If there are no more **edit requests**, I'll send it over to the printing agency.
   더 이상 수정 사항 없으시면 인쇄소에 보낼게요.

'수정해 주세요'의 결정적 상황들

mp3 010

상황❶ 시안에 대해 이야기 나누는 마크와 제인

Mark:
└ 왜 많이
없어요, 불안
하게스리.

Jane, Lauren shared some draft designs for the landing page with the new color palette. Did you have a chance to look over those?

제인 팀장님, 로렌 님이 랜딩 페이지 시안 새 컬러로 몇 개 보내 줬어요. 그거 혹시 보셨나요?

Jane:
└ 보자보자,
이제 한번
봐 보자!

Yes, Mark. Thanks for sending those over. I think there are a couple of wordings that could be ① _____. Also, we might need to ② _____ the features page. We may decide to scrap some of the app's features before launching the service.

네, 봤어요. 보내 줘서 고마워요. 몇몇 워딩은 좀 다듬으면 좋을 것 같아요. 그리고 피쳐 페이지는 아마 다시 봐야 할 수도 있어요. 서비스 런칭 전에 앱 피쳐 몇 개를 뺄 수도 있거든요.

Mark:
└ 흐흐, 제대로
안 보신 것
같은데?

Got it. I'll ③ _____ the bullet points in the features page once things are fixed.

잘 알겠습니다. 피쳐 관련해서 확정되면 피쳐 페이지에서 나열된 부분을 수정하겠습니다.

> ① **polished:** 여기선 틀려서 수정하는 게 아니라 워딩을 좀 다듬고 싶은 거죠. 때 빼고 광내다가 뭐였죠? 맞아요, polished!
> ② **revisit:** 제인 팀장님이 피쳐 페이지는 재고해 봐야 한다고 말했죠? 이때는 당장 고치는 게 아니라 한번 다시 보며 수정하자는 의미의 동사 revisit을 써 주면 적합합니다.
> ③ **revise:** 숫자 등의 단순 교정이 아니라 전반적인 수정일 때, 원어민은 자주 쓰지만 우리 입에서는 잘 안 나오는 revise를 사용하면 좋습니다.

➕ Additional Expressions

Did you have a chance to ~?: 혹시 ~해 보셨나요?

scrap: 버리다, 엎다

bullet point: 글머리 기호, 중요 사항

상황❷ 로렌에게 문자 메시지로 수정 요청을 하는 마크

Mark:
└ 아바라
재등장!

Lauren, Jane and I reviewed the draft design and I just sent you a list of things we would like to ① _____.

로렌 님, 제인 팀장님과 시안 검토해 봤고요, 지금 막 전체적인 수정이 필요한 것들을 목록으로 작성해서 보내드렸어요.

Lauren:
└ 언제까지
수정 총을
누게 학계?

Noted! Mark, I'll get it done. If there's anything else you want me to ② _____ in the current design, just let me know.

넵! 마크 대리님, 수정할게요. 혹시 지금 디자인에서 추가적으로 수정하고 싶으신 부분 있으면, 언제든 알려 주세요.

① **change:** 전체적인 수정이라는 의미의 단어가 들어가면 좋을 테니 change를 쓰면 적절하겠네요.

② **edit:** change를 떠올린 분 계세요? change도 사용할 수 있지만, 큰 수정 건들은 이미 마크에게 전달받았으니 추후에는 아마 자잘한 수정 요청이 있을 수 있겠죠? 그럴 땐 edit을 사용하면 자연스럽습니다.

➕ Additional Expressions

Noted!: 넵!

If there's anything else you want me to ~: 추가로 제가 ~하길 바라는 부분이 있으면

* * *
그렇게 하겠습니다! I'll get it done!

I'll get it done.은 '내가 그것을 해낼게.' 즉, '그렇게 하겠습니다'라는 의미입니다. 반대로 상사가 부하 직원에게 '그거 좀 해 줄 수 있어요?'라고 물어볼 때는 Can you get that done?이라고 할 수 있겠죠. that, it 대신에 해결/완성해야 하는 것을 대입해도 됩니다. Can you get the report done by Friday?(보고서 금요일까지 해 줄 수 있나?) 이렇게 물어볼 수도 있습니다.

상황❸   견적을 잘못 뽑는 실수를 한 마크

Jane:
└ 이런 거까지
내가 챙겨야
겠니?

Mark, I was looking at the draft quotation from Lauren that you shared with me and I ① _____ a few _____.
Next time please make sure to include the maintenance costs.

마크, 보내준 로렌 님 견적서 초안 봤고 몇몇 부분 수정했어요. 다음 번에는 유지 보수 비용 잊지 말고 포함해 줘요.

Mark:
└ 앗, 깜찍한
나의 실수!

I'm really sorry for causing you trouble, Jane. Thanks for your feedback. I'll keep it in mind.

번거롭게 해드려 죄송합니다. 팀장님. 피드백 감사해요. 염두에 두겠습니다.

> ① **made, corrections:** 우선 숫자를 바로 잡은 것이니 큰 규모는 아니고 작은 규모의 수정이네요. 교정의 의미의 수정에 적합했던 바로 그 표현, 맞아요! make a correction인데요, 여기서는 a few로 여러 개가 되니 corrections를 써 주면 됩니다.

* * *
염두에 두다 keep in mind

실수하더라도 "다음 번엔 실수하지 않도록 염두에 두겠습니다." 하는 부하 직원이 있으면 화가 누그러지죠. 믿음도 가고요. 이렇게 마무리로 좋은 표현 '염두에 두다'의 '염두'가 '마음'을 의미하는 것 다들 알고 계셨나요? 영어로도 그대로죠. keep in mind를 쓰면 됩니다.

I told you to always **keep in mind** that our first priority is punctuality.
우리의 최우선순위는 시간 엄수임을 잊지 말라고 말했잖아.

I always try to **keep in mind** my boss's schedule.
전 항상 상사의 일정을 염두에 두려고 노력해요.

> I just sent you a list of things we would like to change.

앞서 말한 것처럼 수정은 내가 하는 것도 귀찮지만, 참 요청하기도 어려운 일 중 하나입니다. 상대는 이미 일을 넘겼고 끝난 줄 알 텐데, 수정을 요청하면 다시 일이 가는 거죠? 그럴 때 "번거로우시겠지만 수정 좀 해 주실 수 있어요?"라고 부드럽게 부탁할 수 있는 쿠션어를 함께 확인해 보겠습니다.

Sorry to bother you, but	귀찮게 해서 죄송하지만 (casual / formal)
If it's not too much to ask,	너무 무리한 부탁이 아니라면 (casual / formal)
Would it be possible to ~?	~가 혹시 가능할까요? (casual / formal)

Sorry to bother you, but 가장 굽신굽신한 표현입니다. '너를 귀찮게 해서 미안한데' 라는 의미라서 R&R (roles & responsibilities)에 없는 일을 부탁할 때, 이미 다 끝난 일로 귀찮게 할 때 쿠션어로 문장을 시작하면 좋겠죠?

If it's not too much to ask, 이것 역시 상당히 눈치를 보는 표현입니다. 내가 너무 많은 요구(ask)를 하고 있는 게 아니라면 즉, '너무 무리한 부탁이 아니라면 ~'이라고 시작하면서 무리한 부탁을 하시면 됩니다.

Would it be possible to ~? '~가 혹시 가능할까요?'라는 표현입니다. 무난한 표현 이고 '~해 주실 수 있나요?'라고 할 때 언제든 쓸 수 있는 표현입니다.

***
Sorry to bother you, but do you have the resumes for last year's new employees?
귀찮게 해서 죄송해요. 혹시 작년 신입사원들 이력서 갖고 계신가요?

If it's not too much to ask, can we add in some pie charts?
너무 무리한 부탁이 아니라면, 혹시 파이 차트를 좀 추가해도 될까요?

Would it be possible to polish the draft by Monday afternoon?
혹시 월요일 오후까지 초안 수정을 부탁드려도 될까요?

Unit 6
승인해 주세요

지금까지 열심히 잘해 온 덕분에 이제는 문서 확인, 검토도 요청하고 자료 공유도 부탁하고, 또 수정 사항 반영해 달라는 요구도 영어로 자연스럽게 할 수 있게 되었습니다. 그럼, 이 다음 단계는 뭘까요? 열심히 티키타카해서 만들었으니 결과물을 승인받아야겠죠!

꼭 작업물뿐 아니라 외국인 상사에게 결재를 올릴 일도 많고, 또 해외 본사 승인을 요청해야 하는 상황도 있습니다. 이번에는 '승인해 주세요'에 해당하는 핵심 영어 표현들을 알아보겠습니다. 아래 표현 중 우리가 회사에서 문서를 최종화할 수 있게 승인을 요청하거나, 결재 승인을 요청할 때 쓸 수 있는 영어 표현은 뭘까요? 둘 다 쓸 수 있을까요?

Approve vs. Accept

물론 approve와 accept 모두 승인의 의미를 내포하지만 뉘앙스가 다릅니다. 회사에서 권한을 가진 사람이 승인해 주는 느낌은 approve이고, 반면 accept 는 주는 대로 받아들이는, 수락의 의미가 강합니다. 회사에서의 '승인'은 나보다 직급이 높은 사람이 해 주죠? 그렇기 때문에 회사에서의 '승인'은 approve 가 더 적합합니다.

이렇게 구분해야 하는 뉘앙스, '승인해 주세요'의 결정적 표현에서 자세히 확인해 보세요.

confirm	승인하다	formal
approve (= get an approval)	승인/결재하다	formal
finalize	(최종) 승인하다	formal
be good to go	(이대로 괜찮은지) 승인하다	casual

1. confirm 승인하다

의미_ Unit 2 '확인해 주세요'에서 배운 것처럼 확인 및 승인의 의미를 모두 가지고 있습니다.

활용_ 기본적으로 포멀하게 사용하지만, 확인과 승인의 의미가 모두 있어서 approve와 비교 시 상대적으로 더 캐주얼하게 쓰일 수 있습니다.

- **Please go ahead and use the attached brochure; this version has been confirmed by my manager.**
  첨부한 브로셔 편하게 사용하셔도 됩니다. 이 버전이 저희 매니저님이 승인해 준(확인해 준) 버전이니까요.

  Feel free to take a look at the new version, but just keep in mind that it hasn't been confirmed yet.
  편하게 새 버전 보셔도 되는데, 아직 미승인 버전인 건 염두에 두세요.

  I'm going to go ahead and confirm this design, so we can speed up the workflow.
  제가 그럼 어서 디자인 승인을 해서, 작업이 더 빠르게 진행되게 해 볼게요.

* * *
~해 주세요, 편하게 ~하셔도 됩니다 Please go ahead

Please go ahead는 '편하게 ~하셔도 됩니다, ~해 주세요'라는 온화하고 정중한 느낌의 긍정 표현이 에요. Please fill that in.과 Please go ahead and fill that in.의 뉘앙스를 비교해 보면 '작성하세요' 와 '편하게 작성하세요' 또는 '작성해 주세요'의 느낌 차이가 있습니다.

Please go ahead and proceed.
그대로 쭉 진행해 주세요.

I'm going to go ahead and call him.
그러면 제가 어서 그분한테 전화할게요.

2. approve (= get an approval) 승인/결재하다

의미_ 우리말의 '승인하다, 결재하다'를 그대로 담은 포멀한 느낌의 표현입니다.

활용_ 명사형 approval을 사용해 get an approval로도 사용할 수 있어요.

- Do you have a minute to take a look at the invoice I've submitted?
- Once I **get your approval**, I should be able to move through the workflow really fast.

  제가 제출한 송장 잠깐 봐 주실 수 있어요? 승인해 주시면, 엄청 빨리 작업이 진행 가능할 것 같아요.

I was hoping to **get your approval** on our team's annual budget plan today.

오늘 저희 팀 연간 예산안 결재/승인받을 수 있을까 해요.

I approved your budget plan on the system, so you can go ahead and use it.

시스템 상의 예산안 승인했으니, 이제 쓰셔도 됩니다.

➕ **Additional Expressions**

I was hoping to ~: 혹시 (무엇을) 할 수 있을지 해서요

***
잠깐 ~하실 시간이 있으신가요? Do you have a minute to ~?

Do you have a minute to ~?는 정중하게 '잠깐 ~할 시간이 되는지' 물어보는 표현입니다. 특정 목적으로 잠깐 이야기한다거나 자료나 문서를 빠르게 요청할 때 쓰면 좋습니다.

Do you have a minute to talk about hiring an intern?
인턴 고용 관련해서 잠깐 얘기하실 시간 있으세요?

Do you have a minute to answer the client's call?
고객사 전화 좀 잠깐 받아 주실 수 있으세요?

'~하면, ~하고 나면'의 문장을 말할 때 보통 if가 떠오르실 겁니다. 이때 once나 when으로 충분히 if를 대체할 수 있어요. if는 할 수도 있고 안 할 수도 있지만, once는 '일단 하고 나면'의 의미라서 '안 할 수도 있는' 옵션을 없애 버립니다!

1. **Once** that's done, we're all set!
   그것만 해결되면 다 된 거예요!

2. **Once** we agree on this matter, we can proceed.
   이 문제만 합의가 되면 진행할 수 있어요.

3. **Once** you finalize the document, I will convert it into a PDF file and share it with Dave.
   문서 최종 승인해 주시면, PDF 파일로 변환해서 데이브에게 공유할게요.

3. finalize (최종) 승인하다

의미_ 마지막 단계에서 모두 확정됐을 때 쓸 수 있는 최종 승인의 의미입니다.

활용_ 최종 승인이 난 문서나 계약서 등과 함께 쓰면 됩니다.

- We completed the approval process and **finalized** the agreement.
  우리는 결재 프로세스를 모두 완료해서 계약서를 최종 승인했다.

  I think it'll take some time to **finalize** the article. Do you think releasing it next week will work?
  기사 최종 승인에 시간이 좀 걸릴 것 같아요. 기사를 다음 주에 내도 괜찮을까요?

  I don't understand why you are asking us to tweak some parts in the annual report. I thought it **was finalized** in our last meeting.
  지금 연례 보고서에 왜 수정을 요청하시는 건지 잘 모르겠어요. 지난번 회의에서 최종 승인 된 줄 알았는데요.

4. be good to go (이대로 괜찮은지) 승인하다

의미_ 직역 그대로 '이대로 좋다'라는 의미로 '컨펌하다, 이대로 승인하다'라는 뜻입니다.

활용_ 캐주얼하게 괜찮은지 물어볼 때, 특히 일상에서 대화할 때 쓰기 좋은 표현입니다.

- Do you think the draft **is good to go** or should we polish it a little before sending it out?
  초안 이대로 괜찮은 것 같으세요, 아니면 내보내기 전에 좀 더 다듬을까요?

  You did a great job with the proposal. It **is good to go** as is.
  제안서 아주 잘했어요. 그대로 써도 될 것 같아요!

  While I know that the article was approved by Sharon, I personally don't feel that it**'s good to go**.
  샤론 님이 기사 승인해 주신 것 알고는 있는데, 개인적으로는 이대로 나가면 안 될 것 같아서요.

Good to Know **approval line**

회사에는 결재 라인이 있죠? '결재 라인'은 단어 그대로 직역해서 approval line이라고 합니다. 앞서 approve의 명사형이 approval이라고 알려 드렸는데요, 하나 더 응용해 '결재 라인을 타서 최종 승인까지 가다'는 go through the approval line이라고 표현합니다.

1. The **approval line** is so complex in this company!
   이 회사는 결재 라인이 너무 복잡하네요!

2. It takes weeks to **go all the way through the approval line**.
   결재 라인 타고 최종 승인까지 가는 데 몇 주 걸려요.

상황❶ 제인 팀장의 승인을 기다리는 마크

Mark:
└ 오늘은 진짜 좀 해달라고요.

Jane, I was wondering if I could get your ① _____ for the landing page design today.

제인 팀장님, 랜딩 페이지 시안을 오늘 승인해 주실 수 있나요?

Jane:
└ 휴, 1초 전에 했지!

Thanks for following up on that, Mark. I was just about to tell you, I ② _____ it a few minutes ago.

팔로업 해 줘서 고마워요 마크. 막 말하려고 했는데 조금 전에 내가 승인했어요.

① **approval**: 가장 포멀하게 결재와 비슷한 표현이 approve였죠? 앞에 get your가 있으니 approve의 명사형을 이용한 get your approval이 적절하겠네요.

② **confirmed**: 승인이자 확인을 해 준 상황이니 confirm을 씁니다.

⊕ Additional Expressions

landing page: 인터넷의 링크 버튼을 눌렀을 때 연결되는 페이지
follow up on something: ~에 대한 후속 처리를 하다
I was just about to tell you: 막 말하려고 했는데

상황❷ 마크에게 디자인 시안 최종 승인을 부탁하는 로렌

Lauren:
└ 나도 딴 일을 해야 카드값 갚지.

Hi, Mark. I was wondering if you can ① _____ the draft design of the landing page. It would be best if I can pass it onto the engineers this week.

마크 님, 랜딩 페이지 시안 최종 승인해 줄 수 있어요? 이번 주에 개발자 엔지니어분들께 넘기는 게 좋을 것 같아서요.

Mark:
└ 그대로 간다 눈데, 넌 믿지는 마.

Hi, Lauren. Thanks for touching base with me. We decided that there is no more editing needed. It's ② _____.

로렌 님, 연락 주셔서 감사해요. 더 이상 수정할 게 없어요. 그대로 가면 될 것 같아요.

① **finalize**: 뒤에 나오는 개발자에게 넘긴다는 말을 보면 이게 '최종 승인'을 해 달라는 이야기라는 걸 알 수 있죠? 최종의 느낌을 담은 승인하다, finalize가 맞습니다.

② **good to go**: '그대로 가면 된다'를 의미하는 캐주얼한 승인의 표현이자 이렇게 대화 상황에서 자주 쓰는 it's good to go를 쓰면 딱이겠네요.

◆ Additional Expressions

It would be best if ~: ~하면 좋을 것 같아서요

pass something onto someone: ~에게 …(업무/작업물)을 넘기다

* * *

중간중간 연락하여 팔로업하다 touch base with someone

비즈니스 상황에서 많이 쓰이는 표현으로, '(어떤 일이 진행될 때) 중간중간 그 일에 대해 이야기하다, 팔로업 하다'라는 뜻입니다.

이 표현은 야구에서 유래했는데요, 야구에서 1루, 2루 즉 퍼스트 베이스(first base), 세컨드 베이스 (second base) 이렇게 쭉 돌아야 다시 홈에 들어올 수 있는 것처럼, 일을 진행하면서 '중간중간 베이스를 터치하다', 즉 '팔로업을 하다'라는 뜻입니다.

Don't forget to **touch base with** the engineer every now and then.
한 번씩 개발자분과 팔로업 하는 것 잊지 마세요.

Hi, I just wanted to quickly **touch base with** you: did you hear from Sharon yet?
안녕, 잠깐 물어볼게. 샤론한테 아직 연락 안 왔어?

상황❸ 시안에 수정 사항이 생겨 로렌을 붙잡는 마크

Mark:
└ 큰일났다!
고칠 것 생겨
버림!

Lauren! I'm so sorry to bother you. Did you pass on the design to the engineer already?
로렌 님! 귀찮게 해서 너무 죄송해요. 혹시 개발자에게 디자인 시안 이미 넘기셨어요?

Lauren:
└ 안 돼, 안 돼.
무조건 안 돼.

No, not yet. What's up?
아뇨, 아직이요. 왜 그러세요?

Mark:
└ 살았다!

Oh, thank God. We just have one minor change we need to make.
오, 다행이에요. 저희 아주 작은 수정 사항이 하나 있어서요.

Lauren:
└ 아주 뭐
대단한 앱
만드십니다!

Oh! I thought the draft was ① ＿＿＿＿＿ and ② ＿＿＿＿＿.
아! 시안 승인돼서 확정된 줄 알았는데요.

> ① **approved:** 위에서 '승인했다'의 의미로 approved를 쓰면 정확한 상황이죠.
> ② **finalized:** 승인해서 '최_최종_최최종'으로 확정이 됐던 거니 finalized가 적절합니다.

◀ Good to Know ▶ 비슷한 표현의 반복

영어에서는 비슷한 표현을 두 가지 반복하는 습관이 있어요. 위의 approved and finalized 처럼요. safe and sound(무사하고 무탈하게), nice and easy(쉽고 편안하게)처럼 이렇게 정해진 반복 표현들이 있답니다!

미국의 상사와 부하 직원

미드를 많이 보신 분들은 익숙하겠지만, 미국의 상사와 부하 직원은 그저 boss라고 부를 뿐 친구나 다를 게 없어 보이죠? 정말 그렇습니다. 물론 업계에 따라 그 정도가 다를 수는 있습니다만, 그냥 함께 일하며 각자 다른 역할을 한다는 느낌입니다. 그리고 한국처럼 회식을 하지도 않고 하다 못해 점심조차 같이 먹지 않아요. 미국의 회사는 점심시간을 한국처럼 챙기지 않거든요. (이상하죠? 11시 20분쯤부터는 눈치를 살살 보면서 맛집 가서 줄 서야 하는데! 후루룩 다 먹고 아이스 아메리카노 한 잔 사서 회전초밥 컨베이어처럼 회사 근처를 돌다가 1시에 들어갈 건데!) 미국 직장인들은 (우리 눈에는 신기하게도) 대충 샌드위치 같은 걸로 책상에서 점심을 때우고 잠시 쉬다가 일하고 대신 칼같이 퇴근(번역: human rights)을 합니다.

본론으로 돌아가서, 물론 보스와의 관계가 한국보다 자유롭지만 그렇다고 'Hey!'라고 부르면 기분 나빠하는 상사도 있습니다. 미국은 다양한 문화적 배경을 지닌 사람들이 섞여 있어서 예의 차리는 걸 좋아하는 사람도 있지요. 편하고 캐주얼하게 얘기하되 너무 친구처럼 막 대하는(?) 것만 주의하시면 됩니다. 일상적인 상사와 부하 직원의 대화를 한번 살펴볼까요?

***

Boss: Hey, how's everything going?
그 안녕, 다 잘 되어 가고 있어?

Me: Not bad. I do need to leave earlier today–I have a dentist appointment. Would that be alright?
네, 뭐. 오늘 제가 치과 예약이 있어서 좀 일찍 나가 봐야 하는데 괜찮을까요?

Boss: Yeah, that's fine. Just make sure you're ready for tomorrow's pitch!
그럼, 괜찮아. 내일 프레젠테이션 준비만 잘해 둬.

Unit 7
작성하겠습니다

드디어 챕터 1 문서 작업의 대장정에 다다랐습니다. 문서 작업 멘트의 꽃은 바로 '작성하겠습니다'가 아닐까 싶은데요. 회사에서 하는 거의 모든 서류 업무에 활용할 수 있는 표현이니 잘 기억해 두시면 좋겠습니다.

이 '작성하다'라는 영어 표현을 머릿속에서 떠올려 보세요. write가 떠오르셨나요? write와 함께 write up이라는 관용구를 생각하신 분도 계실 거예요. 그럼 이 두 표현의 차이는 뭘까요? 100% 호환될까요? 비즈니스 상황에 더 맞는 건 뭘까요?

I'll write the report. vs. I'll write up the report.

write는 '글을 쓰다, 작성하다'라는 원론적인 뜻이고, write up은 준비해서 완성하다, 즉 '문서 작업에 수반되는 모든 업무를 포함해서 작성하다'라는 비즈니스적 상황에 좀 더 맞는 표현입니다. 그래서 write up은 '쓰다'보다는 '문서를 준비하다, 완성하다'의 의미에 가깝습니다.

따라서 I'll write the report. 하면 "보고서는 내가 쓸게." 즉, 리서치는 다른 사람에게 토스하거나 발표는 부장님이 하는 등의 의미가 내포된 문장이고, I'll write up the report.는 "(전체 업무 프로세스를 내가 맡아) 보고서를 정리해서 작성을 완성할게."라는 의미로 일하는 사람 입장에서는 업무 범위와 뉘앙스의 차이가 있습니다.

이 외에도 다양한 작성하다의 뉘앙스를 '작성하겠습니다'의 결정적 표현에서 자세하게 배워 보세요.

'작성하겠습니다'의 결정적 표현들

mp3 013

draft (up)	(초안을) 작성하다	casual
prepare	(작성해서) 준비하다	casual
write up	(작성에 수반되는 업무를 포함해) 작성하다	formal
put together	(한데 모아) 작성하다, 준비하다	formal

1. draft (up) (초안을) 작성하다

의미_ '초안'이라는 명사로 알고 있는 draft는 '초안을 짜다, 초안을 작성하다'라는 의미의 동사로도 정말 많이 쓰입니다.

느낌_ 이 과정 이후 많은 수정을 거칠 수 있고, 수정 가능성을 내포한다고 볼 수 있습니다.

활용_ 자체적으로 준비한 미팅 의제처럼 다양한 초안 작성에 사용할 수 있어요. draft 라고 쓰거나 draft up으로 뒤에 전치사 up을 붙여서도 쓸 수 있습니다.

- Could you **draft** an announcement for our users to notify them of the updates?
  우리 사용자들한테 업데이트 소식을 알려 주기 위한 공지문 초안 좀 작성해 줄래요?

  I **drafted** a meeting agenda to use as a guide for our discussion later.
  우리 이따가 논의할 때 가이드 자료로 쓸 수 있게 제가 회의 안건을 작성해 봤어요.

  I was wondering if you have a minute to look over the announcement I **drafted up**.
  다름이 아니라 제가 작성한 공지문 좀 한번 봐 주실 수 있을까요?

Good to Know) draft

초안 문서 작성하고 파일명으로 '진짜 최종, 진짜 최종22, 진짜진짜 최종' 등으로 저장해 본 적 있으신가요? draft는 보통 확정되기 전의 모든 버전을 말합니다.

세부 단계로 나눌 때 '완전 초안'은 first draft 혹은 rough draft라고 해요. rough가 울퉁불퉁한 거니 느낌이 오죠? 한 번 고친 '두 번째 안'은 second draft라고 할 수 있고, 승인 직전의 '최종안'은 final draft라고 합니다.

2. prepare (작성해서) 준비하다

의미_ prepare 자체가 '준비하다'라는 뜻으로 '문서를 작성해서 준비해 주겠다'는 전반적인 작성 프로세스를 내포하는 의미입니다.

활용_ 문서를 준비할 때 자주 쓰이는 표현이며 준비의 대상은 계약서, 초안, 보고서, 제안서 등 다양한 문서가 될 수 있습니다.

- Can you **prepare** a summary of the conference call? I'd like to keep a record of what the client said.
  컨퍼런스 콜 요약본 좀 준비해 줄 수 있어요? 클라이언트 얘기를 기록해 두는 게 좋을 것 같아서요.

  I **prepared** a sample document template to share with the new hires.
  신입 직원들하고 공유할 수 있도록 샘플 문서 템플릿을 작성해서 준비했어요.

  I **prepared** a few catchphrases for our new campaign. Would you like to take a look?
  저희 새 캠페인 캐치프레이즈 몇 개 작성/준비해 보았는데, 한번 보시겠어요?

3. write up (작성에 수반되는 업무를 포함해) 작성하다

의미_ 단순한 작성을 의미하는 write와 다르게 write up은 전체 업무 프로세스를 맡아 작성까지 완료하는 의미를 가집니다.

활용_ 자료 조사부터 작성까지 모두 맡아서 완성할 때처럼 하나의 작성 프로세스를 담당하는 비즈니스 상황에서 사용하기 좋은 표현입니다.

- I'll carry out preliminary research and **write up** a report, so you can get a better idea of the industry.
  업계 전반을 이해하실 수 있게 제가 예비 조사를 해서 보고서를 작성하겠습니다.

  Please **write up** a complete report analyzing the recent trends in our industry.
  우리 업계의 최신 동향을 총괄 분석하는 보고서를 작성해 주세요.

  Do you think you can **write up** the study on your own or do you need an assistant?
  그 연구 보고서 혼자 하실 수 있겠어요, 아니면 보조가 한 명 필요하세요?

do 말고 carry out

carry out은 무엇을 하거나 수행할 때 사용하기 좋은 표현입니다. do가 나오려고 할 때 carry out을 쓰면 한 톤 정중해지고, conduct가 떠오를 때 carry out으로 바꾸면 한 톤 힘을 풀어주는 느낌이 되어 여러모로 사용하기에 좋아요.

My team's going to **carry out** the survey and write up a report on the findings.
저희 팀이 설문 조사를 진행하고 결과 보고서를 작성할 거예요.

I'm having a hard time **carrying out** research, because I can't get anyone to be interviewed.
인터뷰에 응하는 사람이 없어서, 리서치를 수행하는 게 어려워요.

4. put together (한데 모아) 작성하다/준비하다

의미_ put together는 '여러 가지를 한데 모아서 무엇을 만들어 내다'라는 뉘앙스가
있어요. 그래서 단순히 쓰는 작업뿐만 아니라 준비하고 계획하는 작업(organizing)
까지 모두 포함하는 의미이기에 write up과 유사합니다.

활용_ write up보다는 캐주얼하고, 문서뿐 아니라 PPT, 컨퍼런스 등을 준비할 때도
organize를 대체하여 사용할 수 있습니다.

- We're trying to **put together** a new project proposal, but it's been a bumpy road so far.
  우리가 신규 프로젝트 제안서를 작성하려고 하는데 지금까지는 좀 쉽지 않았어요.

  Did you see the PowerPoint slides that Mark **put together?** They are amazing!
  마크가 만든 파워포인트 봤어요? 엄청 잘했던데요!

  I'm trying to **put together** a forum on camping because camping is a big deal in the country now.
  지금 그 나라에서는 캠핑이 아주 인기가 많아서 캠핑에 대한 포럼을 주최해 보려고 해요.

  *put together은 문서뿐 아니라 행사를 준비할 때도 사용할 수 있답니다!

'어려웠다'를 더 영어답게 표현하는 방법

영어로 '어려웠다'는 당연히 It was difficult.가 바로 떠오를 거예요. 그런데 원어민들은 '울퉁불퉁한 길'이라며 It's a bumpy road.라고 자주 씁니다. 또는 It's been a challenge.(도전이었다.)라며 긍정적인 표현을 쓰기도 합니다.

I know **it's been a bumpy road,** but we're almost done!
지금까지 쉽지 않았지만 거의 다 왔어!

While **it's been a challenge**, I think we still have done a good job.
도전이긴 했지만, 꽤 잘 해낸 것 같아.

상황❶ 계약서 사본 관련해 마크에게 전화를 건 데이브

Dave:
└ 다른 데랑
계약할 때
재탕해야지!

Sorry to ask you for a favor, Mark, but do you still happen to have a copy of that contract you ① _____ for our deal? I'd like to take a look at it for my own reference.

마크 님, 부탁해서 미안한데 혹시 우리 계약 관련해서 작성했던 계약서 사본 아직 갖고 있나요? 개인적인 참고용으로 좀 살펴보고 싶어서요.

Mark:
└ 오…PO
귀찮WER…

I'm not sure, but I'll get back to you after I look through my files.

확실치 않은데 제가 파일 찾아보고 연락드릴게요.

> ① **drafted:** draft, prepare 모두 가능하지만 계약서 작성 후 여러 번 고치는 걸 감안할 때 draft라는 표현이 아주 적절해 보이네요.

❍ Additional Expressions

Sorry to ask you for a favor: 부탁해서 미안한데
Do you happen to ~?: 혹시 ~한가요?
I'll get back to you.: 다시 연락드릴게요.
look through: 살펴보다

상황❷　마크에게 새로운 일을 맡기는 제인

Jane:
└ 강요이지만
제안인 듯
스무드하게.

Mark, can you ① _____ a marketing plan for our new mobile app service? No need to make it perfect, I just want to see if you're up for a new challenge.

마크, 우리 신규 모바일 앱 서비스 마케팅안 한번 작성해 볼래요? 완벽하게 할 필요는 없고, 새로운 도전을 해 볼 의향이 있나 해서요.

Mark:
└ 하라시면
해야지
어쩌겠누.

Sounds like an exciting gig, Jane. I'd be happy to ② _____ a draft.

재밌을 것 같아요, 제인 팀장님. 제가 초안 작성해 볼게요.

① **prepare:** 없던 것을 새로 만들어서 준비해 달라는 뜻이니 prepare가 가장 좋고 write up, put together도 가능합니다. 또 완벽하게 할 필요는 없다고 했으니 draft도 어색하지 않고요.

② **put together / write up:** 정보를 종합해 초안을 완성하는 것이니 put together, write up 모두 좋습니다.

➕ **Additional Expressions**

up for something: ~할 생각 / 의향이 있는, ~할 기분인
challenge: 어려움, 위기, 도전
gig: 일, 업무, 작업

* * * *
sounds의 뉘앙스

it's 대신 it sounds를 쓰면 좀 더 간접적으로 우리말의 '~한/인 것 같아요'의 느낌을 낼 수 있어요. Sounds good. 하면 '좋은 것 같아요.', Sounds perfect.는 '완벽해 보이는데요.', Sounds like we've got a deal!은 '합의가 된 것 같네요!' 이런 식으로요.

상황❸ 마크에게 마케팅 초안 진행 상황을 묻는 제인

Jane:
└ · 이쯤 되면
　 초안이 나왔
　 어야 하는데.

Hey, Mark. How's the marketing plan coming along? Do you have the rough ① _____ yet?

마크, 마케팅안은 어떻게 되어 가고 있어요? 초안 나왔나요?

Mark:
└ · 오 큰일 났다.
　 지금부터 윤인!
　 3시간이면
　 가능!

Oh, Jane. I am ② _____ right now, but I do need to revisit it and polish it. Can you give me three more hours?

아, 제인 팀장님, 지금 작성 중인데 한 번 더 보고 윤문을 해야 해서요. 3시간 정도 더 주실 수 있나요?

Jane:
└ · 자식, 아직
　 안 했군.

Sure thing. Just let me know when you're done.

그럼요. 다 되면 알려 주세요.

> ① **draft:** 울퉁불퉁한 초안이 뭐였죠? 바로 rough draft였죠. 이처럼 draft는 명사로도 동사로도 아주 쏠쏠히 활용할 수 있는 단어랍니다.
> ② **writing it up:** 여기서 리서치는 끝났고 이제 실제 타이핑을 막 하는 상태 같으니 write가 들어가면 좋겠죠? 리서치도 마크가 했으니 write up 표현이 적절해 보이네요.

* * *
진행되고 있다 come along

서로 합의한 바가 어떻게 진행되고 있는지 물을 때 How's the draft coming along?, How is the project coming along? 이렇게 이야기할 수 있습니다. come along은 '진행되다, 원하는 대로 흘러가다'라는 뜻입니다.

I haven't heard from you for a week now. I hope the marketing plan is **coming along** alright.
일주일째 소식이 없군. 마케팅안은 잘 진행되고 있기를 바라네.

Please stop asking me how the survey is **coming along**!
설문 조사 잘 되어 가고 있나 그만 좀 물어보세요!

수정에 수정을 거듭했으면 이제 제발 확정 좀 하자 ~ 싶을 때가 있죠? 그럴 때 '확정 좀 하자고요' 앞에 쿠션어 '이대로 괜찮으시다면 ~'은 영어로 어떻게 하면 좋을까요? You okay?는 안 되겠죠. '뭐 문제없으면 넘어갈까? 확정 좀 할까?'라고 말하고 싶을 때 쓸 수 있는 영어 표현들은 물론 따로 있습니다.

If everything looks fine,	다 괜찮으면/문제없으면 (casual / formal)
If all is good,	다 괜찮으면/문제없으면 (casual / formal)
I guess if there's nothing else, then ~	더 이상 이의 없으면 (casual / formal)

If everything looks fine, '모든 게 다 괜찮아 보이면', '더 이상 이의 없으시면'의 의미입니다. 특히 함께 합의해야 하는 문서를 들여다보고 있으면 더더욱 사용하기 좋겠죠.

If all is good, 위의 표현과 유사하게 '모든 게 다 좋으면'의 뜻으로 쓰실 수 있어요. All is good.이 문법적으로 맞지 않는다는 말도 많지만, 워낙 캐주얼하게 자주 쓰이는 표현이라 쓰셔도 무방합니다. 저희도 '짜장면'이라고 하지 '자장면'이라고 안 하잖아요!

I guess if there's nothing else, then ~ '더 이상 이의 없으면'이라는 의미로 이것 또한 마무리하고 확정할 때 쓰기 좋은 표현입니다.

***
If everything looks fine, I'm going to go ahead and print out the posters.
다 괜찮으면, 이제 그럼 포스터 인쇄로 넘어가겠습니다.

If all is good, we can call it a day.
다 괜찮으면, 이쯤 마무리하시죠.

I guess if there's nothing else, then we have a deal!
더 이상 이의 없으시면, 합의가 됐네요!

➕ Additional Expressions

call it a day: 마무리하다, (회의 등을) 끝내다

Chapter 2

사내 커뮤니케이션 시
결정적 비즈니스 표현들

Unit 8
시작하겠습니다

'시작이 반이다'라는 말이 있죠? 독자분들도 지금 이 책을 시작하고 벌써 이만큼이나 보셨으니까 50%에다가 시원하게 얹어서 한 90% 달성했다고 칩시다. 회사에서 일하면서 '그럼 시작해 볼까요?'라든지 '이렇게 진행해 보겠습니다'라든지, 뭔가 시작을 뜻하는 이야기를 해야 '준비! 시~작!' 하고 착수할 수 있죠. 그런데 시작이 start인 건 알겠는데, 그럼 '시작하겠습니다'는 어떻게 쓰고 계신가요? 한번 떠올려 볼까요?

Let's start.

스타트가 기본적으로 들어가 줘야 진정한 시작을 의미하겠죠? 물론 스타트를 넣어서 "시작해 보겠습니다."라고 표현할 수도 있지만 Let's start.보다 훨씬 더 자연스럽게 쓸 수 있는 표현이 많습니다. 경주마한테 "달려!"라고 지시하는 느낌이 아닌, 부드럽게 업무에 착수할 수도 있는 표현을 한번 배워 볼까요? '시작하겠습니다'의 결정적 표현을 시작합니다.

get started	시작하다, 착수하다	casual / formal
jump in	본격적으로 뛰어들다	casual
start working on	(작업을) 시작하다	casual / formal
go with	(이대로/이걸로) 진행해 시작하다	casual

1. get started 시작하다, 착수하다

느낌_ 캐주얼하게도, 포멀하게도 쓸 수 있는 '시작하다', '착수하다'의 전천후 표현입니다.

활용_ 일의 경중과 관계없이 언제든 처음으로 '준비! 시~작!' 하고 착수할 때 쓸 수 있습니다.

If everything's good to go, I think I'm going to **get started** on the marketing poster.
다 확정된 거면, 저는 마케팅 포스터 제작을 시작해 보려고 해요.

Why don't we go ahead and **get started** with the deck?
그럼 저희 PPT 만드는 것부터 바로 착수 들어가면 어떨까요?

I don't think we'll be able to **get started** until we have Jane's approval.
제인 님이 승인해 주기 전에는 시작할 수 없을 것 같아요.

2. jump in 본격적으로 뛰어들다

느낌_ 우리가 해야 하는 일을 물이라고 생각해 보세요. 그 일을 하기 위해서 그 물에 jump in, 뛰어드는 거죠. 즉 '본격적으로 시작한다'는 의미입니다.

활용_ 캐주얼한 표현으로 특히 구어체에서 많이 씁니다. 프레젠테이션을 할 때도 어떤 주제에 본격적으로 뛰어든다는 의미로 쓸 수 있고요, 상대의 말을 끊고 부연 설명을 할 때도 쓸 수 있답니다!

- Before I **jump in**, do we have any questions?
  본격적으로 시작하기 전에, 질문 있으신가요?

- Since everyone agreed on the speakers, I think we can **jump** right **in** and talk about the venue for the conference.
  초청 연사에 관해서는 모두 동의하셨으니까, 이제 컨퍼런스 장소에 대한 얘기를 바로 시작해 보면 될 것 같아요.

- I'm sorry to **jump in**, but I see a few typos in the slides.
  끼어들어서 죄송한데, PPT에 오타가 좀 있네요.

➕ Additional Expressions

typo: 오타

* * *

끼어들어서 미안한데 ~ I'm sorry to jump in

누가 말하고 있을 때 불가피하게 끼어들어야 할 때가 있죠? 정정을 해야 하거나 뭔가 원치 않는 방향으로 흘러서 "그게 아니라 ~"라고 말하거나 할 때요. 그럴 땐 I'm sorry to jump in으로 문장을 시작하면 매너 있게 깜빡이 넣고 끼어드실 수 있답니다.

3. start working on ~ (작업을) 시작하다

의미_ work on something은 어떠한 작업을 하는 거고 start working on은 '작업을 시작하다'라는 의미입니다.

느낌_ '나 일단 이거 하고 있을게'의 느낌으로 어떠한 작업을 시작해서 하고 있겠다는 그런 뉘앙스입니다.

- Did you **start working on** the new project? I heard there's a chance it's going to be scrapped.
  혹시 신규 프로젝트 작업 시작하셨어요? 그 프로젝트 엎어질 수 있다는 소문이 돌던데.

- I'm going to get started on the catchphrase, so it'd be great if you can **start working on** the design.
  저는 캐치프레이즈 시작할 테니, 디자인 작업 시작해 주시면 좋을 것 같아요.

- I haven't even **started working on** the proposal, and they want me to do a presentation on it?
  아니 전 제안서 작업을 시작도 안 했는데, 저더러 발표를 하라고요?

참 슬픈 말이지만 '엎어지다', '어그러지다'라는 표현을 써야 할 때가 있습니다. 이때 동사 scrap을 써 주면 딱 맞습니다. 참고로, '이면지'를 scrap paper라고도 하는데요, scrap something 하면 종이를 구겨서 버리는 그런 느낌을 상상하면 됩니다. 아예 던져서 버려 버리는 거죠.

1. We're going to **scrap** V1 and start from square one.
   버전 1은 아예 엎고 처음부터 다시 시작할 거야.

2. I'm going to **scrap** this page. It's too boring.
   이 페이지 아예 빼 버리려고. 너무 지루해.

➕ Additional Expressions

start from square one: 완전히 처음부터 다시 시작하다

4. go with ~ (이대로 / 이걸로) 진행해 시작하다

의미_ 우리말에서도 '이걸로 가 보시죠' 하면 이걸로 어떤 일을 (시작)해 보자는거죠? 시작!으로 바로 매칭되지는 않지만 '시작한다'는 뉘앙스를 담아 캐주얼하게 활용하기 좋은 표현입니다.

느낌_ 캐주얼하게 '이대로 가자', '이걸로 가자'의 느낌입니다.

- We decided to **go with** plan A; there's no turning back now!
  플랜 A로 진행하기로 했어요. 이제 되돌리기 없기예요!

  Do you really want to **go with** this design? I thought you wanted something that is more eye-catching.
  이 디자인으로 가도 정말 괜찮겠어요? 좀 더 시선을 사로잡는 걸 원하신 거 아니에요?

  A unanimous vote on **going with** the horizontal logo!
  만장일치로 가로 로고로 진행하게 되었습니다!

➕ Additional Expressions

eye-catching: 시선을 사로잡는, 튀는
unanimous vote: 만장일치

* * *
이제는 못 되돌립니다 no turning back

'이제 뒤돌아보는 거 없기다!'라는 뜻으로 '이젠 돌이킬 수 없다, 이대로 간다'라는 의지의 표현입니다.

If we start printing the posters, there's **no turning back.**
포스터 인쇄 들어가면 돌이킬 수 없어요.

'시작하겠습니다'의 결정적 상황들

mp3 016

상황❶   늑장부린 마크에게 화를 내는 제인 팀장

Jane:
└ 너 오늘
시작했지?

Mark, is this all for your marketing plan? This is way too short.
When did you ① _____ on it?

마크, 마케팅안 이게 다예요? 너무 짧은데. 작성 언제 시작한 거예요?

Mark:
└ 오늘 시작한
건 어떻게
아셨지?

Is it too short? I actually have a longer version. I'll send it over
right away.

너무 짧나요? 사실 더 긴 버전도 있어요. 바로 보내 드릴게요.

> ① **get started:** 언제부터 시작했느냐는 의미로 get started를 써 주면 좋겠죠?

➕ Additional Expressions

way too ~: 너무 ~한, 과하게 ~한

상황❷   켄에게 급하게 도움을 요청하는 마크

Mark:
└ 그래프로 분량
늘려야 해!

Ken, I need your help! Do you have the global supply and
demand graphs for toothbrushes?

켄 대리님! 도와주세요! 전 세계 칫솔 수요 공급 그래프 가지고 있어요?

Ken:
└ 헐, 너 ✕
됐어!

I think so, but I only have last year's. Dude, don't tell me you
just ① _____ the marketing plan!

있는 것 같은데, 작년 것밖에 없네요. 헐, 마케팅안 지금 작성 시작하는 건 아니죠?

Mark:
└ 작년 거고 뭐고
얼른 줘요!

Last year's will do! I've got no choice, I'll have to ② _____ it.

작년 것도 괜찮아요! 어차피 지금 뭐 따질 때가 아니에요. 그걸로 가야겠어요.

> ① **started working on:** 이제야 작업을 시작한다고?라는 의미로 start working on이
> 적절하겠죠?
> ② **go with:** 지금 올해 것이고 작년 것이고 따질 시간이 없기에 그걸로 가야겠다!라는
> 의미니까 거기에 딱 맞는 go with를 씁니다.

➕ Additional Expressions

Don't tell me ~: 제발 ~라고 하지 말아 줘, 설마 ~하려는 건 아니지?
~ will do: ~면 돼, ~면 충분해

상황❸ 마케팅안 발표를 시작하는 마크

Mark:
· 후달달· 무서워.

Okay, if everyone's here, let me ① _____. Please turn to page 2 and you will see a graph there.

자, 다들 오셨으면 시작하겠습니다. 2쪽을 보시면 일단 그래프가 있습니다.

Jane:
· 아니 얘는 뭔
1도 상관없는
걸 넣어 왔어?

Before we ② _____ Mark, this is a supply and demand graph for toothbrushes. What does that have to do with our homecare devices?

시작하기 전에 마크, 이건 칫솔 수요 공급 그래프잖아요. 이게 우리 홈케어 디바이스랑 무슨 상관이 있죠?

① **get started:** '제가 시작해 보겠습니다'라는 의미이니까 get started를 써 주면 딱 알맞습니다.

② **jump in:** 본격적으로 시작하기 전에 팩폭 질문을 하는 제인 팀장님입니다. 이럴 때는 본격적으로 뛰어들기 전에, 즉 before we jump in이 자연스럽습니다.

➕ **Additional Expressions**

If everyone's here: 다들 오셨으면 (발표나 회의를 시작하기 전에 사용하기 좋은 쿠션어)

* * *
상관 관계를 편하게 말해 주는 표현 have to do with

A has/have to do with B는 'A는 B랑 뭔가 관계가 있다, 연관이 있다'라는 뜻입니다. 그래서 what does that have to do with this? 이러면 '아니 지금 그게 이거랑 무슨 상관이야?'라는 뜻이 되겠죠. 그래서 상관이 있거나 또는 그건 아예 상관이 없다고 차치해 버릴 때도 잘 쓸 수 있는 표현입니다.

A **has got nothing to do with** *B*, so don't worry about *A*.
A는 B랑 아무 상관없는 거라서, A는 신경 안 쓰셔도 돼요.

I don't understand why *A* **has to do anything with** *B*.
나는 A가 B랑 무슨 상관이 있는지 도저히 이해가 안 돼.

회의를 하거나 발표가 있거나 하면 시작 전에 이미 다들 모인 걸 알면서도! 굳이 "다들 오셨으면 ~, 다들 모이셨으면 ~" 하면서 어색하게 시작하겠다는 운을 띄웁니다. 이건 영어도 똑같습니다. "다들 오셨으면 시작해 볼까요?"라고 운을 띄우면서 본격적으로 회의나 발표를 시작하죠. 앞의 유닛에서 살짝 보였던 if everyone's here를 포함해 어떤 표현들을 쓸 수 있을지 알아보겠습니다.

If everyone's here,	다들 오셨으면, (casual / formal)
I think we can get started now.	(다들 오신 듯해서) 이제 시작하면 될 것 같네요. (casual / formal)
Looks like we have everybody.	다들 오신 것 같네요. (casual / formal)

If everyone's here, 앞에서도 나왔던 if everyone's here,는 말 그대로 "다들 오셨으면 ~"이라는 표현이라 포멀하게도 캐주얼하게도 쓸 수 있습니다.

I think we can get started now. '다들 오신 것 같으니'를 암시하며, "이제 시작해도 될 것 같네요."라는 의미입니다. 역시 모든 상황에서 쓸 수 있습니다.

Looks like we have everybody. "다들 오신 것 같아 보이네요."의 뜻입니다.

어째 표현들이 비슷비슷하죠? 여기 나온 모든 표현을 포멀하게도 캐주얼하게도 언제든 쓸 수 있고, 자연스럽게 들어가는 말이라고 생각하면 됩니다. Okay, I will start.보다 얼마나 좋아요! (뜨끔하셨나요?)

***

If everyone's here, I'm going to go ahead and pop the slides up on the screen.
다들 오셨으면, 제가 바로 스크린에 PPT를 띄우겠습니다.

I think we can get started now. A few are running a little late, but that's fine.
(다들 오신 듯해서) 이제 시작해도 될 것 같아요. 몇 분이 좀 늦으시는데 괜찮습니다.

Looks like we have everybody, so let's jump right in.
모두 오신 것 같아서 바로 시작하겠습니다.

Unit 9
의견 주세요

협업 잘하는 직장인이라면 늘 입에 달고 살아야 하는 말이 하나 있는데, 혹시 뭔지 아시나요?
너무 답이 크게 쓰여 있죠? 이번 유닛에서는 "의견 주세요"를 배워 보려 합니다. 특히 회의에서는 무조건 한 번씩 나오는 말이기도 하고, 구두로 커뮤니케이션하는 상황에서도 매일 쓰는 표현이죠. '바로 직역하면 되니 쉽지 않나?' 생각하셨다면, 문장 하나를 보여 드릴게요. 이 문장이 뜻하는 바가 무엇인지 생각해 보세요.

What's your take on this?

'이번 유닛이 〈의견 주세요〉니까 그거 아닐까?' 짐작하셨을 수 있는데, 솔직히 우리가 편하게 자주 쓰는 표현은 아닐 겁니다. 보통 What's your opinion on this? 혹은 Please give us your feedback.을 많이 쓰셨을 텐데요. 이 문장들도 사용 가능하지만, opinion, feedback보다 더 가볍게 생각을 물어보고자 한다면 What's your take on something?이 딱입니다. 이 외에도 의견을 물어 볼 수 있는 다양한 표현을 '의견 주세요'의 결정적 표현에서 확인해 보세요.

discuss	(의견을 묻거나 합의에 도달하기 위해) 논의하다	formal
share your thoughts on	~에 대한 의견을 알려 주세요	casual
give/provide feedback	피드백 주세요	casual / formal
let us know what you think	의견을 알려 주세요	casual / formal
How do you see ~?	~에 대해 어떻게 보세요?	casual
What's your take on ~?	~에 대해 어떻게 생각하세요?	casual

1. discuss (의견을 묻거나 합의에 도달하기 위해) 논의하다

느낌_ 어떤 일이든 의견을 묻거나 서로 합의에 도달하기 위해 의논하고자 할 때 잘 사용할 수 있는 만능 표현입니다.

활용_ 일의 경중에 상관없이 어떤 주제에 대해 의견을 주고 논의하고자 할 때 사용할 수 있는 포멀한 표현입니다.

- When are you free to **discuss** the updates on our project?
  우리 프로젝트 진척 상황 관련해서 언제 논의 가능해요?

  We want to **discuss** recent changes in the market conditions.
  최근 시장 상황 변화에 대해 논의하고자 합니다.

  Have you **discussed** with Sharon on the cost? I think we need her confirmation before we proceed any further.
  샤론하고 비용 관련 얘기해 봤어요? 샤론이 확정을 해 줘야 우리가 진행을 계속 할 수 있을 것 같아요.

* * *
언제 시간이 되세요? When are you free ~?

When are you free ~?는 When should we ~?나 When can you ~?보다 더 상대가 편할 때로 맞춘다는 느낌을 주는 유한 표현입니다. 따라서 우리가 특히 더 유해져야 하는 대상인 상사나 클라이언트와 커뮤니케이션할 때 사용하면 적절합니다.

When are you free to look over the resumes? 이력서 보시는 거 언제 시간 되세요?
When are you free to hang? 언제 (나랑) 놀 시간이 돼?

2. share your thoughts on ~에 대한 의견을 알려 주세요

의미_ 직역하면 '생각을 공유해 달라'는 뜻으로 여기서의 생각은 의견, 피드백, 만족, 불만 등 모든 걸 포함하는 개념입니다.

활용_ 생각이라는 큰 범위의 단어를 사용하므로 '의견/피드백'보다 더 상위 개념으로 잘 쓸 수 있습니다.

- Can you **share your thoughts on** this report? I'm thinking we need a little more polishing.
  이 보고서에 대한 의견 좀 주시겠어요? 저는 좀 더 수정하는 게 좋을 것 같아요.

  Please be ready to **share your thoughts** at today's meeting.
  오늘 회의 때 의견 공유할 준비해 주세요.

  I don't feel ready to **share my thoughts on** this today – can we talk tomorrow?
  오늘 이것 관련해 의견 드리기엔 준비가 안 된 느낌이라, 내일 얘기해도 될까요?

Good to Know share your thoughts on/at

share your thoughts 뒤에 전치사 on이 들어가면 뒤에 무엇에 대한 의견인지 그 '주체'가 나오고, at이 들어가면 그 뒤에 의견을 공유해야 하는 '장소, 상황'이 등장합니다.

Can you share your thoughts on this report?

3. give/provide feedback 피드백 주세요

의미_ 우리말처럼 자주 사용하는 피드백은 말 그대로 '되먹임'을 뜻합니다. 업무적으로 결과물을 더 좋은 방향으로 수정하는 과정에서 피드백을 달라고 할 때 사용할 수 있는 표현입니다.

활용_ '~에 대한 피드백'의 의미일 때 feedback about, feedback in이 아니라 꼭 feedback on으로 활용하셔야 함에 주의해 주세요.

- Can we ask you to **give us your feedback** by Friday?
  금요일까지 피드백 요청해도 괜찮을까요?

  Below are my comments on the user-friendliness and consistency issues in the UX. Please take a look at them and **provide your feedback**.
  아래에 UX 사용자 친화성과 일관성 문제에 관한 제 의견을 적어 두었습니다. 검토해 보시고 피드백 부탁드립니다.

  It's very difficult for me to **provide any feedback** when there are just so many typos in your proposal.
  제안서에 이렇게 오타가 많으면 제가 어떤 피드백도 드리기가 참 어려워요.

* * *
아래에, 아래에 있는 것들 below

'아래에'로 알고 계신 below는 '아래에 있는 것들'이라는 명사로도 사용할 수 있습니다. 따라서 below I wrote down 이렇게 길게 쓰지 않고 간단하게 below 한 단어로 이 모든 내용을 포함할 수 있어요.

Below are a few visual aids that might help the understanding of readers.
아래에는 독자의 이해에 도움이 될 시각적 장치(표, 그래프 등)가 있습니다.

4. let us know what you think 의견을 알려 주세요

의미_ 문장 그대로 '네가 생각하는 바를 우리도 알 수 있게 해 줘.' 즉 '너의 생각, 의견을 알려 줘.'라는 뜻입니다.

활용_ 정중하게 의견을 구하는 표현으로 앞에 Please를 붙여서 정중함을 더 강조할 수도 있습니다.

I was wondering if we could lower the costs. Please **let us know what you think**.
혹시 비용을 낮출 방법이 있을까요? 어떻게 생각하시는지 의견 주세요.

Attached is the draft agenda. Please take a look at it and **let us know what you think**.
첨부한 것은 의제 초안이에요. 살펴보시고 어떻게 생각하시는지 의견 주세요.

Do you think you can **let us know what you think** of the new design today? We need to finalize it asap.
혹시 신규 디자인에 대한 피드백 오늘 중으로 주실 수 있을까요? 디자인 최종 확정을 최대한 빠르게 해야 해서요.

***
~가 가능할까요? I was wondering ~

I was wondering은 '~가 가능할까요?'라고 할 때 Can you ~?보다 부드럽고 공손하게 쓸 수 있는 표현이에요. 앞으로 회사에서 Can you ~?가 나오려고 할 때 대체해서 사용해 보세요.

I was wondering if you had time for a cup of coffee.
혹시 커피 한잔하실 시간 되시나요?

5. How do you see ~? ~에 대해 어떻게 보세요?

의미_ 직역하면 '~을 어떻게 보고 있어?'이니, 다시 말해 '~에 대한 시각/의견이 어때?' 라는 뜻입니다.

활용_ 캐주얼하게 어떤 사안에 대한 시각이나 관점을 물을 때 사용할 수 있어요.

How do you see the new marketing strategy playing out?
신규 마케팅 전략이 어떻게 진행될 것으로 보여요?

It seems that the e-commerce companies are competing fiercely with big promotions. **How do you see** this playing out?
전자상거래 회사들이 대대적인 프로모션으로 치열하게 경쟁하는 것 같네요. 어떻게 될 것 같아요?

I think there are both very clear pros and cons to this new approach. **How do you see** this?

이 새로운 접근법은 장단점이 다 아주 뚜렷하게 있는 것 같아요. 어떤 것 같으세요?

* * *

전개되다 play out, fold out

play out은 '발생하여 진행되다'라는 뜻이고 fold out은 접혀 있던 것이 밖으로 '펼쳐지는' 것이죠? 둘 다 '앞으로 어떻게 펼쳐질까, 앞으로 어떻게 될까?'처럼 향후 상황에서 어떻게 전개될 것인가에 대한 의견을 구할 때 많이 씁니다.

How do you see this **playing out**?
= How do you see this **folding out**?
이게 향후에 어떻게 될 것 같아요?

6. What's your take on ~? ~에 대해 어떻게 생각하세요?

의미_ What do you think?와 일맥상통합니다. 직역하면 '~에 대한 너의 시각은 무엇이냐?'로 '~에 대해 어떻게 생각해?'의 뜻입니다.

느낌_ 한국어로는 '시각'하면 perspective가 꼭 나오죠? perspective 대신 좀 더 캐주얼하게 원어민들이 자주 쓰는 표현이 what's your take on ~?입니다.

활용_ 주로 본인의 의견이나 상황을 말하고, 이 상황에 대해 어떻게 생각하는지 의견을 물을 때 사용해요. ~ 자리에 this, this issue, the business plan 등을 넣어서 다양하게 사용할 수 있어요.

I'm not sure if this is the best option we've got. **What's your take on** this?

이게 우리가 가진 최선의 옵션인지 잘 모르겠어요. 이것에 대해 어떻게 생각해요?

I don't think this is the right time for us to increase our subscription fee. **What is your take on** this matter?

시기적으로 지금 구독료를 올리는 건 좀 아닌 것 같아요. 이 부분 어떻게 생각하세요?

I think we're going to try a pop-up store for the first time ever. **What's your take on** pop-up stores?

저희가 최초로 팝업 스토어를 해 보려고 하는데요. 팝업 스토어에 대해 어떻게 생각하세요?

'의견 주세요'의 결정적 상황들

mp3 018

상황❶ 켄 대리에게 미팅 참석을 요청하는 제인

Jane:
└ 꽤 놀았지?
  이제 일하자.

Ken, I was hoping to ①_____ our work-in-progress this afternoon. ②_____?

켄 대리님, 오늘 오후에 진행 중인 일 관련해서 논의 좀 하면 어떨까 하는데. 어떠세요?

Ken:
└ 마크, 같이
  혼나자!

No problem at all, Jane. I'll remind Mark to join us.

좋습니다, 제인 팀장님. 마크도 회의 참석하라고 이야기해 놓을게요.

Jane:
└ 너도 우리
  팀이잖아.

Thanks, Ken. I know this is not your priority at the moment, but feel free to ③_____ as much as you'd like.

켄 대리님, 고마워요. 이게 대리님 우선순위가 아닌 건 아는데, 의견 있으면 뭐든지 편하게 공유해 주길 바라요.

---

① **discuss:** '논의하다'의 뜻을 지닌 가장 기본적인 동사, discuss가 들어가면 적절합니다.

② **What's your take on this?:** 논의를 해 보면 어떨까 하는데, 어떻게 생각하냐는
의미죠? What do you think보다 캐주얼하고
원어민이 자주 쓰는 What's your take on this?를
쓰면 딱 맞습니다.

③ **share your thoughts:** 제인 팀장님이 켄 대리에게 편하게 의견 공유해 달라고 하고
있죠? 의견을 공유하다, share your thoughts가 좋겠네요.

➕ Additional Expressions

work-in-progress: 진행 중인 일, 진행 중인 작업
No problem at all.: 전혀 아무 문제없다. (= 알겠습니다.)
feel free to ~: 편하게 ~하세요

***
~하면 좋겠다고 생각하고 있었는데 I was hoping to ~

I was hoping to ~ 하면 '~하면 좋겠다고 생각하고 있었는데'라는 뜻으로 I want to ~ 보다 훨씬
우회적이고 정중한 표현입니다. 위의 예문 I was hoping to discuss와 그냥 I want to discuss를
비교해 보면 차이가 느껴지죠?

상황❷ 웹 사이트 디자인 관련해 통화하는 마크와 데이브

Mark:
└· 읽십이야?
   나만 진심이네.

Hello, Dave. Remember that email I sent you last week asking you to ① _____ on the website design?

데이브 님, 안녕하세요! 지난주에 웹사이트 디자인 관련해 피드백 요청하는 이메일 보냈는데 기억나세요?

Dave:
└· 완전 까먹음.
   오늘 붙게.

Thanks for calling Mark, and apologies for the delayed response. I'll ② _____ within today.

전화 줘서 고마워요, 마크 님. 늦게 답 줘서 미안하고요. 오늘 중으로 어떻게 생각하는지 알려 드릴게요.

Mark:
└· 안 가는 걸로
   하는 게
   어떨지?

Okay. By the way, I'm not sure if we can attend the conference next week given that the COVID is still going wild. ③ _____ the situation developing in Chicago?

알겠습니다, 아 맞다, 다음 주에 있는 컨퍼런스에 저희가 참가할 수 있을지 잘 모르겠어요. 코로나가 아직 너무 창궐 중이라. 시카고 쪽은 상황이 어떻게 될 것 같으세요?

① **give feedback:** 마크가 피드백을 요청했군요. 피드백 요청을 그대로 바꿔 give feedback을 씁니다.

② **let you know what I think:** 디자인에 대해 어떻게 생각하는지 알려 주는 정중한 표현이니까, let you know를 써서 let you know what I think가 적절하겠네요.

③ **How do you see:** 향후 상황이 어떻게 진행될지 물을 때 쓰는 표현이 하나죠? play out, fold out과도 자주 쓰인다고 알려 드린 How do you see가 알맞습니다.

➕ Additional Expressions

develop: 진행되다. 변화하다

* * *
사과가 간단해지는 My apologies for

보통 "사과드립니다, 죄송합니다"를 생각하면 I apologize about … 구구절절 나오죠? 하지만 My apologies for ~ 형태로 짧고 굵게 쓸 수 있습니다. 심지어 무슨 잘못인지 이미 서로 알고 있을 때는 더 간결하게 My apologies!라고만 해도 돼요. for 아래가 생략된 거죠.

My apologies for being late.
늦어서 미안합니다.

My apologies for not getting back to you.
연락 못 드려 죄송해요.

상황❸　　마크에게 이메일로 피드백을 보낸 후 메시지를 보내는 데이브

Dave:
└ 미안해. 또
고쳐야 해.

Hi, Mark. I just sent you an email to let you know our thoughts on the website design. Looking pretty good overall – we just had a few points we'd like to ① _____ so I jot them down at the end of my email.

마크 님, 안녕하세요! 방금 웹사이트 디자인 관련된 의견을 이메일로 보냈어요. 전체적으로 꽤 좋아요. 몇 가지 논의하고 싶은 포인트들이 있어서 이메일 말미에 적어 두었습니다.

Mark:
└ 뭔 또 포인트여
포인트는.

Thanks, Dave. Much appreciated. Will get back to you asap!

고마워요, 데이브! 잘 보겠습니다. 최대한 빨리 답변 드릴게요!

Dave:
└ 그리고 시카고
가즈아~

Oh, and the COVID situation is getting much better here in Chicago. Hoping to see you there!

아, 그리고 여기 시카고 코로나 상황은 훨씬 나아지고 있어요. 거기서 뵐 수 있기를!

Mark:
└ 눈치 챙겨!

Oh, uhm. That's great! Alrighty!

아, 음. 좋네요! 알겠습니다!

> ① **discuss:** 의견을 얻기 위해 같이 이야기 / 의논 / 토론하고 싶은 부분이니까 discuss 동사로 깔끔하게 표현할 수 있겠죠?

➕ Additional Expressions

jot down: (메모를) 쓰다, 적다
Much appreciated.: 고마워요. 도움이 됐어요.
Alrighty!: 알겠어! 좋았어!

'회사'로 이행시를 지으면 "회!사에 오면, 사!람들과 회의를 한다"가 아닐까요?

회의의 연속인 회사 생활, 외국계 기업도 스타트업도 사람 사는 건 전혀 다르지 않은데요. 미국은 회의에 적극 참여하는 문화인 것 같은데 '진짜 할 말이 없고 난 의견이 없는데 어쩌지?' 하며 식은땀 나는 분들 계시죠?

한 가지 팁을 드리자면 꼭 어떤 아이디어나 반대 의견이나 대단한 것을 제시하지 않더라도 가만히 앉아만 있으면 '저 사람은 이 회의에 불필요한 사람이다'라는 인식을 줄 수 있으니 리액션이라도 하는 게 어떨까요? 그렇다고 "와우! 대박!" 이런 1차원적인 리액션을 말하는 건 아니죠.

"나는 방금 A가 한 말에 완전히 공감해." 이런 거 있잖아요. 듣고 있는 것 같고 뭔가 잘 따라가고 있다는 걸 사람들이 느낄 수 있는 그런 공감 말입니다. 다음과 같이 표현할 수 있지요.
I totally agree with what *A* just said about OOO. 나 방금 A가 OOO에 대해 말한 의견에 완전 공감!

또는 가끔 무슨 아이디어가 확실히 이해되지 않을 때 "너의 아이디어가 궁금하고 유의미한 것 같은데 좀 더 말해 줘."라고 말하면서 협조적인 동료의 느낌을 팍팍 낼 수 있죠. 그러면서 은근히 모더레이터(중재자) 역할만 하면서 실제 의견 제시는 동료에게 토스하는거죠, 후훗! 그때는 이렇게 말하세요.
Can you elaborate on that? Can you walk us through? I didn't totally get that. 그거 좀 더 설명해줄 수 있어? 좀 자세히 알려줄 수 있어? 완전히 이해를 못했어.

그리고 마지막으로 '의견 없는 자, 칭찬을 아끼지 말지어다!'입니다. 비록 의견 제시는 못했을지언정 기분은 좋게 해 주는 동료가 될 수 있어야겠지요. 복잡한 세상, 적당히 살 살거리며 편안하게 삽시다! 다음은 그럴 때 쓸 수 있는 표현입니다.
I think we had a really constructive talk today. I really liked the conversation today. 오늘 우리 대화가 아주 건설적이었던 것 같아. 오늘 대화가 정말 유익했어.

Unit 10
참고해 주세요

제가 알려 드리는 표현들은 크게 두 개로 나뉘어요. 우리말로도 영어로도 자주 쓰지만 정확한 상황이나 뉘앙스별로 구분해서 쓰지 못하는 표현, 또는 우리말로는 잘 사용하는데 영어로는 생략하고 잘 사용하지 못하는 표현입니다. 이번 유닛은 후자의 대표적인 표현이 아닐까 싶습니다.

동료나 상사에게 자료를 공유하거나 발표하면서 특정 페이지를 참고해 달라고 할 때, 혹은 내 의견을 개진하면서 "참고해 주세요."라고 이야기해야 할 때가 종종 있습니다. 특히 내 의견을 너무 강하지 않게 한발 빼며 전할 때, 이 "일단 참고로 해 주세요."의 뉘앙스가 참 중요합니다.

영어로는 어떻게 의미를 전해야 할까요? '참고'니까 refer를 써야 할 것 같긴 한데, 자주 쓰지 않는 만큼 막상 바로 떠오르는 게 없죠? 혹시 직역해서 이렇게 하면 될까요?

Please refer this?

물음표에서 제 마음을 느끼셨겠지만 이건 사용하지 않는 표현입니다. 실제로 원어민들이 사용하는 표현 중에 refer는 물론, reference를 사용한 표현까지 모두 있는데요, 앞으로 우리말처럼 편하게 상황에 맞춰 "참고해 주세요."를 사용할 수 있도록 5가지 핵심 표현을 알려 드릴게요. '참고해 주세요'의 결정적 표현을 시작합니다.

'참고해 주세요'의 결정적 표현들

mp3 019

refer to	참고하다	casual / formal
use as reference	참고로 사용하다	casual / formal
take into account	감안하다, 참고하다	casual / formal
consider	고려하다, 참고하다	formal
keep in mind	염두에 두다	casual

1. refer to 참고하다

의미_ refer는 '참고하다'라는 의미로 꼭 전치사 to와 함께 써야 합니다.

활용_ to 뒤에는 참고해야 하는 문서, 그래프 등이 나오는데, 이를 참고해 달라고 할 때 문어체와 구어체에서 모두 가장 무난하게 쓸 수 있는 활용도 높은 표현입니다.

- Please **refer to** the graph on page 10, illustrating our company's performance for Q1.
  1분기 회사 경영 성과를 나타내는 10쪽의 그래프를 참고해 주세요.

  Please **refer to** the attachment for further details.
  추가 세부 사항은 첨부 파일을 참고해 주세요.

  Are you **referring to** the diagram on the left or the one on the right?
  지금 말씀하시는 그림이 좌측에 있는 그림인가요, 우측에 있는 그림인가요?

* * *

'나타내다'를 의미하는 다양한 표현

예문에 쓰인 illustrating 외에도 demonstrating, showing, presenting, indicating 등을 사용할 수 있습니다.

The survey results **are indicating** the need for more offline shops.
설문 조사 결과가 더 많은 오프라인 점포에 대한 수요를 나타냅니다.

Your survey results **demonstrate** the need for more offline shops, but my research **indicates** otherwise.
그쪽의 설문 조사 결과에 따르면 더 많은 오프라인 점포에 대한 수요가 있다고 하지만, 제 리서치는 다른 결과를 나타냅니다.

2. use as reference 참고로 사용하다

의미_ 단어 그대로 해석해 '참고로 사용하다'라는 의미입니다. 요청하는 무엇인가를 '참고로 사용해' 다른 것을 이루고자 하는 목표가 명확하게 담겨 있어요.

활용_ use as reference 하면 광의적인 표현으로 '참고로 쓰다'라는 의미고요, 관사 a를 넣어 use as a reference 하면 인용을 하는 등 직접적으로 참고 문헌으로 쓰는 것을 말합니다. 꼭 구분해서 사용해 주세요.

- Can you share the notes from today's meeting with me? I want to **use** it **as reference** when I brief my team.
  오늘 회의 노트 좀 공유해 줄 수 있나요? 우리 팀한테 브리핑해 줄 때 참고로 쓰려고요.

- If these numbers are not confidential, would it be alright if I **use** them **as reference** when talking to my client?
  이 수치가 대외비가 아니라면 제가 클라이언트와 얘기할 때 참고로 사용해도 되나요?

- Thanks again for sending me the document. I **used** it **as a reference** during my presentation.
  문서 보내 줘서 다시 한번 고마워요. 발표할 때 참고 문헌으로 잘 썼어요.

***

보고하다 brief vs. report

앞으로 나올 유닛에서 자세히 살펴보겠지만, '보고하다'를 의미하는 대표적인 두 가지 표현 brief와 report를 비교해 볼게요. brief는 'brief [보고 대상] on [보고 내용]'의 형태로, report는 'report [보고 내용] to [보고 대상]'의 형태로 사용합니다. 짝꿍 전치사와 보고 대상, 보고 내용의 순서가 다른 점을 기억해 두시면 좋아요.

Can you **brief** me **on** the pop-up store plan?
팝업 스토어 기획에 대해 저한테 브리핑 좀 해 주시겠어요?

I'm going to **report** the pop-up store plan **to** my boss.
팝업 스토어 기획에 대해 상사에게 보고할 거예요.

3. take into account 감안하다, 참고하다

의미_ account가 계정이니 '계정 안으로 넣어달라'라는 뜻으로 즉, '이 변수도 고려해 줘, 감안해 줘'라는 의미가 됩니다. 앞으로 나올 consider와도 일맥상통해요.

느낌_ 우리말의 '감안하다, 여러 사정을 참고하여 생각하다'의 느낌을 잘 담고 있는 표현 입니다.

- I need you to **take into account** potential risks before making a decision.

  결정을 내리기 전에 잠재적인 위험들을 감안해 줬으면 해요.

  You should **take into account** the previous data on customer satisfaction.

  고객 만족도 관련해서 이전 데이터를 참고해 주세요.

  Please **take into account** the very tight timeframe we have.

  저희에게 주어진 시간이 아주 빠듯하다는 것을 좀 고려해 주세요.

4. consider 고려하다, 참고하다

의미_ 옵션을 고려하거나 검토할 때 쓰기 좋다고 배운 consider는 '옵션을 고려해 참고하다'라는 의미도 가져요.

활용_ take into account와 유사하지만 조금 더 포멀한 느낌을 주고자 하는 상황에서 쓰면 좋아요.

- There was an urgent quantity adjustment request from our client in the wake of a rising demand for the product. We would appreciate it if you could **consider** this adjustment.

  제품 수요 증가의 여파로 클라이언트 측에서 급하게 수량 조정 요청을 했어요. 이 수량 조정도 참고해 주시면 감사하겠습니다.

  If you can't find a web designer, you could **consider** the list of recommended vendors.

  웹디자이너 찾기가 어려우면 추천 벤더 리스트를 참고해 봐요.

  How many options do we have to **consider**?

  우리가 고려해야 하는 옵션이 몇 개인가요?

***
명사화해서 표현하는 '수요가 증가하여 ⋯'

'수요가 증가하여'를 영어로 말하려 하면 because the demand is rising 혹은 because there is more demand처럼 말이 길어지죠? 이때 '명사화'를 활용하여 간결하게 rising demand라고 표현할 수 있어요. in the wake of ~는 '~의 여파로'라는 의미라서 둘을 같이 붙여 쓰기 좋습니다.

We're adding more lines to the factory **in the wake of a rising demand**.
수요 증가의 여파로 공장에 라인을 증설하고 있어요.

We're cutting down on budget **in the wake of a falling demand**.
수요 하락의 여파로 예산을 삭감하고 있어요.

***
'비상'은 emergency?

'비상의, 급한'의 의미를 전달할 때 emergency가 떠오르고 형용사형이 emergent인가? 하고 고민했다고요? 이 고민은 이제 그만하셔도 됩니다. urgent가 이럴 때 훨씬 잘 쓸 수 있는 표현이기 때문이죠!

Sorry I'm making such an **urgent** request.
너무 급하게 부탁드려서 죄송해요.

Which is more **urgent**, *A* or *B*?
A랑 B 중에 뭐가 더 급한 거예요?

5. keep in mind 염두에 두다

의미_ '염두'는 마음속을 뜻합니다. 즉 '마음속에 넣어 두고 참고한다'는 의미겠죠?

활용_ keep과 in mind 사이에 '염두에 두어야 하는 대상'을 넣어서 사용할 수도 있어요.
물론 keep in mind를 붙여 쓰고 뒤로 빼도 됩니다.

- Please **keep** the report submission date **in mind** before applying for
- a PTO*. (= Please **keep in mind** the report submission date before
- applying for a PTO.)

  유급 휴가 신청하기 전에 보고서 제출 일자를 염두에 두세요.
  *PTO 유급 휴가(= paid time off)

  Please **keep in mind** that next year we will be recruiting more junior
  staff.

  내년에는 우리가 더 많은 주니어급 직원을 채용할 예정임을 염두에 두세요.

  We need to **keep in mind** that customers don't necessarily
  want more options.

  소비자가 꼭 더 많은 옵션을 원하지는 않는다는 것을 염두에 두어야 해요.

Good to Know '휴가' 관련 표현

PTO가 나온 김에 휴가에 관한 다양한 표현을 알아볼까요?
'~ 휴직'은 ~ leave라고 쓰고, '휴가를 내다'라고 말할 때 쓰는 동사는 take임을 기억하세요!

1. parental leave
   육아 휴직(성별 무관)

2. family leave
   간호 · 육아 휴직

3. sick leave
   병가

4. take a day off
   하루 휴가를 내다

5. OOO (= out of office)
   부재 중

mp3 020

상황❶　제인 팀장님께 보고서 확인을 받는 켄 대리

Ken:
└ 칭찬해 줘요,
　제인 팀장님!

Hey Jane, are you okay with the infographics I included in the report? I wanted to make sure because I'll be ① _____ those _____ during my presentation to the board members this week.

제인 팀장님, 제가 보고서에 포함한 인포그래픽 괜찮으세요? 이번 주 이사회에 발표할 때 참고로 사용하려고 해서 확실히 해두려고요.

Jane:
└ 어르신들 눈
　잘 안 보인다.

Yes, Ken. They look great. ② _____ that the board members prefer having as many visual aids as possible so feel free to use all you've got.

네, 켄 대리님. 좋아 보여요. 이사진 분들이 시각적 보조가 최대한 많이 있는 걸 선호하는 것을 염두에 두고, 있는 만큼 최대한 많이 사용하세요.

Ken:
└ RGRG,
　노안 고려
　완료!

Don't worry. I already ③ _____ that _____.

걱정하지 마세요. 이미 그 부분은 고려했어요.

> ① **using, as reference:** '참고로 쓰다'라는 표현은 그대로 use as reference를 쓰면 적합합니다.
> ② **Keep in mind:** 이사진 분들은 그림, 그래프, 영상 등의 시각적 보조를 선호하죠? 이 사실을 염두에 두고 작업하라고 조언해 주는 친절한 제인 팀장님 입니다. keep in mind를 써 주면 되겠네요.
> ③ **took, into account:** 제인 팀장님의 조언은 고맙지만, '그 정도쯤은 이미 계산에 있었어요' 하는 켄 대리! 계정에 넣고 그 변수도 고려하는 것, take into account가 알맞습니다.

➕ Additional Expressions

infographics: 데이터를 시각화한 표, 차트 등의 자료

상황 ❷   협업할 디자이너를 물색하는 켄에게 도움을 주려는 마크

Mark:
└ 여유만만이더니
  왠일로 킹킹대?

Are you having some issues, Ken?
켄 대리님, 무슨 문제 있어요?

Ken:
└ 나처럼 센스
  있는 디자이너
  없어?

Hey, Mark. I don't know—I'm looking for a good designer to partner up with for one of my projects. I looked at Lauren's portfolio you shared with me and I'm ① _____ it _____ to find the right person but so far no luck.
그러게요, 마크. 프로젝트 같이 협업할 괜찮은 디자이너를 물색 중이에요. 마크 씨가 공유해 준 로렌 디자이너 포트폴리오 보고 적합한 사람을 찾느라 참고로 사용 중이긴 한데 아직까지 못 찾았어요.

Mark:
└ 벤더 목록이
  너를 구원할
  것이다!

Well, you do know that the management department has a list of vendors that we have a good history with, right? You could ② _____ that as an option, too.
경영팀에서 합이 잘 맞는 벤더 목록 갖고 있는 거 아시죠? 그걸 옵션으로 참고해 보는 것도 괜찮을 것 같아요.

> ① **using, as reference:** 로렌 디자이너의 포트폴리오를 참고로 사용했다고 하죠?
> '참고로 사용하다'의 의미일 경우 reference 앞에 관사 없이
> use as reference를 쓰면 맞습니다.
>
> ② **consider:** 옵션을 고려해 참고할 때 take into account보다는 포멀하면서 정말 활용도
> 높은 그 표현, consider가 적합합니다.

➕ Additional Expressions

partner up with ~ : ~와 협업하다
so far no luck: 지금까지 운이 없네요, 지금까진 실패네요
have a good history with ~: ~와 좋은 (협업) 이력이 있다

🔅 Good to Know 🔅   You DO know vs. You know

마크의 마지막 말에서 you know가 아닌 you DO know를 써서 DO를 강조하고 있죠?
You know가 아는지 모르는지 물으려고 '그거 알죠?'의 의미라면, you DO know는 이미
아는 사실을 리마인드해 주는 용이라 '그거 알잖아요, 그죠?'의 의미랍니다.

1. You **know** we're running out of time, right?
   지금 우리 시간 엄청 쪼들리는 거 알죠?

2. You **do know** we're running out of time, right?
   지금 우리 시간 엄청 쪼들리는 거 알고 있는 거 맞죠?

상황❸　켄의 인포그래픽을 사용해도 되는지 묻는 제인 팀장

Jane:
└ 아나바다
플리즈!

Hey, Ken. Would it be alright if I use the infographics you created for your report? I'm thinking of ① _____ them tomorrow when I'll be trying to talk Dave into signing the deal.
켄 대리님, 대리님 보고서에 쓰려고 만든 인포그래픽 제가 좀 써도 될까요?
내일 데이브한테 우리랑 계약하라고 설득할 때 참고(사용)하려고요.

Ken:
└ 나 지금 완전
인정받은 것
맞지?

Absolutely! Let me send over the final copy to you.
당연하죠! 최종본 보내드릴게요.

> ① **referring to:** 보여 주면서 참고하여 이야기할 테니까 가리키면서 얘기를 하는 느낌의 refer to가 적당하겠죠.

➕ Additional Expressions
talk someone into something: 무엇을 하도록 누군가를 설득하다
Absolutely.: 당연하죠. 그럼요. 맞는 말이에요. (좋은 맞장구 단어!)

'다들 아시다시피'는 as you know로 직역되고 딱히 틀린 말은 아니에요. 하지만 듣는 상대방이 "난 모르는데?" 할 수 있기 때문에 지식을 강요하지 않는 표현들이 필요할 때가 있습니다. 그래서 크레센도로 '아실 수도 있겠지만, 아마 아실 테지만, 잘 알고 계시겠지만, 너무 잘 아시는데 굳이 말하는 거겠지만'을 뜻하는 표현을 알아보겠습니다.

As you might all know	아시겠지만 (casual / formal)
I'm sure you're aware of this, but	잘 아시겠지만 (casual / formal)
This might be a recap for some of you,	이미 잘 아시겠지만 (casual / formal)
I might be preaching to the choir, but	다 아시는데 제가 또 이야기하는 거겠지만 (casual)

As you might all know '여러분들 다들 아실 수도 있겠지만'인데, might을 써서 꼭 알아야 한다는 강요의 느낌을 뺐습니다.

I'm sure you're aware of this, but I'm sure니까 여러분들이 이걸 알고 계시다는 걸 내가 확신하는 거죠. '잘 아시겠지만 ~' 이 의미에 딱입니다.

This might be a recap for some of you, 다 알고 있어서 복습 차원이 될 때 쓸 수 있는 표현이죠. '몇 분께는 복습이 되겠지만', 즉 '이미 잘 알고 계시겠지만'의 의미입니다.

I might be preaching to the choir, but 이것은 약간 자조적인 유머를 섞은 표현입니다. 교회 성가대(choir)한테 설교(preach)하는 거죠. 이미 너무나 독실한 분들인데요. 그래서 이미 넘어온 사람을 설득한다는 의미가 됩니다.

***

As you might all know, this is my first time speaking in front of a big audience.
아실 수도 있겠지만, 이번에 제가 많은 청중 앞에서 이야기하는 게 처음이에요.

I'm sure you're aware of this, but we are going to have a Q&A session after this lecture. 다들 잘 아시겠지만 강의 후에 Q&A 세션을 진행할 겁니다.

This might be a recap for some of you, but I'll just go through it just to make sure. 일부 분들은 이미 아실 수 있겠지만, 혹시 모르니 다시 설명할게요.

I might be preaching to the choir, but we need to combat climate change.
다 아시는데 제가 또 이야기하는 거겠지만, 우리는 기후 변화에 대응해야 합니다.

Unit 11
cc 걸어주세요

여러분은 cc 하면 무엇이 떠오르시나요? 캠퍼스 커플? 캠퍼스의 낭만은 사라지고 진지한 눈빛과 근엄한 표정을 지니게 된 우리 회사원에게 cc는 그저 업무의 일부일 뿐. 이번 유닛의 주제이자 이메일과 짝꿍인 cc는 carbon copy, bcc는 blind carbon copy를 의미합니다.

이메일이 존재하지 않던 시절, 여러 사람에게 같은 내용의 편지를 보내야 할 때 타이프라이터로 까만 카본 종이에 편지를 써 카피를 뜨던 것에서 유래된 말이라고 합니다. 이메일로 편하게 소통하게 된 지금, 업무하면서 서로서로 참조도 걸어주고, 또 가끔 상사 몰래 귀띔해 주는 센스를 발휘할 때는 숨은 참조도 걸어주고 하는데요. 우리말로 "참조 걸어줘, cc 좀 걸어줘"라고 하는 이 말, 영어로는 어떻게 표현하면 좋을까요?

do cc? send cc?

'참조'는 cc, '숨은참조'가 bcc인 것까진 잘 알지만 함께 사용해야 할 표현을 생각하면 막막해지곤 합니다. 이번 유닛에서 이 표현을 편하게 이야기하실 수 있도록 꼼꼼하게 살펴보겠습니다. 특히 이번 유닛은 핵심 표현별 뉘앙스의 구분이 굉장히 확실한 편이라 그 구분에 집중해 주세요. 다양한 표현의 뉘앙스를 'cc 걸어주세요'의 결정적 표현에서 자세하게 알아보겠습니다.

mp3 021

add me in on the loop/loop me in	참조 걸어주세요	casual
Can you cc/bcc me on the email?	참조/숨은 참조 걸어주세요.	semi-casual
Can you copy me in on the email/chain	참조 걸어주세요.	semi-casual
Include me in the email chain.	참조 걸어주세요.	formal

1. add me in on the loop / loop me in 참조 걸어주세요

의미_ loop가 동그란 고리이니 '그 고리 안에 나를 추가해 줘' 즉, 이메일이 도는 그 서클 안에 나도 넣어달라는 뜻이 됩니다.

느낌_ 캐주얼하면서도 편하게 정말 자주 쓰이는 표현이라 쓰게 되면 원어민같은 느낌을 줍니다.

활용_ loop에 들어가는 것이니 bcc(숨은 참조)보다는 공개적으로 cc(참조)를 요청할 때 쓰시면 좋습니다. 일상적 대화에서도, 회의 때도 사용할 수 있습니다.

- Don't forget to **add me in on the loop** when you shoot that email!
  이메일 보낼 때 나도 참조 걸어주는 것 잊지 마세요!

  Well noted. I understand that James will be reviewing the candidates' CVs on your behalf. If you find another interviewer, please **loop him/her in** too.
  잘 알겠습니다. 당신을 대신해서 제임스가 지원자의 이력서를 검토하는군요. 또 다른 면접관이 있으면 그분께도 cc 걸어주세요.

  I think things would be easier for both of us if you can just **add me in on the loop**.
  저를 참조 걸어주시면 우리 둘 다한테 편하지 않을까 싶은데요.

* * *
~하면 훨씬 편할 것 같아요 things would be easier if

부탁하면서 '이래저래 해 주면 훨씬 편할 것 같아요, 일을 덜 것 같아요' 할 때가 있죠? 이때 things would be easier if … 혹은 life would be a lot easier if … 등으로 표현할 수 있답니다.

Things would be a lot easier if you can email me directly instead of speaking to me through Curt.
커트를 통해 이야기하는 것보다 나한테 직접 이메일하는 게 훨씬 편할 것 같아.

Life would be a lot easier if we all were on the same page.
우리 모두가 이해한 내용이 같다면 일이 훨씬 덜 복잡해질 것 같아요.

🔵 Good to Know 🔵 keep somebody in the loop

비슷하게 생긴 다른 유용한 표현이 있어요. keep somebody in the loop인데, 프로젝트나 일의 진행 상황 등을 '누군가에게 공유해 주다'라는 뜻이랍니다.

Can you **keep me in the loop** and fill me in every now and then?
저에게 일 진척 상황을 공유하고 가끔씩 업데이트해 주실 수 있나요?

➕ Additional Expressions

fill somebody in: (모르는 사람에게) 업데이트해 주다, 상황을 알려 주다
every now and then: 때때로

Don't forget to add me in on the loop when you shoot that email!

2. Can you cc / bcc me on the email?
참조 / 숨은 참조 걸어주세요.

의미_ 가장 직관적인 'cc 걸어주세요'의 의미이며, bcc를 걸어달라고 할 때도 적합합니다.

활용_ "on" the email임을 주의해서 사용해 주세요. email 바로 앞에 "in"을 사용해 in the email 하면 메일 본문 안에 포함되어 언급되는 느낌입니다. on the email 은 메일 위에 얹혀 있는 느낌이라 우리가 희망하는 참조의 느낌을 잘 담아내요.

- I want to follow up on the conversation you had with Dave. **Can you cc/bcc me on the email**?
  당신과 데이브가 나눈 대화를 좀 팔로업하고 싶은데, 이메일에 저도 cc / bcc해 줄 수 있나요?

  Can you cc both me and Brianna to make sure everyone's on the same page?
  저와 브리아나 둘 다 cc걸어서 모두가 상황을 똑같이 이해하도록 해 줄래요?

  Please double check you've **bcc'ed me** because I don't want Jennie to know I'm in the loop.
  저를 숨은 참조로 하셨는지 꼭 체크해 주세요. 제니가 저도 참조되어 있는 걸 몰랐으면 해요.

3. Can you copy me in on the email? 참조 걸어주세요.

의미_ 동일한 내용을 copy해서 보내는 것과 cc는 궁극적으로 '같은 내용을 받아볼 수 있게 한다는 점'에서 일맥상통합니다. cc가 애초에 carbon copy의 약자니까요.

느낌_ 앞선 두 개의 표현보다 조금 더 포멀하게 참조를 요청할 수 있어요.

활용_ 이 표현도 전치사에 주의하셔야 합니다. in on이 연달아 나왔는데 '나를 넣어줘 (copy me in), 이메일 체인 상에(on the email)' 이런 의미입니다.

- I was asked to monitor the project's progress. **Can you copy me in on the email**?
  프로젝트 진행 상황을 모니터링해 달라고 하네요. 저도 cc좀 걸어주세요.

  Don't forget to **copy him in on the email** using bcc.
  숨은 참조로 그분 참조 거는 것 잊지 마요.

  Didn't we **copy Jennie in on the chain**? Why is she complaining she feels left out?
  우리 이메일에 제니를 참조 안 했나요? 왜 제니가 소외감을 느낀다고 컴플레인하는 거죠?

4. Include me on the email chain. 참조 걸어주세요.

의미_ chain을 떠올려 보세요. 고리가 연결 연결되어 있죠? 이렇게 연결되어 체인처럼 생겨나는 이메일에 나를 포함해 달라는, cc를 걸어달라는 의미입니다.

느낌_ 3에 나왔던 표현과 유사하면서도 가장 포멀한 표현입니다.

- We will make sure to **include everyone** who attended today's meeting **on the email chain.**

  오늘 회의에 참석하신 모든 분들을 이메일에 참조 걸도록 하겠습니다.

  Should I **include you on the email chain**? If so, is it okay to just cc you or should I use bcc?

  이메일에 참조 걸어줄까요? 그러시다면 그냥 cc해도 괜찮으세요? 아니면 숨은 참조로 넣어 드릴까요?

  I forgot to **include you on the email chain**. I'll forward you the last email, if that's alright.

  이메일에 당신을 참조 거는 것을 깜빡했어요. 괜찮으시면 직전 메일을 보내 드릴게요.

> **Good to Know** 돌고 도는 이메일

'참조를 걸어달라'라는 표현에 유독 원, 고리 등 동그란 것들이 많이 나오는 것을 발견하셨을 거예요. email chain, email loop 모두 연결되어 그 안에서 돌아가는 것들이죠. 하나 더 추가로 email thread도 굉장히 많이 쓰여요. 이메일이 실타래처럼 꼬리를 물고 이어지는 모습이 thread를 떠올리게 하죠?
뉘앙스를 살펴보면 email chain과 email thread는 포멀하게 쓸 수 있고, email loop는 트렌디하고 캐주얼한 느낌이에요.

상황❶   회의실에서 회의가 끝난 후 켄 대리에게 이메일 참조를 요청하는 제인 팀장

Jane:
└→ 확인해야지!
   옷 미머워!

Thanks everyone for taking the time to join this meeting. Ken, when you send out the summary of the meeting, can you make sure to ① _____ both Mark and me _____?

다들 오늘 회의에 시간 내어 참석해 줘서 고마워요. 켄 대리 님, 회의 요약본 보낼 때 마크랑 저도 cc해 줄래요?

Ken:
└→ 좋아서 중간에
   톤으로
   날렸는데!

Sure thing Jane, I will do that.
당연하죠, 제인 팀장님. 그렇게 하겠습니다.

> ① **copy, in on the email:** 회의실에서 정식으로 회의하는 상황이고, 켄과 마크 외에 다른 분들도 있을 수 있겠죠? 정중한 표현을 사용한다면 copy ~ in on the email이 적합합니다. include both Mark and me in on the email chain도 정중하겠죠.

➕ **Additional Expressions**

take the time to ~: ~를 위해 시간을 내다

sure thing: 당연한 일이다(= sure)

Good to Know   **Roger that!**

제인 팀장의 요청에 켄 대리가 "I will do that."이라고 합니다. 만약 두 사람이 대학 동기이거나 서로의 흑역사를 공유하는 친하고 편한 사이라면 좀 더 위트 있고 캐주얼하게 할 수 있는 다른 표현이 있습니다. 힌트는 무전기! 분명 들어 보신 적 있을 거예요.
바로 "Roger that!" 혹은 "Copy that."입니다. 항공 분야에서 무전기로 소통할 때 "알겠습니다."를 말하는 방법인데 일상생활에서도 정말 자주 쓰인답니다. 가까운 동료에게 "그렇게 할게."라고 말할 때, 꼭 한번 써 보세요.

1. **Roger that!** No worries.
   오키바리! 걱정 마.

2. **Copy that.** See you next week!
   알겠어. 다음 주에 봐!

107

상황❷ 켄 대리에게 이메일을 못 받았다고 말하는 마크

Mark:
└ 시간이 언젠데
아직도 안 줘?

Hey Ken, I don't think I got the summary of the meeting yet. Did you already share it with me?

켄 대리님, 회의 요약본을 아직 못 받았어요. 혹시 이미 보내셨나요?

Ken:
└ 앗 마크를
까먹다니!

Hey man, sorry about that. I added Jane but don't think I ① _____ you. Let me forward you the email.

와 마크, 미안해요. 제인 팀장님은 cc했는데 마크 cc하는 건 깜빡했나 봐요. 이메일 재전송해 줄게요.

Mark:
└ ㄱㅊㄱㅊ

I would appreciate that. Please ② _____ from the next email!

그렇게 해 주시면 고맙죠. 다음 이메일부터는 저도 같이 cc 해주세요!

Ken:
└ ㅇㅋㅇㅋ

Yeah. I should probably also let Dave know about this. He wanted to ③ _____ as well.

네, 그리고 데이브 님께도 이 내용을 알리는 게 좋을 것 같아요. 데이브 님도 이메일 cc해 달라고 했었거든요.

---

① **cc'ed:** 제인 팀장님은 cc했지만 마크는 까먹은 듯하죠? Can you cc me on the email?을 응용해 cc'ed 이렇게 과거형으로 써 주면 되겠네요.

② **loop me in:** 켄 대리가 마크에게 "Hey man"이라고 하는 걸 보니 둘은 나름 수평적이고 친한 사이인 것 같아요. 캐주얼하게 참조 걸어달라는 표현 중 고리, loop가 나왔던 loop me in이 적합합니다.

③ **be included on the email chain:** 켄-마크의 관계와 고객사인 켄-데이브의 관계는 차이가 있겠죠? 가장 포멀하게 'cc 걸어주세요'를 표현하는 include me on the email chain을 변형해 쓰면 되겠습니다.

➊ Additional Expressions

Let me forward you the email.: 이메일 전달해 줄게요.

I would appreciate that.: 그렇게 해 주면 고맙겠어요.

상황❸ 켄에게 팀원 리사도 이메일에 추가해 달라고 요청하는 데이브

Dave:
↳ 아싸 휴일!

Hey Ken, can you also ① _____ Lisa _____?
She's going to be working with me on this project.

켄 대리님, 리사님도 이메일 체인에 추가해 주실 수 있나요? 앞으로 이 프로젝트에 저와 함께 일할 거예요.

Ken:
↳ 리사는 답 잘하는 아이어라.

Absolutely. I'll make sure we ② _____ her _____.

그럼요! 리사 님도 계속 팔로업하실 수 있게 할게요.

Dave:
↳ 앞으로 리사만 찾아줘요.

Thanks so much. I've filled her in on what we've done so far.

고마워요. 지금까지 작업 상황은 제가 말해 두었어요.

> ① **include, on the email chain:** 협력업체에게 요구하고 있으니 정중하게 '이메일 체인에 리사를 포함해 주세요'라는 의미로 include somebody on the email chain이 좋겠죠?
>
> ② **keep, in the loop:** 여기선 '앞으로도 쭉 상황 보고 받을 수 있도록 할게요'라는 의미로 keep을 써 keep her in the loop, '이해 관계자로 계속 서클 안에 넣어두겠다'라는 뜻으로 쓰면 됩니다.

* * *
지금까지는 so far

'지금까지는'을 생각하면 until now가 생각나는 파워 한국인! 원어민처럼 표현하려면 so far을 쓰면 됩니다. 지금까지 온 길은 ~이라는 의미로 '지금껏, 지금까지는'에 딱인 표현입니다.

The red was most popular **so far**.
빨간색 (제품)이 지금까지는 제일 인기가 있었어요.

Is there anything you want to bring up? **So far**?
이야기하고 싶은 것 있어요? 지금까지 봤을 때요.

1. 제목을 문장으로 썼다면? → 명사구로 3~8단어!

처음부터 막히는 제목 먼저 짚고 넘어갈게요. 우리도 메일 제목에 '예산 집행의 건' 이런 식으로 요약해서 쓰는 것처럼, 영문 제목도 본문의 요약이라고 보시면 됩니다. 그러니 너무 길지 않게 한 3단어에서 8단어 정도의 길이로 생각하시면 되겠습니다. 예를 들어 Request for final draft(최종 원고 요청), Revisions on the product introduction slides(제품 소개 슬라이드 수정 검토), 이런 식으로 요약, 요점을 쓴다는 느낌으로 쓰세요. 절대 문장으로 쓰지 마세요!

2. 안녕하세요?는 Hello? → 물음표 없이 Hello, 혹은 Hi,

번역기 돌리는 분들이 자주 실수하는 부분인데, 우리말 '안녕하세요?'를 그대로 바꿔 Hello?라고 쓰는 경우가 종종 있습니다. Hello?는 그야말로 "여보세요?"의 느낌이니 물음표는 꼭 지우시고 Hello, 또는 캐주얼하게 Hi, 해 주시면 됩니다.

3. 예의상 인사 후 빙빙 돌려 나중에 본론을 말한다? → 무조건 본론부터!

영미권에서는 무조건 본론을 앞에 던지셔야 해요. 끝에 본론이 나오면, '뭐야? 왜 이렇게 말을 빙빙 돌려? 뭐 딴 마음이 있나?' 이렇게 생각할 수도 있습니다. 그러니 목적을 먼저 말하고, 부가적인 사항, 링크 등의 추가적인 정보(additional information)는 그 다음에 말하면 됩니다.

4. 강조하고 싶은 내용은 대문자로? → 악을 쓰는 느낌 전달이 아니라면 볼드나 밑줄로!

가끔 강조를 위해 본문 일부를 PLEASE LET ME KNOW ASAP처럼 대문자로 쓰는 분들이 있어요. 영어를 대문자로 쓰면 소리를 지르는 느낌이라 원어민에게는 "PLEASE!! LET ME KNOW ASAP!!!!!!!!!" 이렇게 느껴집니다. 이런 느낌을 받으라고 의도하는 분은 아마 안 계실 거예요. 강조하고 싶을 때는 차라리 볼드 처리나 밑줄 사용을 추천합니다.

5. 마지막 인사는 무조건 Sincerely? → 메일을 자주 주고받는 사이라면 다른 표현을 쓰거나 생략!

메일의 마지막 인사라고 하면 Sincerely가 바로 떠오르는데요. 비슷한 류로 Yours sincerely, Kind regards, Best wishes 이런 게 있는데, 틀리지는 않았지만 약간 포멀한 느낌이 있습니다. 그래서 이메일을 자주 주고받은 사이라면 이걸 생략하기도 하고 또는 마지막으로 하고 싶은 말을 풀어서 여기에 넣을 수도 있어요.

편한 마지막 인사로 추천하고 싶은 것은 Take care, Stay well and healthy, 혹은 Thanks again, 또는 Best regards를 줄여서 Best, 하시면 충분합니다.

Unit 12
전달하겠습니다

집에서는 전달이라곤 고작 리모콘만 하는데, 회사에서는 전달할 것들이 참 많습니다. 전달을 부탁하는 경우도 많고, 또 전달을 부탁받는 경우도 많은데요, 보통 회사에서 어떤 것들을 전달할까요?

상사의 메시지부터 시작해서 서류나 자료도 동료나 타 부서에 전달해야 하고, 또 거래처 샘플을 전달해야 할 때도 있죠. 이렇게 다양한 상황에서 쓰이는 "전달하겠습니다", 혹시 이 단어가 떠오르신 적 있나요?

Pass!?

"이것 좀 패스해 줘." 너무나 익숙하고 또 자연스러운 것 같은데, 사실 원어민이 pass를 '전달하다'의 뜻으로 쓸 때는 식탁에서 '나 소금 좀 줘.(Can you pass the salt?)' 할 때뿐입니다. 이 pass 말고 원어민처럼 자연스럽게 "전달해 주세요"를 배우기 전에 하나 알아둘 것이 있습니다. 위의 우리말 예시처럼 '전달'의 대상은 메시지나 말같은 '무형'의 것이 될 수도 있고, 서류나 샘플처럼 '유형'의 것이 될 수도 있어요. 영어에서는 전달하는 대상에 따라 사용하는 표현이 달라진다는 점을 꼭 기억해 주세요. '전달해 주세요'의 결정적 표현을 시작합니다.

share	(공유의 느낌으로) 전달하다	물건 / 말	casual / formal
deliver	전달하다		casual / formal
make sure somebody gets something	(누군가가 어떤 것을) 전달받도록 하다		casual / formal
let somebody know	(어떤 메시지를 누군가에게) 전달해 알려 주다	말	casual
hand over	(손에서 손으로) 전달하다, 가져다주다	물건	casual
drop off	(놓고 가서) 전달하다		casual

1. share (공유의 느낌으로) 전달하다

의미_ "공유해 주세요."에서 배운 표현이죠? Please share with me.가 기억나실 겁니다. 공유로 전달을 '받았으니' 전달을 '할' 때도 물론 사용 가능합니다. 공유의 느낌을 담은 전달로 기억해 주세요.

활용_ 전달하는 것이 물건 분만 아니라 말이나 메시지일 때도 사용 가능합니다.

- Please take this file and **share** it with your team members.
  이 파일을 가져가서 다른 팀원들과 공유해 주세요. (다른 팀원들에게 전달해 주세요.)

  I will **share** your message with everyone in our company.
  말씀해 주신 것을 저희 회사 사람들에게 전달할게요.

  I need you to **share** the agenda with everyone before the CEO comes down to do a town hall.
  타운홀 미팅을 하려고 대표님이 내려오시기 전에 모두에게 안건을 전달해 주세요.

⊕ Additional Expressions
do a town hall: 타운홀 미팅(최고경영자와 직원들이 수평적으로 소통하는 회의)을 하다

2. deliver 전달하다

의미_ delivery(배달)로 더 익숙한 단어지만 뭐든 전달하는 것을 deliver로 표현할 수 있습니다.

활용_ 원어민들은 특히 말, 메시지를 deliver한다고 정말 많이 사용합니다. 행사의 개회사, 축사를 한다고 할 때도 동사로 deliver를 씁니다. 공식적인 자리에서도 격식 있게 쓸 수 있는 유려한 표현이죠.

- Could you **deliver** this message to him so he knows what are our expectations?
  이 메시지를 그 사람에게 전달해 줄 수 있나요? 저희의 기대치를 인식하실 수 있게요.

  The president will now **deliver** his congratulatory remarks.
  이제 사장님께서 축사를 해 주시겠습니다.

  She asked me to **deliver** our welcome package to the new intern.
  그분이 저에게 새로 온 인턴 사원한테 웰컴 패키지를 전달해 달라고 하셨어요.

➕ Additional Expressions

welcome package: 특히 신입 사원들에게 주는 정보나 물품 꾸러미

3. make sure somebody gets something
(누군가가 어떤 것을) 전달받도록 하다

의미_ 누군가가 무엇을 갖도록 확실히 하다 즉, '꼭 전달하다'의 의미입니다.

활용_ get이 나오니 '말이나 메시지는 안 되지 않나?' 하실 수 있는데 메시지도 가능합니다. 다만 주의할 부분이 있으니, 그 부분은 다음 Good to Know를 참고해 주세요.

- I'll **make sure she gets** all the resources she needs to work with us.
  협업을 위해 필요한 모든 걸 그분께 꼭 전달하도록 하겠습니다.

  Make sure he gets my instructions before jumping to a conclusion.
  성급하게 결론에 도달하기 전에 내 지시 사항을 그가 꼭 전달받도록 해 주세요.

  We need to **make sure everybody gets** the message that we are not firing anyone.
  우리가 아무도 해고하지 않을 거라는 메시지를 모두가 전달받도록(알도록) 해야 해요.

➕ **Additional Expressions**

jump to a conclusion: 성급하게 결론에 도달하다

get the message는 '메시지를 받다' 외에 '똑똑히 알아듣도록 하다'라는 뜻도 됩니다.
그래서 I'll make sure he gets the message. 하면 영화에서 조폭 두목이 "그놈 아직도
정신 못 차렸나?" 이렇게 말할 때 밑의 부하가 "예, 제가 똑똑히 알아듣도록 하겠습니다." 하는
느낌입니다.
따라서 make sure somebody gets something에서 something이 메시지인 경우 꼭
웃으면서 기분 좋게 말하는 것을 잊지 마세요.

4. let somebody know (어떤 메시지를 누군가에게) 전달해 알려 주다

의미_ 메시지에만 한정하여 '그 사람이 알도록(그 사람에게 전달하도록) 할게요'의 뜻입니다.

활용_ 표현 자체가 공손한 어투라서 비즈니스 상황에서 메시지 전달 시 사용하기 좋습니다.

Can you **let him know** that the director has a schedule conflict on these dates?
> 이사님이 이 날짜들에는 다른 스케줄이 있다고 그분께 전달 좀 해 주시겠어요?

She **let me know** that James will take charge of this task.
> 이 업무는 제임스가 담당하게 될 거라고 그녀가 제게 전달해 주었어요.

I already **let them know** we're running a little late, so no worries.
> 제가 이미 그들에게 조금 늦을 것 같다고 전달해 두었으니 걱정하지 마세요.

Good to Know run late

late는 단순히 약속 시간에 늦어 버린 거고, 지금 미팅이 좀 길어지고 있어서 다음 약속에 늦을
것 같을 때는 I'm running a little late.라고 미리 말해 줄 수 있습니다. '지금 여기가 좀 늦어
지고 있어, 길어지고 있어'라는 의미라서 지각 밑밥을 미리 깔 수 있겠죠!

5. hand over (손에서 손으로) 전달하다, 가져다주다

의미_ 손에서 손으로 전달하는 것, 즉 '넘길게요, 전달할게요'의 의미입니다.

활용_ 말과 반대되는 유형의 무언가를 넘기는 것입니다. 이메일이나 소프트 카피는 엄밀히 말해 유형은 아니지만, 이때도 쓸 수 있어요. 업무나 책임도 hand over가 가능합니다.

Can you **hand** this document **over** to the person in charge of compliance?
컴플라이언스(규정) 담당자분께 이 문서 좀 전달해 주시겠어요?

Let me now **hand over** the mic to the speaker.
이제 연사에게 마이크를 넘기겠습니다.

I need to **hand over** this guideline to our clients by the end of the day.
오늘 퇴근 전에 클라이언트들한테 이 지침을 전달해 줘야 해요.

* * *
~를 담당하는 in charge of

in charge of는 '~를 담당하는'으로 담당 업무를 말할 때 사용할 수 있는 표현입니다.
in charge of compliance 하면 '준법 지원 담당자', in charge of social marketing 하면 '회사 SNS 계정 담당자'처럼요. in charge of accounting, in charge of PR 등 다양하게 쓰실 수 있습니다.

Who's **in charge** here?
여기 담당자가 누굽니까?

You'll need to talk with Janice – she's **in charge of** sales.
재니스랑 얘기하셔야 할 거예요. 그녀가 영업 담당이거든요.

Good to Know hand over에서 대명사 목적어의 위치는?

목적어가 대명사가 아닌 경우에는 'hand over [목적어]' 혹은 'hand [목적어] over' 모두 가능합니다. 다만 목적어가 it/them 등의 대명사인 경우에는 hand it over/hand them over 처럼 중간에 써야 한다는 점, 기억해 주세요!

6. drop off (놓고 가서) 전달하다

의미_ drop의 떨어뜨리는 느낌을 그대로 담아 물건을 어딘가에 놓아서 '전달한다'는 의미
입니다.

활용_ 놓고 갈 수 있으려면 실체가 있는 물건이어야겠죠? hand over와 마찬가지로 말과
메시지에는 쓰지 않고 물건에 사용합니다.

- Please **drop** this package **off** at his desk. He'll need it for tomorrow's
meeting.
이 소포를 그분 책상에 좀 전달해 주세요. 내일 회의에 필요할 거예요.

Can you **drop off** this hard copy at his desk for me? I have to run.
저 대신 이 하드 카피 좀 그 사람 책상에 전달해 줄 수 있어요? 제가 지금 바빠서요.

Oh my gosh, I totally forgot to **drop off** the visitor's badge at the
concierge.
어머나, 방문객 출입증을 컨시어지에 두고 오는 걸 깜빡했어요.

Good to Know drop off someone vs. pick up someone

drop off의 대상은 '물건' 외에 '사람'도 될 수 있습니다. 이때의 의미는 '차에 태우고 가서
[대상]을 내려주다'가 되어 pick up의 반대말이 됩니다.
특히 외부 미팅이 많은 분들은 같이 차를 타고 이동하는 경우가 많은데요, 그때 차를 함께 타고
가다가 "저는 여기서 좀 내려 주세요." 하고 싶을 때, "If you could just drop me off around
here, that'd be great!" 하시면 됩니다.

1. You can pull over here and **drop** me **off**.
여기 차 세우고 내려 주시면 돼요.

2. I'll **pick** you **up** in front of your house tomorrow morning.
내일 아침에 집 앞으로 데리러 갈게요.

상황❶ 마크와 켄 대리에게 회의 소식을 전하는 제인 팀장

Jane:

↳ 그렇게 쉬우면
자기들이
뛰던가!

I spoke to the executives this morning. They asked me to
①_____ this message with you. They think we should look
for more clients in Asia.

오늘 아침에 임원분들하고 회의했는데, 이 메시지를 여러분께 전달해 달라고
하셨어요. 아시아 쪽에서 클라이언트를 더 찾아야한다고 하시더군요.

Ken:

↳ 구관이
명관이여!

I will ②_____ my old clients _____ that we're open to take on
new projects.

저희가 신규 프로젝트 가능하다고 이전 클라이언트한테 전달할게요/말해 둘게요.

Mark:

↳ 나도 따라
해야지 헤헤.

And I'll ③_____ that my old clients _____ that message
too.

네, 제 이전 클라이언트들도 그 메시지를 전달받게끔 하겠습니다.

> ① **share:** 제인 팀장만 참여한 임원들과의 회의 내용을 공유해서 전달해 달라는 것이니
> "공유해 주세요"에서도 배웠던 share를 써 주면 적합합니다.
> ② **let, know:** 기존 클라이언트에게 메시지를 전달해야 하는 상황이니, 메시지를 알게 해서
> 전달할 때 적합한 let somebody know를 사용하면 좋습니다.
> ③ **make sure, get:** 확실히 전달받도록 하겠다는 그 표현! 말할 때의 표정이 중요한 그
> 표현! 물건, 메시지를 전달할 때 모두 사용할 수 있는 make sure
> somebody gets something이 딱이네요. 아마 마크는 웃으면서
> 말했겠죠?

➕ Additional Expressions

look for: 알아보다, 찾다

open to ~: ~에 열려 있는, 의향이 있는

상황❷　　켄 대리에게 업무 진행 상황을 확인하는 마크

Mark:
└ 너도 아직
　안 했겠지?

Ken, did you ①_____ Jane's message to your clients?

켄 대리님, 제인 팀장님 이야기 클라이언트분들께 전달했어요?

Ken:
└ 안 했지!
　지금 미팅이
　더 급해.

Not yet, we still have some time for that though. By the way, can you do me a favor and ②_____ this pile of printouts at the meeting room?

아직요. 아직 시간 좀 있잖아요. 아 그리고, 혹시 이 프린트물 좀 회의실에 전달해줄 수 있을까요?

Mark:
└ 오늘 힘
　아껴야
　한다고.

I thought you were planning to ③_____ them _____ to Jane so she can confirm they're good to go.

이대로 나가도 되는지 확인하시게 제인 팀장님께 전달한다는 것 아니었어요?

Ken:
└ 응, 얼른 가.

She already took a look at it and said everything looks good.

이미 검토하셨고 좋다고 하셨어요.

> ① **deliver:** 말과 메시지 전하는 것에 뭐든지 쓸 수 있는 deliver를 써 주면 됩니다.
> ② **drop off:** 프린트물은 물건이고, 회의실에 놓고 와 달라는 거니 drop off가 알맞네요.
> ③ **hand, over:** 마크는 켄 대리가 직접 제인 팀장님에게 넘긴다고 생각했나 봅니다.
> 　　　　　　　물건을 손에서 손으로 전달할 때는 hand over가 좋습니다.

* * *
아주 예의 바르게 부탁할 때는
Can you do me a favor and ~?, Please do me a favor and ~

Do me a favor.는 '부탁을 들어줘. 나에게 호의를 베풀어 줘.'라는 뜻입니다. 누군가에게 (소소하게) 부탁할 때 Can you do me a favor and 하고 뒤에 실제 부탁 내용을 말하면 아주 예의 바르게 부탁하는 게 됩니다. 말하는 사람이 이게 부탁이고 상대의 호의로만 가능하단 걸 인지하고 있다는 뜻이니까요.

Can you please do me a favor and get me an iced americano?
부탁 하나만 들어줄 수 있어? 나 아이스 아메리카노 한 잔만 사다 주라.

Please do me a favor and keep that guy out of the meeting room.
저 남자 회의실에 못 들어오게 해 줄 수 있어? 부탁 좀 할게.

상황❸　마크에게 데리러 가겠다고 전화하는 켄

Mark:
└ 천천히 가려
했는데 귀신
같은 켄!

Hi, Ken! I just ① _____ the parcels at the post office. What's up?

여보세요! 방금 우체국에다 소포 전달했어요. 어쩐 일이세요?

Ken:
└ 나는야
차 태워 주는
멋진 선배.

Hey, Mark. I just had lunch outside and am heading back to the office and was wondering if you'd like me to pick you up. It's quite a walk, right?

아 마크, 저 밖에서 점심 먹고 이제 회사로 돌아가는 길인데 혹시 태워 드릴까 해서요. 걷기엔 꽤 멀잖아요?

Mark:
└ 차 샀구나?

Oh, really? That's so nice of you! Yeah, if you can just pull over by the convenience store!

아, 그래요? 너무 감사하네요! 네, 편의점 앞으로 잠깐 세우시면 될 것 같아요.

> ① **dropped off:** 어딘가에 두고 온다는 의미의 전달이니까 drop off가 딱 맞겠죠? 뭔가를 들고 가서 어딘가에 두고 오는 느낌은 drop off임을 잊지 마세요.

➕ Additional Expressions

parcels: 소포, 택배
head back to ~: ~로 돌아가다

* * *

정말 친절하시네요. 고맙네요. That's so nice of you.

누군가 나에게 친절을 베풀었을 때 Thank you 말고 That's so nice of you.라고 말할 수 있습니다. '이렇게까지 해 주다니 정말 친절하시네요'라는 의미가 됩니다. 상대가 대가를 바라지 않고 호의를 보여 줄 때 칭찬과 감사의 의미로 쓰면 너무 좋겠죠.

Oh, you got my sandwich too? **That's so nice of you.**
아, 제 샌드위치까지 사 오신 거예요? 정말 친절하시네요. 고마워요.

It's so nice of you to provide pro bono legal service.
무료 변론/법률 자문 제공하시는 것 정말 훌륭하신 것 같아요.

잘 알지 못해도 저희는 매일 회사에서 "잘 알겠습니다!"라고 외칩니다. "잘 알겠습니다!"를 뭐라고 할까요? I know well. 이것도 아닌 것 같고, I understand. 이건 더 이상한 것 같고요. 그렇다고 okay로는 그 마음이 충분히 전달이 안 되는 순간이 많습니다. 내가 잘 이해했다는 바로 그 뜻을 전달하고 싶을 때 쓸 수 있는 다양한 표현들을 알려 드립니다.

Well noted.	잘 알겠습니다. (casual / formal)
Got it.	알겠습니다. / 이해했어요. (casual)
Will do.	그렇게 할게요. (casual / formal)

Well noted. '정말 잘 알았다, 잘 이해했다'의 뜻을 그대로 담은 표현입니다. well이 '잘, 충분히'라는 뜻이고 noted가 '이해했다, 접수했다'라는 의미죠? Well noted. 한방이면 해결 가능합니다.

Got it. Well noted보다 더 캐주얼한 표현으로 Got it.이 있습니다. I got it.을 줄여서 Got it.이 된 거죠. it은 뭐라고 얘기를 했던 내용이고 got은 understand의 뜻입니다. Got it, 편하게 특히 대화하거나 메신저할 때 쓸 수 있는 표현입니다.

Will do. 마지막으로 잘 알겠으면 그렇게 해야겠죠? "그렇게 하겠습니다"란 의미의 Will do.도 정말 유용한 표현입니다. I will do(그렇게 할게, 분부대로 받잡겠습니다).를 캐주얼하게 표현하는 거예요. 역시 I가 빠졌다고 보시면 됩니다.

***

Well noted. I will change the phrases you pointed out.
잘 알겠습니다. 지적하신 문구는 수정할게요.

Got it. See you tomorrow at 3 pm and not 4!
알겠습니다. 내일 4시 말고 3시에 뵙겠습니다!

Will do. I'll let you know once it's done.
그렇게 하겠습니다. 다 되면 알려 드릴게요.

Unit 13
설명해 주세요

한국어가 참 대단한 게 차장님이 막 인중을 긁으면서 "그거 저기를 이거 해서 이렇게 하면 되지 않을까?"라고 말씀하시는데 묘하게 나 빼고 다 알아들은 분위기라는 거예요. 이럴 때 그냥 알아들은 척했다가 큰일 났던 경우 많이 겪어 보셨죠?

"그거, 저기"가 "작년 연차 보고서에서 상부에서 지적받은 사항 1, 2, 3"인 줄 대체 어떻게 알겠습니까? 그렇기 때문에 꼭 필요한 표현이 바로 '설명해 주세요'입니다. 지시 사항을 잘 이해하지 못했거나, 회의 중에 어떤 아이디어가 구체적으로 이해되지 않는다거나 다양한 상황에서 설명을 부탁할 수 있죠. 이럴 때 필요한 '설명해 주세요'는 영어로 뭐라고 할까요?

Please explain.

explain이 물론 '설명하다'란 뜻이 맞죠. 우리 그렇게 단어장으로 달달 외웠으니까요. 그런데 Please explain. 하고 끝을 내려 버리면 마치 굉장히 잘못한 사람한테 "자, 이제 설명해 봐. 너 뭔 짓을 한 거야? 왜 이렇게 된 거야?" 이렇게 말하는 느낌이 돼 버리고 맙니다. 이런 무섭게 강요하는 느낌이 아닌 예의 있게 설명을 부탁하는 느낌의 '설명해 주세요'를 이번 유닛에서 네 가지 표현으로 준비해 보았는데요. 뉘앙스를 비교하며 확인해 보세요.

mp3 025

go over	(앞단에서 끝단까지) 쓱 훑으며 설명하다	casual / formal
walk someone through	(누군가에게) 상세하게 설명하다	casual
elaborate (on)	(말을 덧붙여) 상세히 설명하다	casual / formal
fill somebody in	(모르고 있는 일/정보를) 설명하다, 알려 주다	casual

1. go over (앞단에서 끝단까지) 쓱 훑으며 설명하다

느낌_ go "over"니까 처음부터 끝까지 주욱 보면서 설명해 주는 느낌입니다.

활용_ 체크/검토의 느낌도 있어서 자세히 처음부터 하나하나 살펴보며 설명할 때, 특히 발표할 때나 회의할 때 유용하게 쓰실 수 있습니다.

• Would it be possible for you to **go over** the history of your company first?
혹시 괜찮으시면 귀사의 이력부터 먼저 쭉 설명해 주실 수 있을까요?

I'm sure you're all familiar with the current issues, so I'll just skip a page and not **go over** them.
최신 이슈에 대해 잘 아실 듯해서 한 페이지 건너뛰고 자세히 설명하지 않겠습니다.

We'd really appreciate it if you can **go over** the numbers in detail because that's exactly what we need to know.
수치를 좀 자세히 설명해 주시면 정말 감사하겠습니다. 왜냐하면 수치야말로 저희가 꼭 알아야 하는 부분이거든요.

***
그게 딱 ~예요 that's exactly ~

'그게 딱, 그것이야말로!'라는 느낌을 담고 싶을 때 exactly를 쓰면 정확하게 그 뉘앙스를 전달할 수 있습니다. '그게 딱 내가 필요한 거야, 그게 딱 내가 말하려던 거야'라고 이야기할 때 that's exactly라고 던지고 뒤에 필요한 것, 말하려는 것을 말하면 됩니다.

That's exactly what we need for tomorrow.
그게 우리가 내일 필요로 하는 딱 그거야.

That's exactly what I was saying.
내 말이 딱 그 말이야.

2. walk someone through (누군가에게) 상세하게 설명하다

느낌_ 숲에서 손을 잡고 걸어가면서 이 나무는 무슨 나무고, 저 꽃은 무슨 꽃인지
하나하나 설명해 주는 느낌입니다.

활용_ 특히 상대가 내가 이야기하는 것에 대해 잘 모를 때 상세히 이해시키고 설명해
주는 목적으로 사용할 수 있습니다.

- You will have to **walk me through** here. I am completely in the dark.
  이거 저한테 좀 상세히 설명해 주셔야 할 것 같아요. 저 정말 아무것도 모르는 상태라서요.

  Don't worry if you don't get it right now. We will have a follow-up
  session where we'll **walk you guys through** the whole process.
  지금 이해 못 하시더라도 걱정하지 마세요. 팔로우업 세션에서 전체 프로세스를 다 상세히
  설명해 드릴 거예요.

  Sorry if I went on for too long, I just wanted to **walk you guys
  through,** but I guess it took more time than expected.
  제가 너무 오래 이야기했다면 죄송해요. 그냥 상세히 설명해 드리려고 했는데, 예상보다
  시간이 더 걸렸네요.

* * *
'아무것도 모르는'은 completely in the dark

in the dark는 어떤 것에 대해 전혀 인지하지 못하는 상황을 뜻합니다. 깜깜한 어둠 속에 있는 걸 정보의
어둠이라고 보면 되겠죠? I'm completely in the dark! 하면 '난 지금 뭐가 뭔지 하나도 모르겠어! 난
아무것도 몰라! 이게 뭔 일이야?' 이런 느낌이 됩니다.

➕ Additional Expressions

get it: 이해하다, 알아듣다

go on: 계속 이야기하다

3. elaborate (on) (말을 덧붙여) 상세히 설명하다

느낌_ 기존에 말한 것에 추가 설명을 하거나 발전시킨다는 느낌입니다.

활용_ 동료가 뭔가 짧게 아이디어를 던졌는데 좀 더 자세히 알고 싶을 때, 부연 설명이
필요할 때 캐주얼하게도 포멀하게도 쓸 수 있는 전천후 표현입니다.

- Can you **elaborate**?
  더 설명해 줄 수 있어요?

  I think it'd be great if you can shortlist a few plausible options and
  elaborate on them, instead of explaining about all the different
  options you can think of.
  제 생각에는 모든 옵션을 다 설명하기보다는 몇 가지 가능성 높은 옵션을 추려서 그것들만
  상세히 설명해 주시면 좋을 것 같아요.

  I don't think I can **elaborate on** this plan off the top of my head, but I'll
  get back to you tomorrow if that's alright.
  지금 당장은 이 계획을 상세히 설명하기는 좀 어려운데요, 괜찮으시면 내일 다시 말씀드릴게요.

➕ Additional Expressions

shortlist: (상위 몇 개를) 추리다
plausible: 실행 가능성이 있는
off the top of my head: (준비 없이) 지금 당장은, 바로 머리에 떠오르는
get back to someone: 나중에 누군가에게 말하다 / 답하다

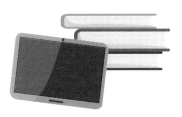

4. fill somebody in (모르고 있는 일/정보를) 설명하다

느낌_ 사람을 비어 있는 물병이라 생각하고, 물을 정보라고 생각해 보세요. 이 표현은 텅 비어 있는 물병(= 상황을 모르는 사람)에 물(정보)을 채워 넣는 느낌입니다.

활용_ 캐주얼하게 어떤 장소에 없었을 때 일어난 상황에 대해 "나한테 좀 알려 줘! 설명해 줘!" 또는 "내가 알려 줄게!" 할 때 쓸 수 있는 표현입니다.

Can somebody **fill me in** here? I have no idea what's going on!
누가 저한테 설명 좀 해 줄래요? 저 무슨 일이 일어나는 건지 하나도 모르겠어요!

I'm going to try to **fill everybody in** on what happened today, but just a heads-up, some of you may feel upset.
오늘 무슨 일이 있었는지에 관해 제가 설명해 드리려고 하는데요, 미리 말씀드리지만 어떤 분들은 기분이 좀 상하실 수도 있어요.

Did you **fill Janice in** on the details of the forum?
재니스한테 포럼 상세 정보에 대해 설명했나요?

➕ **Additional Expressions**

have no idea: 전혀 모르다

what's going on: 무슨 일이 일어나고 있는지

* * *
미리 밑밥을 깔아 주는 heads-up

어떤 것에 대하여 미리 또는 충고로서 제공되는 정보를 heads-up이라고 합니다. 쿠션어로 '미리 말하지만, 오늘 세션이 아주 길 거예요'라든지, '미리 말씀드려요' 할 때는 giving you a heads-up 이렇게 사용하실 수 있습니다.

This note is just to **give you a heads-up** that the meeting will be at least two hours long.
이 메모는 회의가 최소 두 시간 이상 걸릴 거라고 미리 알려 드리기 위한 것이에요.

'설명해 주세요'의 결정적 상황들

상황❶   클라이언트에게 메일을 돌리지 않아 화가 난 제인 팀장

Jane:
└ 일 안 하고
  뭘 하고
  다니니?

Ken, I just talked to Haley and she was totally in the dark about us trying to reach more clients in Asia. I need an explanation.

켄 대리님, 방금 헤일리랑 이야기했는데 우리가 아시아 지역에서 클라이언트를 더 모으려고 하는 걸 전혀 모르고 있던데요. 설명이 필요할 것 같네요.

Ken:
└ 오우, 켄치
  은 다 끝어다
  썼네.

Oh, Jane, I was just looking for you. I just finished listing up potential clients in Asia and I was going to ① _____ it with you to finalize the list.

아 팀장님, 안 그래도 팀장님 찾고 있었어요. 제가 막 아시아 지역 내 잠재적 고객사 리스트업을 마쳐서, 팀장님한테 한번 설명 드리면서 같이 보고 리스트 확정하려고 했어요.

> ① **go over:** 처음부터 끝까지 같이 보면서 검토/설명하는 느낌은 go over였죠. 제인 팀장님의 확인을 요하는 상황이니 go over가 더욱 찰떡입니다.

* * *
단단히 화가 나서 설명을 요구할 때, I need an explanation.

I need an explanation. 한국어로 직역해 보면 '설명이 필요하다.'이니까 그냥 설명해 달라는 뜻 같지만, 이건 정말 화났을 때만 쓰는 표현입니다. 내가 지금 도저히 네가 한 행동을 이해 못 하겠으니 '날 이해시켜 봐라'라고 싸우자는 표현이죠. explain이 가끔은 변명을 담은 표현이라는 것, 알아두시면 좋습니다!

상황❷　회의 중 신선한 아이디어를 낸 마크

Mark:
ㄴ MZ세대는
인스타그램이지.

What if we carry out a hashtag contest? I don't know, I'm just saying whatever.

해시태그 콘테스트를 해 보면 어때요? 아니다, 아무 말이나 하고 있네요.

Ken:
ㄴ 올~ 마크!
진짜 괜찮을
것 같은데!

Actually, I think that's a great idea. My girlfriend and my sister are on Instagram all the time and they love those hashtag events.

사실, 좋은 아이디어 같은데요. 제 여자 친구랑 여동생이 정말 항상 인스타그램하고 있거든요. 그리고 그런 해시태그 이벤트 엄청 좋아해요.

Jane:
ㄴ 나 할미라서
그런 거 잘
몰라.

Great! Mark, can you ① _____?

좋아요! 마크, 자세히 설명해 볼래요?

> ① **elaborate:** 제인 할머님(?)이 해시태그를 잘 모르기도 하고, 그냥 아이디어를 던진 거니
> 디벨롭하는 느낌의 상세한 설명이 필요하겠죠? elaborate이 딱 좋습니다.

* * *
아무 말이나 내가 막 하고 있네 I'm just saying whatever ~

'아무 말이나 내가 막 하고 있네'하는 자조적인 표현은 영어로 I'm just saying whatever나 I'm just blabbing on 같이 말할 수 있습니다. whatever가 '아무거나'니까 '아무 말이나 하고 있네'라는 뜻이 되는 거죠.

* * *
SNS 활동은? on!

'페이스북(Facebook)을 하고 있다, 인스타그램(Instagram)을 하고 있다'처럼 뭔가에 접속한 상황은 전치사 on을 써서 표현할 수 있습니다. Are you on Instagram right now? 이러면 "너 지금 인스타하고 있어(접속해 있어)?"라는 의미가 되는 거죠. 또는 I'm not on Facebook.이라고 하면 "난 페이스북 안 해(계정이 없어.)"라는 표현도 된답니다.

Dave:
└ · 오케이, 다
해결됐지?

Alright, I guess we're all set, then. Thank you so much for your time!

자, 그럼 다 된 것 같네요. 시간 내 주셔서 너무 감사합니다!

Jane:
└ · 다음 제품도
우리한테
맡겨 줘.

Oh, before we let you go, do you mind if we ① _____ you _____ a new social media marketing campaign we're launching? I remember you said you're interested in doing some social media marketing for your new blow dryer product.

아, 보내 드리기 전에 혹시 저희가 런칭하는 신규 SNS 마케팅 캠페인을 설명해 드려도 괜찮을까요? 새 헤어드라이어 제품을 SNS 마케팅 할까 한다고 하셨던 게 생각나서요.

Dave:
└ · 한국에
해결하고
가지 뭐!

Oh, yeah. I am, totally. I really know nothing about social media marketing, so please, ② _____ me _____!

아, 맞아요. 관심 있어요 완전. 제가 SNS 마케팅은 정말 아예 몰라서 설명 부탁드려요!

① **walk, through:** 제인 팀장네 팀이 하는 SNS 마케팅에 대해 외부인인 데이브는 전혀 모르니까 숲을 손잡고 같이 걸어 주며 하나하나 설명해 주는 것! 바로 walk you through가 좋겠죠.

② **fill, in:** 데이브가 SNS 마케팅은 정말 아예 모른다고 했으니 비어 있는 물병에 물을 채워 줘야겠죠? fill me in이 캐주얼하고 적당합니다.

➕ Additional Expressions

blow dryer: 헤어드라이어

* * *

let someone go는 해고?

회사에서 상사가 어두운 표정으로 날 회의실로 따로 불러서 I'm sorry, but we will have to let you go.라고 하면 '널 보내 줘야겠어', 즉 '당신을 해고합니다'의 의미입니다. 하지만 영어는 신기하게도 같은 표현에 다양한 용례가 있죠. Before we let you go 하면 말 그대로 '보내 드리기 전에 (마지막으로)' 하면서 뭐 마지막으로 물어볼 말을 하는 경우가 있을 수 있어요. 그냥 누가 날 잡고 안 놔줄 때 "이거 놔!" 할 때도 Let me go!라고 할 수 있습니다. 즉, 물리적인 '놓다'와 비유적인 '놓아주다'의 뜻을 모두 let someone go로 표현할 수 있는 거죠!

이메일 말미에 혹은 회의 말미에 "을"인 우리가 꼭 끝맺음처럼 하는 말이 있죠. 사실은 더 뭔가 필요하길 정말 간절히 바라지는 않지만, 그렇다고 '그럼 안녕히 계세요!' 하고 날아오를 수는 없으니까요. 그래서 "추가로 필요하신 게 있다면 이메일 주세요, 연락 주세요"라는 원치 않는 말을 입 밖으로 마구 뱉습니다. 그렇기 때문에 돈을 받는 거겠죠? '추가적으로 필요하신 게 있다면'을 세 가지 표현으로 알려 드릴 건데요, 이 세 표현은 아래로 갈수록 점점 더 깍듯하고 포멀해짐을 미리 heads-up 드립니다.

If you need anything else	추가로 필요하신 게 있으시면 (casual)
If there's anything I can do to help you	제가 도움 드릴 수 있는 일이 있다면 (casual / formal)
Should you need assistance	도움이 필요하시다면 (formal)

If you need anything else 말 그대로 '추가적으로 필요하신 게 있다면'을 그대로 번역해 놓은 것 같은 표현입니다.

If there's anything I can do to help you '내가 당신을 돕기 위해 뭐라도 할 수 있는 게 있다면'이니까 좀 더 서비스를 제공하는 느낌이 확 들죠? 좀 더 깍듯한 표현입니다.

Should you need assistance 확실한 갑을 관계에서 쓰이는 매우 깍듯한 표현입니다. 여기서 Should는 if의 포멀한 문어체 버전이라고 생각하면 되겠습니다. 일반적으로 편한 회의 시에는 이렇게까지는 얘기를 안 합니다. 이런 어투가 자주 들리는 데는 주로 호텔 컨시어지 같은 곳이 되겠습니다.

***

If you need anything else, feel free to reach out to me.
추가로 필요하신 게 있으시면 저에게 편하게 연락주세요.

If there's anything I can do to help you, just ping me up.
제가 도움 드릴 수 있는 게 있으면 뭐든 문자/메신저 주세요.

Should you need assistance, please dial 120.
도움이 필요하시면 120번을 눌러주세요.

➕ Additional Expressions
ping somebody up: 누군가에게 짧은 문자 메시지를 보내다

Unit 14
보고하겠습니다

어느덧 챕터 2 사내 커뮤니케이션 편의 마지막 유닛입니다.

문서 작업의 꽃이 '승인'이었다면 사내 커뮤니케이션의 꽃은 '보고'가 아닐까 싶습니다. 사실 상사들은 시키지 않아도 중간 보고를 잘하는 직원이 예쁘다고 하는데, 직원 입장에서는 중간 보고 신경 안 쓰는 상사들이 참 예쁘죠? '보고 하다'를 떠올리면 머릿속에 바로 report가 떠오르는데, 모든 보고의 상황에 report를 써도 될까요?

I will report.

물론 report도 맞는 표현이지만 '보고하겠습니다'의 표현이 굉장히 다양합니다. 이 표현들을 알아보기 전 이번 유닛에서는 '문화적 맥락'을 염두에 두어야 합니다. 애초에 '보고하다'라는 말이 굉장히 수직적인 표현인데, 미국 회사에서는 대체적으로 수평적이고 편안한 뉘앙스의 대화를 선호하거든요. 이에 '보고' 자체에 초점을 맞추기보다는 '내가 너에게 알려 줄게, 우리 같이 논의해 보자'의 뉘앙스로 생각의 기어를 바꾸고 내용을 살피면 더 찰떡같이 이해가 되실 겁니다. 생각의 기어가 바뀌었다면, '보고하겠습니다'의 결정적 표현을 지금부터 만나 보세요.

'보고하겠습니다'의 결정적 표현들

mp3 027

brief	(간략하게) 보고하다	formal
report	보고하다	formal
discuss	(의견을 교환하는 식의) 보고하다	casual / formal
talk to someone about	누군가에게 ~에 대해 보고하다	casual / formal
go over	(함께 살펴보며) 보고하다	casual

1. brief (간략하게) 보고하다

의미_ '브리핑하겠습니다'로 익숙한 brief는 특히 요약하여 보고하는 것을 의미합니다.

활용_ brief somebody on something의 형태로 '사전 보고하다, 사후 보고하다'를 모두 포함하는 활용도 높은 표현입니다.

I need you to **brief** me on our weekly plan.
우리 주간 계획 좀 보고해 줘요.

I just came back from the conference; can I **brief** you on it this afternoon?
방금 회의 다녀왔습니다. 회의에 대해 오후에 보고해도 될까요?

I'm going to start off my presentation by **briefing** on last year's performance.
작년도 성과에 대해 간단히 보고하면서 발표를 시작하겠습니다.

* * *
세미콜론(;)의 사용법

얼핏 보면 식은땀을 흘리는 것 같은 모양새의 세미콜론(semicolon), 언제, 어떻게 쓰는 것일까요? 세미콜론은 쉼표가 이미 들어간 문장에서 단어나 구, 절을 나열할 때 분리하기 위해 쓰기도 합니다. 무엇보다 두 문장을 하나로 합치되 중간에 and, but, nevertheless 등의 접속사(conjunction)를 쓰지 않기 위해 씁니다. 세미콜론이 있으면 쉼표처럼 살짝 쉬고 다음 문장을 읽게 되는데, 거기서 어떤 접속사의 의미인지 유추할 수 있는 거죠. 재밌게도 순접도 역접도 모두 세미콜론으로 암시할 수 있답니다.

The list of materials you need for the session includes: a headphone; a laptop to watch the video; and another device to use as a microphone.
세션 오실 때 필요한 준비물은 헤드폰, 영상 시청용 노트북 및 마이크로 쓸 추가 기기 한 대입니다. (나열)

He came late to the party; he left in less than five minutes.
그는 파티에 늦게 와서 5분도 채 안 되어 떠났다. (역접)

2. report 보고하다

의미_ 포멀하고 딱딱한 느낌의 '보고하다'를 의미합니다.

활용_ 상부 보고 시, 혹은 상대사에 공식적으로 보고할 때 활용하시면 좋습니다. 또는 '뭔가 좋지 않은 상황을 보고하다, 알리다' 할 때도 잘 쓰입니다.

We'll need to **report** the case to our executives before making a decision.
결정을 내리기 전에 임원진에게 이번 케이스를 보고 드려야 할 거예요.

We cannot be certain of anything until we **report** this to our manager.
매니저님께 이걸 보고하기 전까지는 확실한 건 없어요.

I am writing to you today to **report** the issue with the OOO program. I'm afraid the attached file does not open; we will need to get it fixed by EOD. I apologize for the short notice, but we need to respond asap.
이 이메일을 드리는 이유는 OOO 프로그램과 관련한 문제를 보고 드리기 위해서입니다. 첨부 파일이 열리지 않는다고 합니다. 이 건은 오늘 중으로 수정되어야 합니다. 촉박하게 알려 드려 죄송합니다만, 최대한 빠르게 대응해야 해서요.

⊕ Additional Expressions

EOD: 오늘 중(= end of day)
EOW: 금주 중(= end of week)

* * *

급하다 급해, short notice, asap!

마지막 예문에 나온 short notice, asap 표현을 보고 정말 다급한 요청 사항임을 알 수 있습니다.
이런 상황에서 "너무 촉박하게 알려 드려 죄송해요." 이런 쿠션어를 붙이고자 한다면, 지금 확인한 short notice 표현을 활용해 Sorry about the short notice. 또는 I apologize for the short notice.라고 말하면 됩니다.
추가로, 많이 사용하는 asap은 as soon as possible '가능한 한 빨리'라는 뜻인데, 미국인들은 '아삽'이 아닌 '에이쌥'이라고 발음하는 점을 기억해 주세요.

This is way too **short a notice**; I can't meet the deadline.
너무 빠듯하게 알려 주셨어요. 이렇게는 데드라인 못 맞춰요.

We need to work on this **asap** because the client is calling me every hour!
우리 가능한 한 빨리 이거 해야 해. 왜냐면 클라이언트가 매 시간마다 나한테 전화하고 있어!

3. discuss (의견을 교환하는 식의) 보고하다

의미_ 우리말 '보고하다'에서는 나오기 어려운 discuss는 광범위하게 의견이 오가는
모든 상황에서 쓰일 수 있는 표현입니다.

활용_ 보고가 일방적인 것에서 끝나지 않고, 추가적으로 논의를 주고받을 때 사용합니다.

- When are you free to **discuss** project A? I'd like to share some updates I have with you.
  프로젝트 A에 관해 언제 보고 드려도 될까요? 말씀드릴 업데이트 상황이 좀 있어요.

  I was wondering if I could **discuss** some of the things I want to change in the report.
  보고서에서 좀 바꾸고 싶은 부분들 보고 드릴 수 있나 해서요.

  I just need to **discuss** the final touches with Marylin and I can send the final copy over.
  마릴린한테 마지막 수정 사항들만 보고/논의하면 최종안 보내 드릴 수 있어요.

4. talk to someone about 누군가에게 ~에 대해 보고하다

의미_ 누군가에게 뭔가를 말하는 것이니 말 그대로 '이야기하다, 보고하다'의 의미입니다.

활용_ 활용 talk to somebody about something 형태로 사용하며, 캐주얼한 보고,
즉 특정 주제에 대해 간단히 이야기 나누고 싶을 때 활용하면 딱입니다.

- When should I come **talk to you about** our marketing performance?
  저희 마케팅 실적 관련해서 언제 보고하러 오면 될까요?

  When should I expect you to come **talk to me about** your project proposal?
  프로젝트 기획안에 대해서 언제 보고해 줄래요?

  Do you still need me to come **talk to you about** the pilot program or are we all good to go?
  여전히 파일럿 프로그램 보고 필요하세요? 아니면 이대로 가도 될까요?

***
come talk to me는 수다 떨러 와?

come talk to me하면 왠지 수다 떨러 오라는 캐주얼한 표현 같지만, talk에 전치사 to가 들어가면 뭔가 정말 이야깃거리를 말한다는 느낌, 보고하거나 중요한 얘기를 한다는 느낌도 있답니다. 예를 들어 동기가 "Hey, your boss wants to talk to you." 하면 "오, 그래?" 하고 룰루랄라 커피 마시러 갈 게 아니라, '어? 내가 뭐 잘못했나?' 생각해야 한다는 거죠. 그만큼 come talk to someone은 보고하다라고 해도 될 만큼 포멀하게도 쓰일 수 있는 표현입니다.

Please **come talk to me** about what happened at the banquet last night.
어젯밤 만찬에서 무슨 일이 있었는지 이야기(보고)하러 와 주세요.

Can I **come** in sometime this week to **talk to** you about a pay raise?
이번 주 언제 와서 임금 인상 관련 이야기드려도 될까요?

5. go over (함께 살펴보며) 보고하다

의미_ '설명해 주세요'에서 이미 배운 표현이죠. 함께 살펴보고 설명하면서 보고하는 의미
입니다. 위를 크게 지나가는 over의 이미지와 함께 기억해 두세요.

느낌_ 일반적으로 하는 보고가 아니라 '함께 봐 주셨으면 해요' 하는 뉘앙스가 있습니다.

When you have time, I want to **go over** the list of things we need to get done this week.
시간 있으시면 이번 주에 저희가 해야 하는 일들 리스트를 한번 같이 봐 주셨으면 해요.

After I finish polishing these slides, can I **go over** them with you?
슬라이드 다 수정한 다음에 보고 드려도 될까요?

I want the designer there when we're **going over** the final UX design.
저희 최종 UX 디자인 보고할 때 디자이너 분도 같이 계셨음 해요.

Good to Know 상부로의 보고

원어민은 수평적인 느낌으로 사용할 수 있는 "보고하겠습니다." 표현을 주로 사용하지만, 이들도 상부에 보고해야 하는 상황이 있겠죠? 이럴 때는 escalate the case to [보고 받는 사람]표현을 사용합니다. escalate 하면 어떤 게 떠오르시나요? 오늘도 지하철에서 이용한 에스컬레이터가 바로 이 escalate에서 파생된 단어인데, 위로 올라간다는 뜻이죠. 보통 심각한 민원, 불만 사항 등을 상부로 보고할 때 사용합니다.

We need to investigate this issue more closely. If possible, please **escalate the case to** the networking server specialist at HQ.
이 문제를 더 면밀하게 조사해 봐야 합니다. 가능하다면 본사의 네트워킹 서버 전문가에게 이 케이스를 보고해 주세요.

mp3 028

상황❶ 제인 팀장님께 화상 회의 내용을 보고하는 켄 대리

Ken:
ㄴ 잘 끝났음
된 거 아닌가요!

Jane, the Zoom meeting with our partner firm in Tokyo this morning went well. You wanted me to ① _____ you on how it went, right?

제인 팀장님, 도쿄 파트너사랑 오전에 진행한 줌 화상 회의는 잘 끝났어요. 어떻게 진행됐는지 간단히 보고 드릴까요?

Jane:
ㄴ "잘" 끝난 게
뭔데!

Yes, Ken. I was wondering when you were planning to come into my office to ② _____ me about that.

네, 켄 대리님. 안 그래도 언제 제 방으로 와서 이야기해 주려나 하고 있었어요.

Ken:
ㄴ 그럼 빨리
하고 나간다,
실시!

I'm actually available right now. Can I grab my notes and ③ _____ them with you?

사실 전 지금도 괜찮아요. 빨리 노트만 가져와서 보고 드려도 될까요?

① **brief:** 켄 대리가 회의에 참석하지 못한 제인 팀장님에게 화상 회의 내용을 요약해서 보고할 모양이에요. 이때 간략하게 하는 보고는 brief가 알맞습니다.

② **talk to:** 제인 팀장님이 마침 회의 결과를 기다리고 있었나 봐요. '언제 이야기해 주러 오려나 했어' 하는 느낌의 제인 팀장. 딱딱한 보고보다 '이야기해 주다'의 캐주얼한 표현으로 talk to가 있습니다. 뒤에 about이 있으니 talk to somebody about something의 구조로 잘 쓰였네요.

③ **go over:** 켄이 발 빠르게 대응했네요. 노트를 가지고 같이 살펴볼 듯한데, 그럴 때 쓸 수 있는 표현으로는 go over가 적합합니다.

⊕ Additional Expressions

go well: 잘 진행되다, 잘 끝나다
I'm actually available right now.: 사실 저는 지금도 괜찮은데요.
grab: 잡다, 가져오다 (빠르게 가져오는 느낌)

제인 팀장님을 대신해 지나에게 내용을 보고하는 마크

Mark:
└ 두근두근 팀장님인 척...

Gena, thanks for agreeing to join this conference call. As you might already know, we're very glad to have this chance to work with you on a new project. Today I wanted to ① _____ some things to keep in mind on Jane's behalf.

지나 님, 오늘 컨퍼런스 콜에 참가해 줘서 고마워요. 알다시피 이 신규 프로젝트에 함께 일하게 되어서 너무 기뻐요. 오늘은 제인 팀장님을 대신해서 염두에 두어야 할 일들을 좀 보고 드리겠습니다.

Gena:
└ 그 전에 돈부터 깝시다.

It's our pleasure, Mark. Before we begin, are there any updates on my inquiry on the service fee?

마크 님, 저희도 기뻐요. 시작하기 전에, 제가 문의한 서비스 수수료 관련 업데이트가 있습니까?

Mark:
└ 이건 예상 못했으나 스무드했다.

I'm very sorry to ask you to wait, but I still have to ② _____ this to Jane before giving you my final word.

기다려 달라고 말할 수밖에 없어서 죄송하지만, 제가 최종 결정을 말씀드리기 전에 제인 팀장님께 보고를 드려야 합니다.

> ① **discuss:** 마크는 신규 프로젝트 관련해서 함께 일하게 된 지나님께 내용을 전달도 하고, 또 이야기 오갈 것이 있었나 봐요. 이렇게 의견이 오가는 보고는 discuss를 사용하면 좋습니다.
>
> ② **report:** 지나님의 질문에 바로 답할 수 없는 마크! 제인 팀장에게 보고한 후 정확하게 알려 드릴 수 있다고 한발 빼는데요. 이렇게 상부 보고를 하는 상황에서의 포멀한 '보고하다'는 report가 적합합니다.

➕ **Additional Expressions**

final word: 최종 결정

🎤 **Good to Know** 🎤 Word의 새로운 뜻

Word가 '약속할게'의 의미로 쓰인다는 것, 알고 계신가요? 친구들끼리 대화할 때 친구가 "너 내일 올 거지? 그렇게 안다!"라고 했을 때 Word.라고 대답하면 "응, 알았어." 이런 뜻이 됩니다. Word만 쓰면 슬랭 같아서 직장생활에서는 추천하지 않습니다. 그럴 때는 You have my word.라고 쓰세요. 캐주얼하게도 포멀하게도 쓸 수 있답니다.

1. I promise I will pay you back next month. **You have my word**.
   다음 달에 꼭 돈 갚을게. 약속할게!

2. Do **I have your word**? Can I trust you?
   약속해? 널 믿어도 돼?

켄 대리에게 한마디하려는 제인 팀장

Jane:
↳ 오늘은
미꾸라지처럼
못 빠져나가!

Ken, I need to ①_____ you on what happened yesterday at the banquet.
켄 대리, 어제 만찬에서 있었던 일 관련해서 얘기 좀 하죠.

Ken:
↳ 회의야 영원히
끝나지 말아줘.

Yes, Jane. I have to be at a meeting in 10 minutes; can I come in later today? Would that be alright with you?
네, 팀장님. 제가 10분 후에 회의에 들어가야 해요. 오늘 중으로 좀 이따 찾아뵈어도 될까요? 그렇게 해도 괜찮으세요?

Jane:
↳ 너 진짜 큰일
났어. 이제.

Fine. I might need to ②_____ the issue to HR, so make sure you have an explanation for your behavior.
그래요. 인사팀에 어제 이슈를 보고해야 할 수 있으니 켄 대리의 행동에 대해 설명할 수 있어야 할 거예요.

> ① **talk to:** 보고의 뜻도 있지만 진지하게 얘기를 나눌 때, 특히 안 좋은 일로 혼을 내거나 이야기를 나눌 때 쓰이는 표현은 뭐였죠? talk to someone이었죠. 뭔가 켄이 만찬에서 실수해서 혼내려는 거니까 talk to가 적절합니다.
>
> ② **report/escalate:** 여기선 인사팀까지 보고가 올라가는 거니까 공식적인 보고의 뜻을 가진 report나 앞에서 배운 상부 보고, escalate이 알맞겠죠? 으름장 놓는 걸 보니 켄이 대단히 큰 잘못을 한 듯합니다.

➕ **Additional Expressions**

banquet: 만찬

have an explanation for ~: ~의 이유가 있다, 설명할 수 있다 (변명할 때)

한국에도 성소수자가 있지만, 우리는 으레 부부 동반 모임 등에서 여성에게는 "남편분이랑 함께 오세요!", 남성에게는 "아내분은 오늘 안 오셨어요?"라고 묻곤 합니다. 요즘 미국에서는 PC (political correctness, 정치적 올바름)이 너무나 화두이기도 하고, 참으로 다양한 형태의 가족이 있다 보니, 무턱대고 남자라고 해서 Do you have a girlfriend? 하면 PC하지 못한 무례한 사람이 되기 십상입니다.

이럴 땐 Are you seeing anyone?(만나는 분이 있나요?)이라고 해야 하고, 부부 동반 모임을 할 때는 아내, 남편, 부군 등으로 지칭하지 않고 Bring your partner! Bring your SO(significant other, '소중한 반쪽'이란 뜻으로 애인이나 배우자를 뜻함)! 이렇게 이야기하는 게 안전합니다.

또, "My pronouns are she/they. What are yours?"처럼 요즘 pronoun을 묻는 경우가 많아요. 단어만 보고 '대명사를 왜 묻지? 문법 테스트인가?' 하실 수 있지만, 본인을 (남자로 태어나지 않았지만) 남자로 정의하는 사람은 he/him/his, 반대로 (여자로 태어나지 않았지만) 여자로 정의하는 사람은 she/her/hers, 그리고 본인을 non-binary(성별을 이분법으로 나누지 않는 사람)로 정의하는 사람은 they/them/theirs로 불러달라는 뜻입니다. 그래서 가끔 '한 명한테 얘기하는 왜 them이라고 하지?'라고 갸우뚱하실 수 있는데요, 이때는 그 them이라고 불러달라고 한 사람이 non-binary임을 밝히고 그렇게 요청한 거예요. 우리에게는 낯설고 어렵지만 새로운 문화가 그렇다고 하네요!

Chapter 3

회의와 컨퍼런스콜 전후
결정적 비즈니스 표현들

Unit 15
회의 준비하겠습니다

보통 하루에 몇 개의 회의에 참석하시나요? 경력이 쌓이고 책임이 커질수록 참여해야 하는 회의들이 많아지다 보니 근무 시간 중엔 내내 회의에 참석하고, 실제 업무는 퇴근 시간이 다 되어서야 시작한다는 분도 봤어요. 이렇게 대면과 비대면으로 회의가 정말 많은 요즘, 회의 자리 마련과 준비는 피할 수 없는 직장인의 숙명인 것 같습니다. 이런 회의 자리 마련하는 걸 직장들은 보통 '어레인지'라고 많이 하는데요, 이 뜻을 전하기 위해 혹시 어떤 표현을 사용하시나요?

arrange?

말 그대로 arrange를 쓰는 분이 많으실 것 같습니다. '어레인지'라는 말 자체에 집중하다 보니 다른 표현이 떠오르지 않을 수도 있고요. 하지만 상황과 의도에 맞게 취사 선택해 사용할 수 있는 표현이 여러 개 있답니다. 이번 유닛은 다른 유닛과 조금 다르게, 우선 "회의 준비하겠습니다."의 핵심 표현을 먼저 배워 보고, 더 폭넓게 회의 전에 부수적인 준비를 할 때 사용해 볼 수 있는 '준비하다'의 핵심 표현도 추가로 살펴보겠습니다. 많은 내용이 들어 있는 만큼, 심호흡한 번 한 뒤 '회의 준비하겠습니다'의 결정적 표현을 만나 보세요.

'회의 준비하겠습니다'의 결정적 표현들 ①

mp3 029

set up	(회의 자체를) 준비하다	casual
arrange	(회의 등을) 준비하다	semi-formal
coordinate	(다자간에) 조정하다, 준비하다	semi-formal
schedule	(일정을) 잡다, 준비하다	semi-formal

1. set up (회의 자체를) 준비하다

의미_ 회의 같은 이벤트를 마련하고 계획하는 것으로 '(회의 자체를) 준비하다'라는 의미로 쓰실 수 있습니다.

활용_ 회사 생활에서 자주 쓰는 '어레인지하다'랑 동일한 의미로 휘뚜루마뚜루 쓸 수 있는 캐주얼한 표현입니다.

- We can **set up** the meeting; no need to worry about it from your end.
  저희가 회의를 준비할게요. 그쪽에서 걱정할 필요 없어요.

  So who's going to take charge of **setting up** all the interviews? Anyone available?
  그러면 인터뷰 모두 준비하기를 누가 맡을까요? 가능하신 분?

  Can I take a rain check on tomorrow's dinner? I know you must've worked hard to **set** everything **up,** but I will have to reschedule.
  내일 저녁 식사를 다른 날로 미뤄도 될까요? 모두 준비하느라 힘드셨을 줄 알지만 저는 다른 날로 잡아야 할 것 같아요.

* * *
걱정하지 마세요! No need to worry!

"걱정하지 마세요!"라고 할 때 Don't worry!도 있지만, 더 유하게 No need to worry!라고 할 수 있고 더 짧게 No worries! 이렇게도 많이 씁니다.

Good to Know 우리 쪽, 너희 쪽

팀 간, 혹은 외부 미팅이 있을 때 '우리, 너희'를 구분해야 하는 경우가 종종 있습니다. 앞서 살펴본 것처럼 회의 준비가 그럴 수도 있고 업무를 누가 맡을 것인지 정해야 할 때도 있고요. 그럴 때 '우리 쪽'은 my end, '너희 쪽'은 your end라고 말할 수 있습니다.

2. arrange (회의 등을) 준비하다

의미_ 회의 등의 이벤트가 실현될 수 있도록 계획을 세워서 준비하는 것을 말합니다.

활용_ 소규모 미팅에서부터 대규모 포럼까지 두루두루 활용하실 수 있습니다.
'어레인지'가 한국어로 느껴질 만큼 회사에서 많이 쓰는 표현이죠?

Thanks for having us today. Let us **arrange** the next meeting.
오늘 초대해 주셔서 고마워요. 다음 회의는 저희가 준비하겠습니다.

I've **arranged** a car for you so you won't need to worry about the ride to and from the venue.
회의 장소로 오가는 교통편에 신경쓰지 않으실 수 있도록 차량을 준비해 두었습니다.

Hello, I'm trying to **arrange** a luncheon and was wondering if you have any dietary restrictions.
안녕하세요, 제가 오찬 모임을 준비 중인데 혹시 식사 시 제한 사항 있으신가 해서요.

* * *
식사 제한 사항 dietary restrictions

사람에 따라 알레르기, 종교, 당뇨 등 여러 이유로 식사 시 제한 사항이 있을 수 있죠? 이 모든 걸 통틀어 dietary restrictions라고 합니다. 우리는 크게 중요하게 여기지 않지만 외국인 중에는 kosher 인증이 없으면 아예 안 먹는 게스트가 있을 수도 있고, 종교적으로 소고기를 못 먹는 사람도 있을 수 있고, 비건이라 채식만 할 수도 있으니 꼭 체크하는 게 좋겠죠?

Good to Know   초대해 줘서 고마워요

첫 번째 예문에 나온 Thanks for having us today는 인사치레로 자주 사용하는 대표적인 표현입니다. 인터뷰할 때도 늘 초대석에 온 사람이 Thanks for having me! 하고 인사하시는 걸 볼 수 있어요.

3. coordinate (다자간에) 조정하다, 준비하다

의미_ 양자간이 아니라 당사자가 많을 때 혹은 조정해야 할 것이 많을 때 '조정하여'라는
의미를 가집니다.

활용_ 많은 이해 당사자 사이에서 혹은 조정할 것들이 많은 사이에서 어레인지할 때,
또는 어떤 부서와 체크하고 서로 의견을 맞추고 얼라인할 때 쓰기에 적절합니다.

- Given that we have three companies involved in this project, allow us
  to **coordinate** the meeting.

  이번 프로젝트에 3개 회사가 참가하는 만큼, 저희가 회의를 준비하겠습니다.

  If each of the participants today can send us their preferred dates
  and times, that would really make it easier for us to **coordinate** a
  follow-up session.

  오늘 참가자 분 각자 선호하는 날짜와 시간을 보내 주시면 저희가 후속 회의를 준비하는 데
  큰 도움이 될 것 같습니다.

  Dan is the one **coordinating** earthquake relief efforts among the
  five companies that wish to help out.

  지진 구호 활동 관련에 도움을 주고자 하는 5개사 간 활동을 조정 / 준비를 담당하고 있는 분
  은 댄입니다.

  *꼭 회의가 아니더라도 다자간의 협의를 조정하고 돕는 일에 coordinate 표현을 쓸 수 있답니다!

* * *
efforts는 '노력?'

efforts 하면 우리는 '노력'만 떠올리지만, 어떤 활동을 한다고 할 때 activities 대신 efforts를 쓸 수
있어요. 구호 활동(relief efforts), 마케팅 활동(marketing efforts) 이런 식으로 말이죠.

Good to Know   allow us

첫 번째 예문에 나오는 allow us는 let us와 같은 의미로 모두 '허락해 줘'의 뉘앙스가
있습니다. 일방적으로 '내가 할게' 하는 것이 아니라 상대방의 의사를 포함시키는 예의 바른
표현이에요.

4. schedule (일정을) 잡다, 준비하다

의미_ 말 그대로 '일정을 잡다'라는 의미입니다.

활용_ '회의 일정을 잡아서 알려 주겠다' 하는 상황에서 써 보면 좋습니다.

- We'll **schedule** a follow-up interview and contact you.
  2차 인터뷰 일정 잡아서 연락 드릴게요.

  How can you forget about this meeting? You are the one who **scheduled** it!
  어떻게 회의를 깜빡할 수 있어요? 회의 일정 잡은 게 본인이잖아요!

  I think it's hard to talk over the phone about this matter, so let me **schedule** a lunch among the three of us and get back to you.
  이 건은 전화로 이야기하기가 어려운 것 같으니 저희 셋의 점심 일정을 잡고 다시 알려 드리 겠습니다.

Good to Know 　 전화로 이야기하다

'전화 상으로 이야기하다'라는 표현은 talk over the phone이라고 합니다. I'm talking on the phone right now! 하면 '나 지금 통화 중이야!'란 뜻이고요. 전치사로 인해 느낌이 달라 지죠?

No need to worry!

mp3 030

set up	(회의 환경을) 준비하다	casual
get ready	(1차적으로) 준비하다	semi-casual
prepare (for)	준비하다	semi-formal
put together	(여러 개를 하나로 정리해) 준비하다	formal

1. set up (회의 환경을) 준비하다

의미_ 회의 등을 실현하는 데 필요한 준비 전반을 의미합니다.

느낌_ 마이크도 테스트해 보고, 비대면으로 참석하는 분이 있다면 화상 연결도 체크하고,
물도 가져다 놓는 이런 모든 것을 포함하는 느낌이에요.

- I'll **set up** the meeting room for this afternoon's conference call. I
  just need you to send a reminder email to everyone.
  오후 컨퍼런스 콜 할 수 있는 회의실을 제가 준비할게요. 모든 참석자에게 리마인더 메일만
  한 통 보내 주세요.

  I was **setting up** the venue and I realized that their speaker system
  is horrible.
  행사장을 준비하고 있었는데 음향 시스템이 엄청 별로더라고요.

  How long is it going to take for you to **set up** the room? The guests
  are going to barge in any minute!
  회의실 준비에 얼마나 걸리겠어요? 손님들이 곧 들이닥칠 텐데!

⊕ Additional Expressions
horrible: 끔찍한, 너무 안 좋은
barge in: 들이닥치다, 불쑥 들어오다

2. get ready (1차적으로) 준비하다

의미_ 준비 자세에 들어가는 것을 get ready라고 하는데요, 곧 있을 회의에 필요한
내용을 준비한다는 뜻입니다. Get ready, set, go! 하면 '제자리에, 준비, 땅!'이
된답니다.

- Did you **get** the documents for our briefing **ready**?
  브리핑용 문서 준비해 뒀어요?

  I'm going to go ahead and start **getting ready** for the project. This is
  the list of people I need to call up, right?
  저는 그럼 바로 프로젝트 준비 시작할게요. 이게 제가 전화 돌려야 하는 사람들 리스트죠?

  I've started **getting ready** for the fundraising event and I've shortlisted
  some caterers.
  모금 행사 준비를 시작해서 출장 뷔페 업체를 추려 봤어요.

Good to Know 제자리에, 준비, 땅!

달리기 할 때 "제자리에, 준비, 땅!"을 영어로는 "Get ready, get set, go!" 줄여서는 "(get)
ready, (get) set, go!"라고 합니다. 즉, get ready는 앞서 배운 것처럼 준비 자세에 들어가는
것, get set은 그 자세를 확실하게 하는 것, go는 출발하는 것이죠.

⊕ Additional Expressions
fundraising: 모금 (활동)
shortlist: 최종 후보자 명단을 추리다

3. prepare (for) 준비하다

활용_ 회의를 위한 부수적인 것을 준비할 때, "작성하겠습니다"에서 배운 것처럼 문서를 작성하여 준비할 때도, 또 심적으로나 물리적으로 준비할 때도 두루두루 사용할 수 있습니다.

- We'll **prepare** an agenda for next week's meeting with the clients.
  다음 주 클라이언트 회의 안건은 저희가 준비할게요.

  I'm going to **prepare** a deck just to give them a context – or maybe, a video clip would be nicer, perhaps?
  배경 지식을 알리기 위해서 PPT를 준비할 거예요. 흠, 어쩌면 영상이 더 나으려나요?

  I think we all need to take part in **preparing for** this pop-up event. It shouldn't be a one-person effort.
  이번 팝업 행사 준비하는 데 우리 모두 도와야 할 것 같아요. 한 사람의 노력이어선 안 돼요.

Good to Know context

우리가 흔히 말하는 배경 지식이나 어떤 전후 사정을 설명할 때 give someone context란 표현을 많이 씁니다. 내가 어떤 것의 전후 사정이 알고 싶을 때는 I need some context.라고 요구할 수 있겠죠?

⊕ Additional Expressions

take part in (something): 함께하다, 돕다
one-person effort: 한 사람만의 노력

4. put together (여러 개를 하나로 정리해) 준비하다

의미_ 역시 '작성하다'에서 배운 의미와 일맥상통합니다. 회의 자체를 준비한다는 의미도 있고, 회의에 필요한 것 '여러 개를 모아서 하나로 정리해 준비하다'라는 의미 또한 있어요.

- Let me **put together** a list of things we need to go over.
  우리가 검토해야 하는 부분들을 리스트로 준비해 둘게요.

What if we **put together** a slide showing all the possible scenarios?
가능한 시나리오를 전부 보여주는 슬라이드를 하나 준비하면 어떨까요?

I'm trying to **put together** questions for our survey, but I'm worried some of them might come off as impolite.
설문 조사에 넣을 질문들을 취합해서 만드는 중인데 일부 질문이 무례하게 느껴질까 봐 걱정이에요.

* * *

~하게 보이다, ~하게 느껴지다 come off as

come off as 뒤에 형용사가 오면 '~하게 보이다, ~하게 느껴지다'라는 뜻입니다. 예문에서는 무례하게 굴려는 의도는 아니지만 무례하게 느껴질까 하는 표현을 come off as impolite라고 썼죠.

I hope our presents don't **come off as** a little too much.
우리 선물이 좀 너무 과하게 느껴지지 않았으면 좋겠네요.

상황❶ 신규 프로젝트 관련 회의 일정에 대해 논의하는 제인 팀장, 켄, 마크

Jane:
└ 3자 미팅
대환장
따라가 될
예정.

Mark, we need to ① _____ a meeting for our new project. Dave and Gena will be joining us from company *A* and company *B*.

마크, 우리 신규 프로젝트 관련해서 회의 일정 잡아야 해요. 회사 A, 회사 B에서 데이브 님과 지나 님이 조인할 거예요.

Mark:
└ 나는야
차근차근 하는
차분 신입!

Noted. I'll start ② _____ by first ③ _____ a call between us and Dave.

잘 알겠습니다. 먼저 저희랑 데이브 님 컨퍼런스 콜을 잡고 준비 시작하도록 할게요.

Ken:
└ 도울 것이
없었으면 해요.

Is there anything I can do to help ④ _____ this?

어레인지하는 데 제가 도울 것 없을까요?

Jane:
└ 있을 것이니라.

Thanks for your offer, Ken. At the moment Mark and I can handle this, but once we proceed further into the project, I might ask you to help ⑤ _____ between Dave and Gena.

물어봐 줘서 고마워요, 켄 대리님. 지금 당장은 마크랑 나랑 충분한데, 프로젝트가 진행이 좀 되면 데이브 님과 지나 님 사이에서 조정하는 걸 좀 도와달라고 부탁할 수도 있을 거예요.

① **schedule:** 회의 '일정'을 잡아야 한다고 하는 제인 팀장님. 일정을 어레인지할 때는 schedule을 씁니다.

② **preparing:** 전반적인 '준비'를 시작하는 것이니 prepare가 좋겠습니다.

③ **setting up:** 우선 데이브와의 컨퍼런스 콜을 어레인지하겠다는 마크. 컨퍼런스 콜을 set up한다고 해도 되고 여기서는 arranging을 써도 무방합니다.

④ **arrange:** 켄 대리는 이 전체, 큰 그림에 대해 어레인지하는 데 도움을 줄 것 없냐고 묻는 것이니 가장 넓은 의미의 표현인 arrange가 딱입니다.

⑤ **coordinate:** 데이브와 지나 님 사이, 즉 다자간의 소통을 조정하는 느낌은 coordinate가 있었습니다.

➕ **Additional Expressions**

Thanks for your offer.: 제안에 감사드립니다. (일의 경중을 떠나 호의에 대한 감사 표시)

handle: 다루다. (타인의 도움 없이) 처리하다

I might ask you to help ~: ~하는 걸 도와달라고 부탁할 수도 있어요

여러 회사 혹은 여러 팀에서 협업 시 각 회사를 대표해서 미팅에 참석하곤 합니다. 이럴 때 "A회사에서는 B님이, C회사에서는 D님이 각각 참석하실 거예요."라는 말을 하게 되는데요. 영어로는 이 '각각'을 respectively로 표현합니다. 사용법은, 순서대로 나열을 하고 마지막에 콤마와 respectively만 붙여 주면 '그 순서대로'라는 의미가 됩니다.

1. Dave and Gena will be joining us from company *A & B*, **respectively**.
   A회사에서 데이브 님이, B회사에서 지나 님이 각각 참석하실 거예요.

2. Caterers *A* and *B* specialize in Korean and Chinese cuisine, **respectively**.
   A 출장 뷔페 업체와 B 출장 뷔페 업체는 각각 한식과 중식에 특화되어 있어요.

3. The lectures on Monday and Tuesday will start at 1 pm and 3 pm, **respectively**.
   월요일과 화요일 강좌는 각각 오후 1시, 3시에 시작할 거예요.

Is there anything I can do to help arrange this?

상황②　먼저 컨퍼런스 콜 시스템을 세팅해 둔 켄 대리와 당황한 마크

Mark:
└ 뭐야, 이
센스쟁이는?

Ken, did you already ① _____ the conference call system for today's meeting?

켄 대리님, 오늘 회의 컨퍼런스 콜 시스템 벌써 세팅해 두신 거예요?

Ken:
└ 왜지 당신 걸
손봐야 할 것
같아.

Yes, I did. I wanted to get ready as quickly as possible just to make sure we have time to go over the agenda you ② _____ for the meeting.

네, 제가 했어요. 마크 님이 준비한 회의 안건을 한번 검토해 볼 시간을 확실하게 확보하고 싶어서 최대한 빨리 준비하고 싶었거든요.

Mark:
└ 나 일 잘하는
대리야!

That's great, you're always so well prepared. By the way, I ③ _____ a slide that provides some context, if that's something you might need.

와, 너무 좋네요. 켄 대리님은 항상 준비가 완벽히 되어 있네요. 아 참, 그리고 만약에 필요하시면, 전후 사정 좀 정리해서 슬라이드로 만들어 놓았어요.

> ① **set up:** 컨퍼런스 콜 시스템을 '세팅'해 둔 거니 말 그대로 set up이 맞습니다.
> ② **prepared:** 마크가 미팅을 위해 '준비한' 어젠다를 검토해 볼 시간을 벌기 위해 먼저 세팅을 해 둔 켄 대리. 작성해서 준비하다, prepare를 써 주면 됩니다.
> ③ **put together:** 배경 정보 요약을 만들려면 여기저기서 다양한 정보를 가지고 와서 작업하니, '한데 모아 준비하다'의 의미를 가진 put together가 적합 합니다. 준비하느라 마크가 고생했겠어요.

➕ Additional Expressions

make sure: 반드시 ~하도록 하다, 확실하게 하다

〔 Good to Know 〕 Did you already ~?와 Did you ~?의 뉘앙스 차이

Did you set up the conference call system for today's meeting?은 세팅을 했는 지 안 했는지 모르는 상태에서 세팅 여부를 물어보는 것입니다.

Did you already set up the conference call system for today's meeting?은 이미 세팅된 걸 봐서 아는 상태로, "어머, 벌써 했어요?"라는 뉘앙스 차이가 있습니다.

상황❸   제인 팀장에게 행사장 준비 상황을 보고하는 마크

Jane:
└ 그대로일 리가
없지만 그러길!

Hey, Mark. How does the venue look? Is everything as
① _____?

마크, 행사장 어때요? 준비한 그대로예요?

Mark:
└ 굳이 나보고
가라시머라니.

Uhm… We do have some issues. They still haven't ② _____
the chairs, so I have no idea if 300 seats will fit. And remember
the list of vendors we ③ _____ for them to pick and choose
from? The vendor they're using is not from our shortlist of
vendors.

음… 문제가 좀 있긴 해요. 아직 좌석 세팅을 안 해 놔서 300석이 들어갈지 전혀
모르겠어요. 그리고 저희가 행사장 측에 여기서 고르라고 벤더 리스트 취합해서
줬잖아요. 지금 여기 벤더가 우리 벤더 최종 리스트에 없는 벤더예요.

> ① **arranged:** 행사장에 요청한 좌석도, 배치 등이 있었겠죠. 그게 요청한 그대로 잘 세팅
>   되어 있는지 물어볼 때는 as arranged, 깔끔하고 좋죠?
> ② **set up:** '의자 세팅을 안 해서 ~'라고 말하는 상황이니 set up을 써 주시면 되겠습니다.
> ③ **put together:** 여러 개를 한데 취합해 정리한다는 의미는 put together가 가장 적절하
>   겠습니다.

* * *

pick and choose

pick, choose 다 같은 '고르다'의 뜻이지만 이렇게 영어에서는 비슷한 의미를 두 번 사용하는 단골
표현들이 있습니다. pick and choose, safe and sound 등이 있죠. 별 다른 의미는 없고 그냥
반복하며 강조하는 표현이랍니다.

Culture_ 손님을 초청할 때 가장 중요한 음식!

결혼식에 다녀온 후 기억에 남는건 뭐죠? "거기 밥 맛있더라!" 다들 공감하시나요? 이렇게 금강산도 식후경인 우리 한국 사람들. 밥으로 게스트를 서운하게 하면 안 되죠.
그러려면 외국인 손님이 오실 때 무엇보다 주의해야 할 것이 있습니다. 바로 dietary restrictions입니다. 종교나 알레르기 등의 이유로 식단을 확실하게 지키는 사람들이 많기 때문이죠.

그렇기 때문에 미리 dietary restrictions를 체크하고 함께 식사를 할 때 상대에게 낯선 메뉴라면 그 안에 무엇이 들어갔는지 설명을 곁들이는 센스가 필요합니다. 이를 위해 dietary restrictions 체크 시 쓸 수 있는 문장을 하나 알려드릴게요. 유용하게 쓰실 수 있을 거예요.

If you have any allergies or dietary restrictions, please let us know in advance.
알레르기나 못 드시는 음식이 있으시면 미리 알려 주세요.

참고로 미국 LA 최고 맛집은 어디일까요? 바로 순두부집입니다. 이렇게 한국 사람들은 해외에 나가서 한식당에 가면 행복해하지만, 제가 만난 대부분의 외국인 게스트는 한국에 와서 한식을 먹어 보고 싶은데 초대사에서 멋들어진 양식당에 데려가서 아쉬워하는 경우가 많았어요. 외국인이 좋아할 만한 한식당에 데려가는 게 어찌 보면 가장 좋은 접객이 아닐까 생각합니다.

Unit 16
편한 날짜 알려 주세요

지난 유닛을 통해 회의 준비하는 역할 분담은 완료했으니 이제 실질적인 조율이 필요합니다. 회의 참석자에게 가능한 날짜를 물어봐서 일정을 확정해야 하는 중요한 일이 남아 있는데, 이게 참 어려운 표현이 아닌 것 같으면서도 막상 영어로 말하려면 생각이 잘 안 나는 것이기도 하죠.

"편한 시간과 날짜를 알려 주세요."를 영어로 바꾸려고 하려면 일단 '편한'은 comfortable, '시간이랑 날짜'는 date and time, '알려 주세요'는 tell me, 이렇게 더듬더듬 퍼즐을 맞추다 보면 이런 문장이 나옵니다.

Tell me when is comfortable date and time.

이건 좀 아니라는 생각이 드시죠? 이번 유닛의 핵심 표현들로 훨씬 쉽고 자연스럽게 또 프로페셔널하게 표현해 볼 수 있습니다. 특히 우리도 "편한 시간 알려 주세요."처럼 문장이 정형화되어 있듯이, 영어도 마찬가지라서 이번 핵심 표현들은 통째로 기억하시면 더 좋습니다. 하나만 자주 써도 최소 미팅 잡을 때 무리 없이 원하는 바를 확인할 수 있는 '편한 날짜 알려 주세요'의 결정적 표현을 시작합니다.

mp3 032

When is/would be a good time for ~?	언제가 좋으신지 알려 주세요	casual
Let me know when ~	언제 ~할 수 있는지 알려 주세요	casual
When are you available for ~?	언제 ~하는 게 편하세요?	semi-formal
Does date/time work for you?	날짜/시간 괜찮으세요?	casual / semi-formal

1. When is/would be a good time for ~?
언제가 좋으신지 알려 주세요

의미_ 회의 등을 하기에 good time, 즉 좋은 시간이 언제인지 알려 달라는 캐주얼한 표현입니다.

활용_ 군이 상황을 특정하지 않고 뭉뚱그려 "편한 시간 알려 주세요."는 Let me know when is a good time for you.를 외워 두고 사용하시면 좋아요.

- Please feel free to let us know **when is a good time for** a zoom call to iron out the details for the exhibition.
  전시회 세부 사항 정리 차 줌 화상 회의는 언제가 좋으실지 편하게 알려 주세요.

  Would Thursday **be a good time for** us to meet up and talk over the design issues?
  만나서 디자인 문제에 대한 이야기 나누기에 목요일 괜찮으세요?

  I don't think next week **is a good time for** our rehearsal because I think we'll need at least two more weeks to finalize the cast for the voice actors.
  리허설을 다음 주에 진행하는 건 좀 무리인 것 같아요. 성우 캐스팅을 확정 짓는 데 최소 2주는 더 걸릴 것 같아서요.

➕ Additional Expressions

iron out: 해결하다 (울퉁불퉁한 걸 쭉 다림질해서 펴는 느낌)

* * *
'회의'는 늘 meeting?

meeting은 좀 더 포멀하고 각 잡힌 느낌입니다. 보통 그냥 call이라고 많이 하죠. 전화나 화상으로 하는 미팅은 zoom call, '3시에 회의 있어'는 I have a call at 3. 이런 식으로 많이 쓰고, 전화/화상 미팅에 참여할 때의 동사는 dial in을 쓰기도 합니다.

Hi, I apologize if my audio is not so clear. I'm **dialing in** on my phone because I'm in my car right now.
안녕하세요. 제 오디오가 깔끔하지 못할 수 있어서 죄송해요. 제가 지금 차에 있어서 휴대전화기로 접속 중입니다.

2. Let me know when ~ 언제 ~할 수 있는지 알려 주세요

의미_ when 뒤에 내가 필요한 상황, 미팅 등을 추가하면 '언제 ~할 수 있는지 알려 주세요'라는 뜻의 캐주얼한 만능 표현이 됩니다.

활용_ 시간을 정할 때는 when 대신 what time 또는 which week 등으로 바꿔 사용해도 되고, 그 뒤에 good time, available 등 다양하게 올 수 있겠죠.

- **Let me know when** you can follow up on this issue.
  언제 이 이슈에 대해 후속 조치를 취할지 알려 주세요.

  Let me know a few dates you're available on and I will talk to Eunice and fix a date out of those.
  가능하신 날짜 몇 개 알려 주시면 제가 유니스 님과 이야기해서 그중 하루로 확정할게요.

  Hey John, can you **let me know when** you can start arranging that meeting?
  존, 그 회의 준비를 언제부터 시작할 수 있는지 알려 줄 수 있어요?

➕ **Additional Expressions**
fix a date: 날짜를 정하다

Good to Know 💬 Save the date!

Save the date! 미국 청첩장에서 잘 쓰는 표현입니다. '캘린더에 이 날짜를 저장해 주세요!'라는 의미죠. 그래서 웨딩을 포함하여 파티를 하거나 뭔가 이벤트를 열 때 주최자가 Please save the date!라고 '이 날짜를 기억해 주세요, 저장해 주세요, 잊지 마세요'라는 느낌으로 많이 씁니다. a date가 아니고 the date인 건 바로 이 날짜로 특정되어 있기 때문이죠!

3. When are you available for ~?
언제 ~하는 게 편하세요?

의미_ available의 뜻인 '시간이 있는'이 그대로 담긴 표현입니다. 언제 시간이 되는지
알려 달라는 거죠.

활용_ for 뒤에 명사 형태로 상황을 넣어서 활용하면 됩니다. 누가 이 표현을 사용해
질문하면 답할 때도 I'm available on Tuesday. 이런 식으로 내가 가능한 시간을
표현할 수 있어요.

- **When are you available for** the coffee chat I suggested? We really
  need a talk.
  제가 요청드렸던 커피 담화, 언제 가능하세요? 저희 정말 이야기해야 해요.

  When do you think you'll **be available for** our next monthly meeting?
  저희 다음 월간 회의는 언제 가능할 것 같으세요?

  I'm sorry I won't **be available** anytime this week because I'll be
  OOO. Would it be okay if you talk to Jake instead?
  죄송하게도 제가 회사에 없을 예정이라(휴가라) 이번 주에 되는 날이 없을 것 같아요. 대신
  제이크랑 이야기하시면 어떨까요?

⊕ Additional Expressions

OOO: 회사에 없음, 휴가 중(= Out of Office)

* * * *

I'm available on Tuesday. vs. I'm available on Tuesdays.

어느 요일에 가능함을 알릴 때도 I'm available ~ 표현을 사용할 수 있는데요. 추가로 이 두 문장에 담긴
작지만 큰 차이를 알아볼게요.
겉으로만 보면 Tuesday가 단수냐, 복수냐의 차이이지만, 의미상으로는 "나는 이번 주 화요일이 가능
해요."와 "나는 매주 화요일마다 가능해요."라는 큰 차이가 있습니다. "매주 무슨 요일에 가능해요."를
영어로 바꾸려고 하면 'every + 요일'이 나오기 쉬운데 이렇게 간단하게 표현하는 방법도 있으니 꼭
기억해 두세요.

I will be OOO this Monday but I'm usually available **on Mondays,** so feel free to
stop by.
이번 주 월요일은 내가 회사에 없을 예정이지만, 월요일엔 보통 시간이 되니 편하게 들러요.

4. Does date/time work for you? 날짜/시간 괜찮으세요?

의미_ 말 그대로 '이 날짜/이 시간 되세요?'의 의미입니다.

느낌_ 한국어 해석 그대로 캐주얼한 느낌을 줍니다.

활용_ 캐주얼하다 보니 특히 대화할 때 더 잘 쓸 수 있습니다. does 대신 would를 쓰면 좀 더 세미포멀한 느낌을 전합니다.

- **Does** Monday morning **work for you?** Or we could reschedule if it doesn't.
  월요일 아침 괜찮으세요? 안 되시면 조정하면 됩니다.

  I'm sorry I'm no longer available on Monday mornings. **Does** Monday afternoon **work for you?**
  죄송해요. 제가 이제 더 이상 월요일 아침 시간이 비질 않아서요. 월요일 오후 괜찮으세요?

  If tomorrow doesn't **work for you**, **does** next Tuesday **work**?
  내일 안 되면 혹시 다음 주 화요일은 되세요?

* * *
말 줄이기의 묘미!

인터넷 밈 중에 피클 빼 달라는 말을 영어로 한다면 한국 사람은 "노 피클" 하면 될 것을 영어는 "저는 제 샌드위치에 피클을 원치 않아서 제거를 원합니다"처럼 말한다고 하죠? 우리도 한국어할 때 편하게 뒤를 날리듯이 영어로 그런 경우가 허다합니다. Does Tuesday work for you? Would Tuesday be a good time for our meet up?을 편한 사이라면 Would Tuesday work? Is Tuesday a good time? 이렇게 줄일 수도 있습니다.

> **Good to Know** 가능한 날짜 몇 개 알려 주시겠어요?

열린 질문으로 물어보면 오히려 상대가 곤란할 수 있습니다. 그래서 상대를 배려하는 마음으로 "가능한 날짜 몇 개 알려 주시면 저희가 그중 알려 드릴게요." 할 때가 있지요. 이 표현은 Give us some dates that work for you. 혹은 Give us a few dates that work for you. 이렇게 말할 수 있습니다. 이 표현에서 핵심은 work for you입니다. 직역하면 '당신에게 문제없이 작동하는', 즉 '문제없이 괜찮은'이라는 뜻이죠.

Please **give us a few dates that work for you** and we'll let you know which works best for us.
되시는 날짜 몇 개 주시면 저희가 그중 어느 날이 제일 좋은지 알려 드릴게요

'편한 날짜 알려주세요'의 결정적 상황들

상황❶   마크에게 데이브한테 회신이 오면 알려 달라고 하는 제인 팀장

Jane:
└ 이번엔
잊지 말거라!

Mark, ①_____ when Dave gets back to us about that meeting we need to arrange sometime this week.

마크, 이번 주 중에 우리가 어레인지해야 하는 회의에 대해서 데이브 님이 답장 주면 나한테 좀 알려 줘요.

Mark:
└ 나는야
신입왕이 될
거야!

Will do, Jane. I'll give you a heads-up when I hear from Dave. Or should I send him a reminder?

넵! 제인 팀장님. 데이브 님께 답 오면 알려 드릴게요. 아니면 제가 데이브 님께 리마인더 메일 하나 보낼까요?

Jane:
└ 마크 좀
치는데?

Actually, that sounds great. Please send him a reminder asking
②_____ for him.

오, 그거 좋네요. 리마인더 보내면서 언제가 좋은지 물어봐 줘요.

> ① **let me know:** 여기서는 '날짜를 알려 주세요'의 의미가 아닌 '답장이 오면 알려 주세요'라는 의미로 사용했네요. 이렇게 let me know when ~이 쓰일 수도 있습니다.
> ② **when is a good time:** 데이브한테 언제가 좋은지 묻는 거니까 when is a good time, when works 등 다 쓸 수 있겠죠?

➕ Additional Expressions

get back to someone: ~에게 다시 와서 알려 주다
give someone a heads-up: (소식을) 알려 주다, 귀띔해 주다
hear from: 소식이 오다, 답이 오다

163

Hi Dave,
Just a gentle reminder that we will need to have a zoom call sometime this week for some last-minute touches to the project. Could you share with us when you will be ① _____ for the call? Wednesday and Thursday will ② _____ best for us, but feel free to let us know when will be ③ _____ for you.

Thanks,
Mark

데이브 님 안녕하세요.
금주 내에 저희 프로젝트 마무리 작업을 위한 줌 회의를 한 번 해야 할 듯해서 리마인드 드려요. 혹시 줌 회의하시기 언제가 좋으신지 공유해 주실 수 있으세요? 저희는 수요일하고 목요일이 제일 좋긴 한데, 언제가 좋으신지 편하게 말씀해 주세요.

감사합니다.
마크 드림

손가락이 있는데 대체 왜 ─┘
대답을 안 하나. 엥간하면
수목 중에 합의 보자고.

① **available:** 언제가 가능한지라는 의미에서 available을 적절히 써 주면 좋습니다.
② **work:** '우리한테는 수요일과 목요일이 제일 좋다' 할 때는 work best for us가 맞겠죠?
③ **a good time:** 앞에 동사 be가 나오면 뒤에 work가 나올 수 없으니 a good time이 적절하겠습니다.

* * *
그냥 알려 드리는 거예요 Just a gentle reminder

리마인드를 너무 대놓고 쪼면 또 좀 그런 것이 인지상정! 이럴 때는 Just a gentle reminder로 시작하시면 됩니다. gentle이 아주 순하고 온화하다는 뜻이죠? 그렇기 때문에 '당신을 마구 강압적으로 쪼는 건 아니고 그냥 알려 드리는 거예요'라는 의미가 됩니다. Just a gentle reminder 또는 Just a friendly reminder로 써도 비슷한 느낌입니다.

◀ Good to Know ▶ Sometime this week?

sometime this week는 '이번 주 언젠가'라는 의미죠? 정확한 일정은 세팅되지 않았지만, 이번 주 중, 이번 달 중, 오늘 중에 뭔가를 해야 하는 일정이 있다면 sometime this week, sometime this month, sometime today 등의 표현을 쓸 수 있답니다.

상황❸ 데이브와 팔로업 미팅을 잡는 제인 팀장

Jane:
↳ 빨리빨리
하고 치우자
쫑!

Well, Dave, thanks for your time today and I guess we will need just one last follow-up meeting and then we'll be all set. Does next Monday ① _____ for you?

자, 데이브 님. 오늘 시간 내 주셔서 감사해요. 정말 마지막 팔로업 미팅만 한 번 더 하면 완전히 마무리가 될 것 같네요. 다음 주 월요일 괜찮으세요?

Dave:
↳ 월요일까진
우리! 워라밸
지켜!

Monday does ② _____ for me, but then I'll have to dial in because I will be away on a business trip. If you think it's better for us to meet up in person, I will be ③ _____ on Thursday and Friday.

월요일이 되긴 하는데 제가 출장 예정이라 원격으로 조인해야 할 거예요. 직접 만나서 얘기하는 게 나을 것 같으면 저는 저는 목요일, 금요일 괜찮습니다.

> ① **work:** Does + 날짜니까 다음은 work가 와야겠죠? '월요일 되시나요?'의 느낌으로 간단히 줄여서 씁니다.
> ② **work:** '되긴 하는데'라는 의미로 does work for me를 써 주었네요.
> ③ **available:** will be 다음엔 '내가 시간이 되는 상태', 즉 available이 오면 정확합니다.

* * *
되긴 하는데 ~ does / do / did

does / do / did를 써서 '되긴 하는데'의 느낌을 낼 수 있을까요? 그렇습니다. 굳이 저 단어들을 추가해 써 주면서 강조해서 말할 때는 '그렇긴 한데 ~' 느낌의 표현이 된답니다.

I **do need** a new laptop, but I don't think this one is light enough to carry around.
새 노트북이 필요하긴 한데, 이거는 내가 들고 다닐 만큼 가볍지가 않은 것 같아요.

I **did have** dinner, but I could definitely have some ice cream with you!
저녁을 먹긴 먹었는데, 당연히 같이 아이스크림 먹을 수 있죠!

➕ **Additional Expressions**
I **will be away.**: 제가 회사에 없을 거예요. 자리를 비울 거예요.

메일 답장만큼 회사 생활에서 중요한 게 있을까요? 메일은 어쩜 그렇게 와도 와도 또 올까요. 그렇지만 우리는 회사원이기 전에 사람이고! 친구이고! 아빠이고! 엄마이고! 딸이고! 아들인데! 휴가 중에는 좀 쉬자고요. 휴가 중 메일이 오면 부재 중임을 알리는 자동 전송 메일, 영어로는 아래 템플릿처럼 써 보세요.

Thank you for reaching out.
I am out of the office this week with limited email access.
If your inquiry is urgent, please call or text me at (전화번호).
Otherwise I'll respond as soon as possible.

Thank you,
(이름)

연락 주셔서 감사합니다.
제가 이번 주는 부재 중이라 이메일 확인이 어렵습니다.
급하신 건이면 (전화번호)로 전화나 문자 주세요.
그 외에는 제가 (돌아와서) 최대한 빨리 답신 드리겠습니다.

감사합니다.
(이름)

Hi there,
Thanks for your email.
I am OOO for the holiday season and replies will be delayed.
Please note that I'm in the KST timezone while I'm away and
I can be reached via WhatsApp if it is urgent.

Thanks,
(이름)

안녕하세요,
이메일 주셔서 감사합니다.
저는 현재 명절이라 휴가 중이며 답이 늦어질 수 있습니다.
부재 중인 동안 KST(한국) 타임존에 있으며 급하신 경우 왓츠앱으로 연락 주세요.

감사합니다.
(이름)

Unit 17
연기해 주세요

앞선 유닛을 통해 열심히 준비하고, 회의 준비해서 날짜까지 잡았죠? 그런데 세상이 내 마음대로 돼서 아무런 변경 없이 그대로 갈 확률은? 눈물이 나지만 희박합니다. 보통 미팅을 당기는 일은 잘 없고 부득이하게 연기하는 경우는 허다하죠.

그런데 내가 회의를 준비한 게 아니라면 연기해 달라고 부탁해야 하는데 이게 참 민망하기 짝이 없습니다. 이번에는 이렇게 부득이하게 연기해야 할 때 프로페셔널하게 상대의 심기를 불편하지 않게 하면서 부드럽게 부탁할 수 있는 표현들을 알아보겠습니다.

'연기하다'라는 표현을 생각해 보면 비행기 타러 공항 게이트에 앉아서 자주 들을 수 있는 delay를 떠올리시는 분이 많습니다. 이렇게요.

Flight KE082 is being delayed.

물론 delay도 회의가 연기될 때 사용할 수 있는 표현이지만, 중요한 포인트는 위의 표현은 '같은 날 시간이 미뤄지는 것'이지, '날짜가 바뀌는 건 아니라는 것'입니다. (아하! 하는 분 많으시죠?) 또 비행기 연착처럼 앞에서 일정이 늦춰져 그에 따라 하는 수 없이 미뤄지는 느낌이다 보니 다소 부정적인 뉘앙스가 있습니다. 이 말인즉, 덜 부정적이면서 계획 하에 연기한다는 의미를 줄 수 있는 그런 표현도 있다는 거겠죠?

프로페셔널한 연기를 위해 '연기해 주세요'의 결정적 표현에서 모두 알아보세요.

mp3 034

postpone	연기하다	formal
reschedule	일정을 변경하다	formal
push back	(시기를) 미루다	casual
hold off	(활동을) 멈춰 두다	casual
put off	연기하다	casual

1. postpone 연기하다

의미_ 우리말 '연기하다'와 가장 비슷한 수준과 톤으로 가장 포멀한 표현입니다.

느낌_ 뒤에 나오는 표현보다 더 격식 있는 느낌으로, 모든 비즈니스 상황에서 무난하게
사용하기 적절합니다.

I'm afraid we'll have to **postpone** the meeting scheduled for next
week.
죄송하지만, 다음 주로 잡힌 미팅을 미뤄야 할 것 같습니다

I wanted to ask if you're willing to **postpone** the date for the forum.
포럼 날짜 연기하는것 괜찮으신지 여쭤보려고요.

Would it be better to **postpone** the exhibition or just stick to the
schedule and hold it with fewer participants?
전시회를 연기하는 게 나을까요, 아니면 참가자가 적어도 기존 일정대로 하는 게 나을까요?

* * *
~할 의사가 있다 be willing to

be willing to는 무엇을 할 의사가 있다는 뜻이죠. 그래서 특히 내가 뭘 부탁할 때 Are you willing to ~?
이렇게 물어보면 '혹시 ~해도 괜찮으시겠어요? 그래도 되시겠어요?'라는 의미를 담습니다.

Are you willing to scrap the current design for a new one?
현재 디자인을 완전 엎고 새로운 걸로 하실 의향이 있으세요? (그래도 괜찮으시겠어요?)

Will you be willing to hold the sales event on Saturday instead?
판촉 행사를 토요일로 바꿔서 진행하는 것도 괜찮으시겠어요?

2. reschedule 일정을 변경하다

의미_ 앞서 배웠던 '일정을 잡다'의 schedule에 re가 붙어 '일정을 다시 잡다' 즉, '일정을 변경하다'의 뜻입니다. 내가 일방적으로 미루는 것이 아니라 '우리 모두 원래 계획대로는 어려울 것 같으니, 맞는 시간을 다시 한번 맞춰 보시죠'의 의미가 담겨 있어서 상대방 의사를 좀 더 생각해 주는 표현입니다.

느낌_ 결국 postpone과 똑같이 연기하자는 뜻이지만, 상대방과 함께 조정하는 느낌이 있어서 postpone보다 조금 더 긍정적인 뉘앙스를 줄 수 있습니다.

- I was hoping we could **reschedule** our conference call to Wednesday
- this week because some of us need to travel on Monday.
  저희 컨퍼런스 콜을 이번 주 수요일로 일정 변경할 수 있을까요? 저희 중에 일부가 월요일에 이동해야 할 일이 있어서요.

  If you need to **reschedule** the meeting, don't hesitate to let me know. I'm actually quite free most of next week.
  회의 일정을 변경해야 하게 되면 신경 쓰지 말고 언제든 말씀해 주세요. 제가 다음 주 대부분은 꽤 시간이 여유로워서요.

  This is the third time we're **rescheduling** an in-person meeting due to the pandemic. I'm thinking maybe it's better we just do a zoom call instead.
  우리가 팬데믹 때문에 대면 미팅 일정을 벌써 세 번째로 변경하고 있네요. 그냥 줌 미팅으로 진행하는 게 나을 것 같아요.

* * *
차라리 ~하는 게 나을지도 모르겠어요 maybe it's better ~

'차라리 ~하는 게 나을지도'라는 의미를 전하고 싶다면 maybe it's better ~를 써 보세요! maybe it's better that we ~, maybe it's better to ~ 등으로 다양하게 활용할 수 있답니다.

Maybe it's better that we talk on the phone because we are writing back and forth forever.
차라리 전화로 하는 게 나을까 봐요. 저희가 이메일을 끝도 없이 계속 주고받고 있네요.

Maybe it's better to go with a bluish tone because it's summer already.
벌써 여름이니까 푸르스름한 톤으로 하는 게 더 나을지도 모르겠어요.

➕ Additional Expressions
back and forth: 주고받고, 왔다 갔다
go with something: (무엇으로) 정하다

3. push back (시기를) 미루다

의미_ 단어 그대로 '뒤로 밀어'서 연기하는 것을 의미합니다. 우리말 '미루다'와 톤과 느낌이 유사합니다.

활용_ 캐주얼한 느낌으로 구두로 사용하기 아주 좋은 표현입니다.

- I'm sorry but we'll have to **push back** the rest of the interview process until we have a new head of HR.

  죄송하지만 남은 인터뷰 절차를 인사팀장이 새로 부임할 때까지 미뤄야겠어요.

- I wanted to fill my boss in on this, but I guess I'll have to **push back** the briefing if you don't think this is final.

  이것에 대해서 상사에게 업데이트해 드리고 싶었는데, 말씀하신 게 최종이 아니면 브리핑을 미뤄야 할 수밖에 없겠네요.

- We'll have to be very cautious of **pushing back** the release date because our competitors might act quicker. Remember, we want to be the top of mind.

  출시 일자 연기하는 것은 신중해야 할 것 같아요. 저희 경쟁자가 더 빠르게 출시해 버릴 수도 있거든요. 기억하세요. 저희는 top of mind(최초상기도)가 되어야 해요.

✚ Additional Expressions

fill someone in on something: 누군가에게 무언가에 대해 업데이트해 주다, 알려 주다
cautious of something: 뭔가를 아주 신중하게 생각하는, 조심하는

Good to Know ▶ top of mind

마케팅 용어로 top of mind(최초상기도)는 여러 경쟁 브랜드 중 소비자가 가장 먼저 떠올리는 브랜드를 뜻합니다. 상처 났을 때 붙이는 반창고 하면 떠오르는 대일밴드가 top of mind 그 자체겠죠?

4. hold off (활동을) 멈춰 두다

의미_ 시작하지 못하게 hold(유지하다, 잡다)하고 있는 상태를 의미합니다. 즉, '일단 스톱, 일단 멈춰 두자'의 뜻이죠.

느낌_ push back은 시기를 미루는 느낌이고, hold off는 활동을 일시 중단하는 '일시 정지'의 느낌입니다.

- Can we **hold off** our team assistant recruitment until we find the right candidate? I don't think any of the current candidates is a perfect fit to our team.
  우리 팀 보조 채용을 적합한 사람이 나타날 때까지 좀 미룰까요(멈출까요)? 지금 지원자 중엔 저희 팀에 딱 맞는 사람이 없어 보여요.

We should **hold off** all offline events until after the COVID situation dies down.
코로나 상황이 해결될 때까지 오프라인 이벤트들은 전부 중단해야겠어요.

Hold off making your decision until tomorrow. There is going to be a major announcement from HR today.
내일까지 결정은 하지 말고 두세요. 오늘 중으로 인사팀에서 중대 발표가 있을 거래요.

➕ **Additional Expressions**
perfect fit: (직책 / 회사 등에) 딱 맞는 사람
die down: (상황 등이) 사그라들다

> **Good to Know**) hold the onions

hold off 표현에서 핵심적인 역할을 하는 'hold'는 해외 여행 시 식당에서 제법 잘 사용할 수 있는 표현입니다. 미국 3대 버거집 중 하나인 파이브 가이즈에 갔다고 해 보세요. 생양파를 싫어한다면 빼달라고 요청해야겠죠?
이때 '양파 빼 주세요'는 no onions도 물론 되지만 hold the onions라고 하면 '양파가 햄버거에 들어가지 못 하게 잡고 있어 주세요, 넣지 말아 주세요'의 의미인 거죠. hold에 담긴 뉘앙스가 잘 이해되시죠?

Can I get a bacon cheeseburger with fries and coke please? Oh, and please **hold the onions**!
베이컨 치즈버거랑 감자튀김, 콜라 주세요. 아, 양파는 빼 주세요!

5. put off 연기하다

의미_ hold off와 유사한 의미로 행동을 나중으로 미루는 것입니다.

주의_ 특히 문제가 있거나 지금 그것을 하고 싶지 않아서 미룰 때 쓰입니다.

- I'll have to **put off** the meeting until my voice comes back. Gosh, this cold is killing me.

  목소리가 다시 나올 때까지 미팅은 연기해야겠어요. 하 참, 이번 감기 때문에 정말 죽겠네요.

- I hate having to **put off** weekly team meetings. I just want to get it over with.

  주간 팀 회의를 미뤄야 하는 게 너무 싫어. 그냥 해치워 버리고 싶은데.

- Lionel always **puts off** making a call, so you have to make sure you remind him until he finally does.

  라이오넬은 결정 내리는 걸 항상 미뤄. 그래서 결정할 때까지 계속 네가 리마인드해 줘야 해.

➕ Additional Expressions

get it over with: 해치워 버리다

make a call: 결정을 내리다

* * *

중요하지 않은 일을 미뤄 두다 put something on the back burner

put과 관련된 추가 표현이 있습니다. '중요하지 않은 일을 제쳐 두다, 미뤄두다' 할 때 영어로는 put something on the back burner라고 표현해요. 요리하는 버너 아시죠? 앞에 있는 버너에서는 메인 요리를 신경을 쏟아서 하고, 뒤의 버너에는 급하지 않은 걸 미뤄 둔 거죠.
이 표현은 시기를 미루는 느낌도 있지만, 중요도를 낮추는 느낌도 동시에 가지고 있다는 점을 기억해 주세요.

I am so upset because my company **put** my project **on the back burner**.
회사에서 제 프로젝트를 제쳐 둬서 너무 기분이 나빠요.

We will have to **put** this one **on the back burner** because we have other priorities.
다른 중요한 우선순위가 있어서 이 건은 뒤로 좀 제쳐 둬야 할 듯 하네요.

'연기하다'라고 할 때 defer는 안 쓰는지 궁금한 분이 계실 수 있어요. defer는 굉장히 포멀한 표현으로 대금의 결제를 미루는 상황이나, 수시로 대학교 원서를 썼는데 수시에서 탈락을 안 시키고 정시로 풀을 미루는 경우가 있거나 할 때 씁니다. 따라서 미팅 연기 같은 경우에는 사용 하지 않는 편이 좋습니다.

추가로 구글에서 [단어명 definition]을 검색창에 입력한 후 비교해 보면 유의어 사용 빈도가 세월에 따라 어떻게 변화했는지 볼 수 있는데요. defer는 하락하다가 점차 완만해지고 postpone은 1950년대 이후로 지속적인 하락세, reschedule은 부정적인 뉘앙스가 가장 적다 보니 postpone과는 반대로 1950년대 이후 폭발적인 상승 곡선을 그리고 있다는 걸 확인할 수 있어요.

1. defer 단어의 사용 빈도 변화

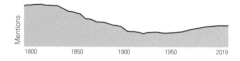

2. postpone 단어의 사용 빈도 변화

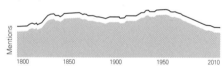

3. reschedule 단어의 사용 빈도 변화

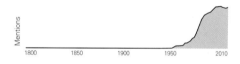

상황❶ 회신 온 회의 일정을 제인 팀장님께 공유하는 마크

Mark:
└ 앗싸, 다음
주에 휴가
가자!

Jane, I'm afraid Gena is not available next week. She says she wants to ① _____ the meeting to last week of this month.

제인 팀장님, 지나 님이 다음 주에는 시간이 없으시대요. 이번 달 마지막 주로 회의를 늦추면 좋겠다고 하세요.

Jane:
└ 딱 그럴 것
같더라니.

I totally saw this coming. It's okay. You can tell her we're willing to ② _____. Just make sure to let her know that we can't ③ _____ it _____ any longer than that.

그럴 줄 알았어. 괜찮아요. 일정은 변경 가능하다고 말씀드려요. 그런데 그 이상 미루기는 힘들다고 확실히 알려요.

Mark:
└ 휴가 신청서는
내일 올릴까?

Sure thing, Jane. I'll do that.

물론이죠, 팀장님. 그렇게 하겠습니다.

① **push back:** 다음 주는 어렵고, 이달 마지막 주로 더 미루고자 하는 듯한 지나 님. 캐주얼하게 뒤로 일정을 미룰 때는 push back이 적합합니다.

② **reschedule:** 제인 팀장님은 도대체 어떻게 지나 님이 일정을 바꿀 거라는 걸 알았을까요? 초장부터 돈 이야기를 하는 걸 보고 호락호락한 분이 아니란 걸 아신 걸까요? 어쨌든, 변경 의향이 있음을 알려야 하는데 긍정적인 뉘앙스로 요즘 많이 쓰인다고 했던 reschedule을 쓰면 좋겠네요.

③ **put/hold, off:** 제인 팀장님도 호락호락한 분은 아닙니다. 그 이상은 미룰 수 없다고 확실히 하라고 할 때는 put (it) off, hold (it) off 두 표현 다 좋습니다.

➕ Additional Expressions

make sure: 확실히 하다
let her know that ~: 그녀가 ~를 알게 하다
Sure thing.: 물론이죠.

* * *
내 이럴 줄 알았어. I saw this coming.

'내 이럴 줄 알았어! 이럴 줄 알았으면 말해 주지'처럼 이렇게 '내가 걔 그럴 줄 알았다' 하는 표현을 영어로는 I saw this/it coming.이라고 합니다. 뭔가 느낌적으로 그럴 것 같았는데 실제로 그럴 때 I saw it coming!이라고 써 주면 딱입니다.

리크루터 나탈리에게 채용 상황을 확인하는 제인 팀장

Jane:
└ 나만 일하지,
나만 일해.
아이고!

Hi Natalie, I wanted to ask you about our team assistant hiring. How are things going?

나탈리 님, 저희 팀 보조 채용 관련해서 좀 여쭤보려고요. 어떻게 되어 가고 있어요?

Natalie:
└ 나도 미쳐
쓰러져. 일은
내가 다 해.

Hi Jane, about that... Unfortunately, it seems we'll have to ①_____ the recruitment process for the time being. You know, the new HR head wants to just replace the current recruitment page with a new system and it's taking forever.

제인 팀장님, 아 그거. 안타깝게도 당분간 채용 절차를 좀 미뤄야 할 것 같아요. 다른 게 아니라 인사부장으로 새로 오신 분이 현재 채용 페이지를 새로운 시스템으로 아예 바꾸려고 하는데 그게 아주 시간이 오래 걸리고 있어요.

Jane:
└ 내가 심곤인
건 이 회사
때문이야!

So it's going to be ②_____ indefinitely? If it's fine with you, can we just ask candidates to apply via email? Seriously, we're always doing overtime.

그렇다면 무기한 연기인 건가요? 괜찮으시면 그냥 이메일로 지원받으면 안 될까요? 저희 진짜 계속 초과 근무하고 있어요.

> ① **hold off:** 상황이 좋지 않아 일단은 홀드해 두자고 하는 나탈리. 이럴 때 일단 붙잡아 두는 hold off를 써 주면 됩니다.
> ② **postponed:** 제인 팀장님이 다소 흥분하셔서 indefinitely(무기한)라는 말이 나왔어요. 그렇죠. 나탈리가 좀 무책임하긴 했어요. 우리말 '연기하다'의 뉘앙스와 딱 맞는다는 표현, postponed가 적합합니다.

➊ Additional Expressions

for the time being: 지금 당장은, 한동안은 (= for the moment)
take forever: 정말 오랜 시간이 걸리다, 세월아 네월아 하다
if it's fine with you: 당신만 괜찮다면
do overtime: 야근하다, 시간 외 작업을 하다

상황❸ 켄과 신제품 출시 연기에 대해 회의하는 제인 팀장

Jane:
· 다른 제품이랑
겹친다고
미루라네.

Do you guys think ①_____ the release of our bluetooth water bottle until June is going to help with its sales?

블루투스 물병 출시를 6월로 미루는 게 판매에 도움이 될 거라고 생각해요?

Ken:
· 아니 다 해
놨는데 왜
늦추래!

To be honest, nope. It's not like people only drink water in summer, right? Why do they want us to ②_____ the release?

솔직히 말하면 전혀요. 사람들이 여름에만 물 마시나요, 뭐? 아니, 왜 출시를 늦추래요?

Jane:
· 내 말이
그 말이다.

You're right. They don't want us to roll out two new products at the same time. It's nonsense.

맞는 말이에요. 동시에 신제품 두 개를 런칭하지 말라네요. 말도 안 되죠.

> ① **putting/holding off:** 멈춰 놓고 6월까지 미루는 거니까 put off, hold off가
> 적절하죠? 주어 자리에 오는 것이어서 ing를 붙입니다.
> ② **postpone:** 여자 친구랑 휴가를 가야 하는데 일정이 어그러져 화가 난 켄 대리의 마음은
> '미루다'라는 부정적인 의미가 담긴 postpone으로 나타내면 되겠죠.

➕ Additional Expressions

help with something: 뭔가에 좋게 작용하다
to be honest: 솔직히 말해서 (문자로는 TBH로 줄이기도 한답니다!)
roll out: 출시하다(= launch, release)
It's nonsense!: 말도 안 돼!

***
그렇다고 ~하는 것도 아니잖아! It's not like ~!

'그렇다고 ~하는 것도 아니잖아!'라는 표현을 할 때 it's not like ~를 써 주면 딱입니다. It's not like you're going to wake up early tomorrow! 하면 '그렇다고 네가 내일 일찍 일어날 것도 아니잖아!' 라는 의미가 되겠죠. 이 어구를 활용하면 It's not like I don't want to work with her.(아니, 내가 걔랑 일을 안 하고 싶다는 게 아니고.) 같은 변명 표현도 가능합니다.

여러분, 혹시 토요일에도 등교하고 출근하던 때를 아시나요?

주 5일제가 되면 큰일 난다고 걱정했지만, 격주 놀토를 무사히 지나 우리는 지금 태초부터 주 5일제였던 것처럼 주말 이틀 휴일이 당연한 시대에 살고 있습니다. 그리고 모두가 그렇듯 간절히 주 4일제를 원합니다.

주 5일제만큼 큰 변화가 바로 코로나가 바꿔 놓은 우리의 업무 형태인 원격 근무, 화상 회의가 아닐까 싶어요. 화상으로 일을 한다고 얘기를 할 때, 항상 online, video 이런 것밖에 생각 안 나는데 원어민들이 원격 근무일 때 가장 많이 쓰는 말은 remote working, work from home, 화상 (회의) 참여는 join remotely 등이 있습니다.

'원격' 표현의 핵심은 remote인데요. 부모님이 항상 권한을 가지고 있는 TV 리모콘도 remote controller의 일본식 표현으로 원격으로 조정하는 장치라는 뜻이죠? 자주 쓰이는 원격 근무/회의 관련 표현을 예문으로 만나 보세요!

***

I'll be **joining** the 3 pm call **remotely**, so please set up the speaker system in the meeting room.

3시 회의에 원격으로 조인할 거니까 회의실에 음향 시설 설치 좀 부탁해요.

Would it be possible for me to **work from home** next month? I broke my leg and it's a hassle coming into work. I can dial in for all the calls.

제가 다음 달에 재택 근무를 해도 될까요? 다리가 부러져서 출근이 아주 일이네요. 회의는 제가 원격으로 다 참여할 수 있어요.

Unit 18
취소해 주세요

우리 동방예의지국의 백의민족은 '이것'을 참 미안해합니다. 뭔지 감이 오나요? 바로 취소인데요. 하다못해 미용실, 치과 예약 취소도 미안해하며 전화하는데, 회사에선 오죽하겠습니까. 이렇게 우리말로 표현하기 어렵다 보니 영어로 하는 건 더 어려워지기도 하지요.

이번 유닛은 '취소해 주세요'에 적합한 표현으로 유종의 미를 거둬 보려고 합니다. '취소하다' 할 때 바로 생각나고, 가장 쉽고, 또 자주 쓰는 표현은 바로 이 표현이 아닐까 합니다.

cancel

물론 cancel도 틀린 표현은 아니지만, 다른 표현으로 어떤 게 있는지 한번 떠올려 보면 좋겠습니다. 딱히 떠오르지 않는다면 취소를 말하는 구체적인 상황을 떠올리셔도 좋아요. 예를 들면 이런 게 있죠. 미팅 자체를 취소하는 건 아닌데 나는 빠져야 하는, 나만 취소하는 그런 상황이요.

이런 모든 상황에 맞는 표현부터 동방예의지국의 백의민족에게 꼭 필요한 쿠션 어까지 모두 담은 '취소해 주세요'의 결정적 표현을 시작합니다.

cancel	취소하다	casual / formal
call off	(안 하겠다고) 취소하다	semi-casual / formal
opt out	(나만 빠져나가는) 취소하다	semi-casual
scrap	(완전히) 엎다, 취소하다	casual
take a rain check on	빠지다, 미루다	casual

1. cancel 취소하다

의미_ 회의 취소, 예약 취소 등 취소하는 모든 상황에 쓸 수 있는 만능 표현입니다.

활용_ 캐주얼한 경우에도, 포멀한 경우에도 사용할 수 있습니다.

- Let's **cancel** the conference and discuss the possibility of rescheduling the event to some other time after things settle down.
  컨퍼런스를 취소하고 사태가 좀 진정된 다음 행사를 언제로 변경 가능한지 검토해 봅시다.

  I have a family emergency to take care of; I'm very sorry but I need to **cancel** the meeting.
  해결해야 할 급한 가족 일이 있어요. 너무 미안하지만 미팅을 취소해야겠어요.

  Would it be better to just **cancel** the event once and for all or put it off to another date?
  이벤트를 아예 다 취소하는 게 나을까요, 아니면 다른 일자로 미룰까요?

➕ Additional Expressions
once and for all: (한 번에) 완전히

＊＊＊
things = 상황?

things settle down에서 things는 물건이 아닌 '상황'입니다. 앞서 간단히 다룬 적이 있죠.
'상황'이라고 하면 대부분 situation이 가장 먼저 떠오르지만 원어민이 사용하는 더 캐주얼한 표현은
things입니다. How are things going?이라고 하면 '상황이 어떻게 돼 가고 있어?, 너는 잘 지내?'
이런 뜻도 됩니다. things 말고 모든 상황을 아울러 everything도 쓸 수 있어요.

Tell me about how you've been. How is **everything**?
어떻게 지냈는지 말 좀 해 봐. 다 잘 되고 있어?

Is **everything** alright?
다 괜찮은 거야?

2. call off (안 하겠다고) 취소하다

의미_ 오프를 외치다, 즉 '하지 않겠다, 그건 취소다'라는 뜻입니다

활용_ cancel보다 좀 더 캐주얼한 느낌이라서 구두로 쓰기에 굉장히 적합하며 또 정말
자주 쓰입니다. call off로 붙여 쓰기도 하고 call it off처럼 사이에 취소하는
대상을 넣기도 합니다.

- We could decide to **call off** the meeting for now and come back to this issue some other time.
  일단 지금은 회의를 취소하고 나중에 다시 논의하기로 해도 되겠네요.

  Who **called** the meeting **off**? I was not informed of the situation and am very upset.
  누가 미팅을 취소했죠? 저는 상황에 대해 공지를 못 받았고 굉장히 불쾌하네요.

  This is taking way longer than it should. Why don't we just **call** it **off** and go back to square one, think of something else?
  지금 이거 예상보다 시간이 너무 오래 걸리는데요. 그냥 취소하고 처음으로 돌아가서 다른 걸 고려해 보는 건 어떨까요?

➕ Additional Expressions

for now: 지금으로서는
come back to this issue: 이 안건으로 돌아오다, 다시 논의해 보다
be informed: 정보를 공유 받다, 알림을 받다
go back to square one: 원점으로 돌아가다

* * *
오늘 끝! Call it a day!

미드를 즐겨 보는 분들은 "Let's call it a day!"라는 말 자주 들어 봤을 거예요. '하루가 끝났다고 치자, 즉 여기서 마무리하자'라는 뜻입니다. 예를 들어 회의하는데 양측의 의견차가 좁혀지지 않고 계속 같은 이야기가 평행으로 오간다면, 머리를 식히고 각자 내부 회의를 거친 후 내일이든 모레든 다시 이야기 하는 게 나을 수 있죠. 이런 상황에서 "Why don't we call it a day?"(오늘은 여기서 마무리하는 게 어떨까요?)라고 캐주얼하게 말해 볼 수 있습니다. 혹은 "I guess that's it for today."(오늘은 이게 다인 것 같아요. 즉, 더 이상 얘기할 게 없는 것 같아요.)라고 할 수도 있죠.
이 표현들은 격식을 차려야 하는 자리가 아니라면 언제든 쓰실 수 있으니 함께 외워 두고 꼭 써 보세요.

3. opt out (나만 빠져나가는) 취소하다

의미_ 사전적인 의미는 '빠져나오다'인데, 여럿이 있는데 나만 쏙 빠져나와 취소하는 뜻입니다.

느낌_ 인터넷 쇼핑하다 보면 뉴스레터 구독하라는 팝업이 나오는데, 이때 구독 버튼은 엄청 크게 Yes, please!(네, 구독할게요!)라고 쓰여 있고, 아주 작은 폰트로 No, opt me out.이라고 쓰인 걸 볼 수 있어요. "아니, 난 빼 줘."인 거죠. 딱 나만 빠지는 느낌입니다.

활용_ 회의 자체는 그대로 진행하지만 내가 참석하는 건 취소할 때 사용하실 수 있습니다.

- I'm afraid I'll have to **opt out** of today's meeting because there is an urgent issue my manager asked me to resolve in an hour.
  죄송하지만 오늘 회의에 저는 참석을 취소해야 할 것 같아요. 왜냐하면 제 상사가 한 시간 안에 해결을 요청한 급한 이슈가 있네요.

  About the conference call next week, I'll have to **opt out**. James will attend on my behalf.
  다음 주 컨퍼런스 콜 관련해서 전 빠져야 할 것 같아요. 제임스가 저 대신 참석할 겁니다.

  Don't worry, we're not scrapping the project. It's just me **opting out** because I'm being moved to a new post.
  걱정하지 마세요. 프로젝트 진행이 다 엎어지는 건 아니에요. 제가 다른 보직으로 가게 돼서 저만 빠지는 거예요.

* * *
저를 대신해서 on my behalf

일하다 보면 날 대신해서 누가 어딘가에 참석해 주거나 할 때가 있죠? 이럴 때 on one's behalf 표현이 아주 찰떡궁합이랍니다. 예를 들어 그녀가 나를 대신해서 발언해 줄 거라고 얘기할 때는 She'll speak on my behalf.라고 말할 수 있고요. 여기 있는 기자들을 대신해서 제가 질문하겠다고 할 때는 I will ask you questions on behalf of the press members. 이렇게 이야기할 수 있죠.

* * *
직책, 자리 post

어떤 팀에 자리가 났다 할 때 우리는 '티오(TO)가 났다'라고 말을 많이 하죠? 그런데 사실 TO는 미국보다 한국에서 많이 쓰는 영어입니다. 자리가 났다고 할 때 그 자리는 영어로 post open 또는 '빈 자리'란 의미의 vacancy라고 합니다.

There is a **post open** in marketing. You should apply!
마케팅 쪽에 자리 났던데. 지원해 봐!

Can you let me know if there is a **vacancy** for developers? I'd love to work at your company.
개발자 자리 나면 혹시 알려 주시겠어요? 그쪽 회사에서 정말 일하고 싶거든요.

4. scrap (완전히) 엎다, 취소하다

느낌_ 쓰레기를 폐기하는 것처럼 완전히 엎는 것을 동사 scrap으로 표현합니다.

활용_ 뭔가 프로젝트를 완전히 엎어 버리거나, 어떤 서비스를 완전히 중단할 때 등의 상황에 잘 쓰실 수 있습니다.

- Is it true Jason is **scrapping** our project? We worked on it for a full year and we're already halfway through!

  제이슨이 우리 프로젝트 엎는다는 거 진짜예요? 1년을 꼬박 일했고 절반은 이미 된 건데!

We're **scrapping** our plans for the new movie. We can't get any investors to come on board.

신작 영화 기획을 완전히 엎겠습니다. 투자자를 끌어올 수가 없어요.

It is a big decision to **scrap** the new service because a lot of our subscribers actually talk very highly of the service.

신규 서비스를 없애기로 한 건 꽤나 중대한 결정입니다. 왜냐하면 저희 많은 구독자들의 서비스 평가가 꽤나 좋았거든요.

➕ **Additional Expressions**

halfway through: 절반은 온, 반은 한

come on board: 합류하다

talk highly of something: 무엇에 대해 좋게 말하다, 평하다

* * *

full 하나로 뉘앙스가 달라지는 for a year vs. for a full year

for a year와 for a full year의 차이, 느껴지나요? full은 꽉 찬 거죠? 즉, 한국어로는 '꼬박'이라는 뜻과 일맥상통합니다. '일 년 일했어'랑 '일 년을 꼬박 일했어'의 뉘앙스는 천지차이잖아요. 전자는 '그냥 경력이 1년이구나', 후자는 '이 사람 너무너무 억울하고 소주에 돼지 껍데기가 필요하구나' 이렇게 감이 오지요? 이렇게 full을 넣어 주면 어떤 기간을 이야기할 때 그 기간이 길다는 것, 꽉 채웠다는 것을 강조하는 표현이 된답니다.

> 🗨 **Good to Know** 🗨 come on board

비행기를 탈 때 보딩한다고 이야기하는데, 그때의 그 board가 정말 다양한 상황에서 비유적으로 쓰입니다. come on board는 뭔가에 조인해서 승선하게 하는 거예요. 그래서 신입 사원 교육을 onboarding(온보딩)이라고 부르지요. 앞 예문의 상황에서 투자자가 come on board 하지 않았다는 것은 투자하라고 '우리 한 배를 타자! 너, 내 동료가 되라!'라고 얘기했지만 승선하지 않은 거죠. 이런 식으로도 쓸 수 있고 새로 조인한 사람에게 Welcome on board!라고 반가움의 인사를 건넬 수도 있습니다.

5. take a rain check on 빠지다, 미루다

의미_ rain check(우천 시 야구 취소 표)라는 뜻에서 유래해 다음을 기약하며 미루거나 취소하고 싶을 때 캐주얼하게 쓰는 표현입니다.

활용_ 캐주얼한 표현이라 일반적인 대화할 때 더 알맞고 공식적인 취소 공지에는 어울리지 않습니다!

- Mind if I **take a rain check on** the team lunch today? I have an errand to run.
  오늘 점심 회식에 전 빠져도 괜찮을까요? 볼 일이 좀 있어서요.

  He's **taking a rain check on** all the weekly zoom calls. Is he doing okay? Should I be worried?
  그가 모든 주간 줌 회의를 미루고 있어요. 괜찮은 거예요? 내가 걱정해야 하는 걸까요?

  Nobody can **take a rain check on** the year-end party, alright? And bring your plus one!
  송년회에 아무도 불참하면 안 돼요. 알겠죠? 그리고 파트너 한 명 데려오시고요!

➕ Additional Expressions

Mind if I ~?: ~해도 괜찮을까요? (= Do you mind if I ~?)
Should I be worried?: 내가 걱정해야 하나요? (= 내가 신경 쓸 정도의 문제가 있는 건가요?
상사들이 warning으로 자주 쓰는 표현!)

year-end party: 송년회
plus one: 추가 1인 (배우자, 연인, 친구 등의 파트너)

💬 **Good to Know** 💬 errand는 심부름?

errand의 사전적 의미는 '심부름'으로 나오기도 하지만, 그냥 '모든 (보통은 사소한) 볼 일'을 뜻합니다. 예를 들어 은행에 가야 할 일이 있거나 우체국에 가야 한다거나 그런 일들을 다 errand라고 부르고 동사는 run을 써 줍니다. 이런 게 보통 후딱 뛰어갔다 와서 그런 걸까요? 그래서 I just need to run an errand. 또는 I need to run a few errands. 이런 형태로 많이 쓴답니다.

상황❶ 지난번 변경한 회의 일정 관련해 통화하는 제인과 지나

Gena:
└ 내 상사는
이런 바보
입니다!

I'm sorry for having caused you inconvenience by ① _____ our meeting last week. My manager had a schedule conflict and I had no choice but to ask to reschedule with you.

지난주 회의 취소로 불편하게 해드려 죄송해요. 제 상사분 일정이 꼬여서 일정을 다시 잡는 것 말고는 방법이 없었어요.

Jane:
└ 시간 없었는데
고마운 바보
상사.

Don't worry about it, Gena. These things happen all the time. Also, we had more time to polish our draft design since the meeting had been ② _____ and we earned some extra time.

걱정하지 마세요, 지나 님. 그럴 수도 있죠. 회의가 취소되는 바람에 오히려 저희도 시간이 생겨서 디자인 시안을 더 다듬을 수 있었는걸요.

Gena:
└ 내가 정말
이렇게 힘들게
살아요.

Thank you so much for understanding. And today my colleague Viktor who wanted to join ③ _____ because of an emergency. He'll join from next time on.

이해해 주셔서서 너무 고마워요. 오늘은 제 동료인 빅터도 참석하려 했는데 긴급한 상황이 있어서 참석 못 하게 됐어요. 다음 회의부터 쭉 참석할 거예요.

> ① **canceling:** 지난주 미팅을 지나 님이 취소했으니 미안한 마음을 담아 더 포멀한 표현으로 써서 cancel이 좋겠습니다.
> ② **called off:** 내가 취소를 당한 입장에서 상대방에게 부담을 덜어주려면 캐주얼한 표현을 쓰는 게 좋으니 call off가 적합합니다.
> ③ **opted out:** 빅터라는 동료도 참석하려고 했는데, 미팅은 진행되고 그 친구만 쑥 빠져나간 상황이니 opt out이 딱이겠죠?

➕ Additional Expressions

cause someone inconvenience: (누군가에게) 불편을 초래하다
These things happen all the time.: 그럴 수 있어요. 이런 일이야 늘 있죠.

* * *
추가 시간을 벌다 earn some extra time

'추가 시간을 벌다라는 표현인 earn some extra time에서 핵심은 extra입니다. '추가의' 하면 additional이 떠오르는데 훨씬 캐주얼하게 많이 쓰는 표현은 extra거든요. extra time, extra money, extra budget 등 다양하게 활용 가능합니다.

When is the due date again? Gosh, I desperately need **some extra time.**
납기가 언제라 했죠? 하, 진짜 시간이 더 필요해요.

Now that we have **some extra money** for the event, we can hire a caterer.
이제 이벤트에 쓸 수 있는 돈이 추가로 더 생겼으니 출장 뷔페 업체를 고용해도 되겠어요.

상황❷ 회식이 취소된 줄 아는 마크와 켄에게 사실을 말하는 그레이스

Mark:
ᴸ리 안 내고 슬쩍
 물어보기 신공!

Wait, so the team dinner is ① _____?

아니 그래서 오늘 팀 회식 취소되었다고요?

Ken:
ᴸ우리도 가방
 싸자. 집에
 가즈아!

Yeah, that's what I heard from Christine. I saw her packing and getting ready to go home just now.

맞아요, 크리스틴한테 그렇게 들었는걸요. 조금 아까 가방 챙겨서 집에 가려고 하던데요.

Grace:
ᴸ안 되지.
 너에는 짤
 없이 간다.

Oh, no no no. Christine's got a family emergency, so she said she's ② _____ this time. The team dinner is still on!

아, 아니 아니, 크리스틴은 집에 일이 있어서 이번에 불참한다고 했어요. 회식은 그대로 진행해요!

Ken:
ᴸ아냐, 먼저
 마크 좀 놀려
 주고!

Oh, got it. Sorry, Mark. I got it mixed up. Time for some Korean barbeque! Oh, by the way, I heard Jane is ③ _____ your marketing proposal.

그렇구나. 미안해요, 마크. 제가 헷갈렸어요. 한국식 바비큐 먹으러 갑시다! 아, 맞다. 제인 팀장님이 마케팅 기획안 엎는다던데요?

Mark:
ᴸ말도 안 돼.

What! She told me it was very well written! Oh, man!

헐! 저한테 엄청 잘 썼다고 하셨는데! 아 놔!

① **called off:** 동료들 간에 이야기하는 거니 취소를 캐주얼하게 call off라고 해 주면 딱 알맞겠죠? 차분한 척하지만 흥분에 떨리는 마크의 눈동자가 보이는 것 같아요.

② **taking a rain check:** 가려고 했는데 갑작스런 상황으로 빠지는 거니까 이럴 땐 우천시 취소 표! taking a rain check가 딱 적절하겠습니다.

③ **scrapping:** 마크의 기획안을 아예 엎어 버리는 것은? '고물, 폐지'란 뜻도 있는 바로 scrap! 여기서는 문법 상 scrapping이라고 써 주면 아주 딱 맞죠.

⊕ **Additional Expressions**

get something mixed up: 헷갈리다

* * *
계속 진행되는 건지 취소된 건지 아리송할 때는, still on!

행사나 파티나 어떤 상황이 계속되는 건지 취소된 건지 아리송한 상황에 "아니야! 하는 거야! 계속 진행되는 거야!"라고 이야기할 때는 The party's still on! The event is still on! 이렇게 still on 표현을 씁니다. call off와 반대되는 표현이라 보면 되는데요. off임을 외쳐서 취소가 된 거고, on인 게 여전하다고 말하니까 취소 안 되고 계속 진행되는 거죠. It's still on.이라는 간단한 표현으로 "취소 안 됐고 진행되는 거 맞아."라는 말을 전달해 보세요!

Good to Know · well + 과거분사

우리말로 "잘"이란 표현 정말 잘 쓰죠? 영어로는 딱 그 표현이 well입니다. 뭔가 잘 되거나 잘 했을 때 늘 이 well과 함께 과거분사를 써 주는데요. 앞 예문에서 well written는 '잘 쓰여진' 이란 뜻이고, 고기는 또 well done 하면 '잘 구워진'이라는 뜻이죠. 또 인터뷰를 하다가 상대 방이 유려하게 말을 잘했을 때는? Well said.(잘 말씀해 주셨네요.)라고 이야기하기도 한답니 다. 이렇게 '잘'처럼 잘 쓰이는 well, 여기저기 잘 써 보세요!

상황❸ 데이브의 출장 취소 소식을 제인 팀장과 마크에게 알리는 켄

Ken:
└ 뭐 하나
계획대로
가는 게 없네.

Dave wants to ① _____ his visit scheduled for next week. He's come down with an illness.

데이브 님이 다음 주에 출장 오기로 한 것 취소하고 싶대요. 아프다고 하네요.

Jane:
└ 취소 수수료는
안 나오게
제발!

Oh no. Is he alright? Mark, can you check with the hotel on their cancellation policy? I hope we don't get charged…

아이고, 괜찮으시대요? 마크, 혹시 호텔에 취소 수수료 어떻게 되는지 확인해 줄 수 있어요? 돈 안 물어도 되면 좋겠는데…

Mark:
└ 일 잘하는
신입사원은
나야 나!

Already on it. Thank God we can cancel the booking without incurring any fees!

이미 하고 있어요! 다행히 수수료 없이 취소 가능하답니다!

> ① **cancel:** 데이브는 타 회사 사람이니까 뭔가 공식적인 느낌의 취소가 맞다면, cancel이 딱이겠죠.

➕ Additional Expressions

come down with an illness: 병에 걸리다, 아프다
get charged: 돈이 청구되다, 돈을 내야 하다
incur: (비용이) 발생하다, 물게 되다

* * *

진행하고 있을 때는, on it!

앞의 still on과 비슷한 듯 다른 듯, on it의 의미는 뭘까요? 어떤 해야 하는 일이 있는데 내가 위에서(on) 그걸(it) 잡고 뭔가 하고 있다는 의미이니까 '이미 진행 중인, 하는 중인'이라는 뜻이 됩니다. I'm on it! 하면 '내가 하고 있어요!' 이런 뜻이니까 일상에서도, 회사에서도 잘 쓸 수 있는 간단하고 원어민스러운 표현입니다.

A인줄 알고 이야기했는데 상대방이 '아 그런데 저희는 B인데요?'라고 할 때가 있죠. 그럴 때는 "그렇다면 ~" 하면서 대답을 시작하게 됩니다. 바로 요 "그렇다면"이라는 표현, 영어로는 어떻게 하고 계신가요?

"그렇다면"에 걸맞은 표현으로 if that's the case, if so, on that account, bearing that in mind를 쓰실 수 있겠습니다.

If that's the case	그렇다면 (casual / formal)
If so,	그러면 (casual / formal)
On that account,	그 부분에 있어서는 (formal)
Bearing that in mind,	그걸 고려해서 (formal)

If that's the case 정말 말 그대로 '상황이 그렇다면'이라는 뜻이에요.

If so, 좀 더 간단하게 '그렇다면, 그러면'의 의미를 띕니다.

On that account, '그런 상황에서는'이라는 느낌의 표현이에요.

Bearing that in mind, '그걸 가정하고, 인식하고'라는 의미의 표현입니다.

***

If that's the case with your team, I can try buying you some extra time.
그쪽 팀 상황이 그렇다면, 제가 시간을 더 벌어봐 드릴게요.

If so, we'll skip the explanation and just get right to the point.
그러면 설명은 생략하고 바로 본론으로 들어갈게요.

On that account, I will need the full list of participants.
그 부분에 있어서는 참석자 전체 목록이 필요할 것 같아요.

Bearing that in mind, I will draft an itinerary.
(그렇다면) 그런 점을 고려해서 일정을 짜 보겠습니다.

Chapter 4

문제 해결과 대응을 위한
결정적 비즈니스 표현들

Unit 19
알아보겠습니다

마지막 챕터에 오신 여러분 환영합니다. 혹시 챕터가 필수적으로 사용해야 하는 내용에서, 점점 말하기 곤란해지는 내용으로 가고 있다는 것을 눈치 채셨나요? 이번 챕터는 마지막인만큼 가장 어렵고 또 피하고 싶지만 늘 발생하는 '문제 해결과 대응을 위한 표현'을 배워 보겠습니다.

"김 대리, 작년 상반기 매출 대비 올해는 어떻지?" 이런 갑작스런 상사의 질문. 당연히 우리는 모르죠. 이럴 때 어버버하지 않고 "제가 한번 알아보고 바로 말씀드리겠습니다!"가 바로 나와 줘야죠.

또 갑자기 문제가 발생했을 때도 "제가 빠르게 알아보겠습니다!" 외쳐야 하는데요. 어떤 표현을 사용하고 계신가요?

search?

search도 찾는 거긴 한데 조금 어색하죠. 이 맥락에서는 물리적으로 찾아보는 search보다 내가 조사해 보고, 알아보겠다는 느낌으로 접근하는 게 더 맞으니까요. 이번 유닛은 동사구가 좀 많습니다. 쪼개서 뜻을 파악하기보다는 통째로 합쳐서 받아들이고 또 외워 주시길 부탁드리며 '알아보겠습니다'의 결정적 표현을 시작합니다.

look into	들여다보다, 알아보다	casual / semi-formall
figure out	(확실하지 않은 것을) 알아보다	casual / semi-formal
do some research (on)	(조사해) 알아보다	semi-formal
investigate	(조사해) 알아보다	formal
examine	(꼼꼼히) 알아보다	formal
find out	(모르는 것을) 알아내다	casual

1. look into 들여다보다, 알아보다

의미_ 직역하면 '안쪽을 살펴보다', 즉 어떻게 된 일인지 들여다보는 의미입니다.

활용_ 알아볼 때, 조사할 때 모두 두루두루 쓸 수 있는 범용적인 표현입니다. 활용도가 높아서 이 표현을 써서 어색한 경우는 거의 없을 정도랍니다.

I'll **look into** it and see what I can do.
알아보고 제가 할 수 있는 게 뭐가 있나 볼게요.

If you need me to, I can **look into** our data for you.
원하시면 데이터 살펴봐 드릴 수 있어요.

The first issue I think is seasonal, so I don't think we'll need to do anything about it, but the second issue definitely needs some **looking into**.
첫 번째 이슈는 시기적인 문제라 굳이 조치를 할 필요는 없을 것 같습니다만, 두 번째 이슈는 확실히 좀 알아볼 필요가 있을 것 같아요.

> **Good to Know** some looking into는 동명사!

look into가 look이란 동사에 into라는 전치사가 붙은 표현이지만 need some looking into 처럼 동사 look에 ing를 더하면 '알아보는 것'이라는 명사로 쓰이게 된답니다!

I'll do the **looking into**, you go home and enjoy your weekend.
알아보는 건 제가 할게요. 들어가셔서 주말 잘 보내세요.

2. figure out (확실하지 않은 것을) 알아보다

의미_ 캐릭터 등을 형체로 만들어 놓은 '피규어'가 바로 이 figure입니다. figure out 이라고 하면 형체의 라인을 따오는, 즉 몰랐던 것에 형체를 부여하는 것이죠.

활용_ 몰랐던 것을 이해할 때, 확실하지 않은 것을 알아볼 때 사용하기 적합합니다. 특히 뭔가 방법을 알아낼 때 사용하기 좋습니다.

- Can you give me some time to **figure out** why this happened? I'm completely in the dark now.
  이 사태가 왜 일어났는지 제가 좀 알아볼 시간을 주시겠어요? 이 상황을 전혀 몰라서요.

I need you to **figure out** the shortest possible route to Arkansas. They moved up the meeting and I'm running out of time!
아칸소로 가는 가장 빠른 방법(길)을 알아봐 줘. 그들이 미팅을 당겨서 내가 지금 시간이 없거든!

I've tried so hard to **figure out** what went wrong at the forum, but there was seriously nothing that didn't go well. I don't know why my boss is so mad at me.
포럼에서 뭐가 문제였는지 알아내려고 엄청 고민했는데 잘 진행되지 않은 게 정말 아무것도 없어요. 상사가 왜 저에게 그렇게 화가 났는지 모르겠어요.

⊕ Additional Expressions

move up: (일정을) 앞당기다
run out of time: 시간에 쫓기다, 시간이 없다
go wrong: 뭔가 잘못되다, 일을 그르치다

* * *
알아서 할게요! I'll figure something out.

I'll figure something out. '어떻게든 내가 해 볼게!'의 의미로, 이때 강조 액센트는 I'll에 가야 한답니다. 내가 뭔가 해내겠다는 의미가 있기 때문이에요.

Don't worry about me getting home. **I'll figure something out.**
제 귀가는 신경 쓰지 마세요. 제가 알아서 갈게요.

Are you sure **you can figure something out**? If you need help, I'm always here.
혼자 할 수 있겠어요, 정말로? 도움이 필요하면 저는 언제든 여기 있어요. (도와줄게요)

3. do some research (on) (조사해) 알아보다

의미_ '~에 대해 조사해 알아보다'라는 의미로 some을 붙이는 것이 자연스럽습니다.

활용_ 실질적으로 조사를 하거나 진상 규명을 할 때 사용하면 됩니다.

- We will **do some research** and inform you when we've come up with a solution.

  저희가 좀 조사해서 알아보고 방법을 고안하면 알려 드리겠습니다.

  All the numbers on the deck are outdated. Someone clearly didn't **do their research**.

  PPT 자료에 포함된 수치들이 전부 예전 수치네요. 제대로 조사하지 않았군요.

  We don't see this as a problem, but if you are still concerned about it, we'll **do some research** on our end and write up an issue report for you.

  저희는 이걸 문제로 보진 않는데 계속 신경이 쓰인다면, 저희 쪽에서 조사를 좀 해서 이슈 보고서를 작성해 드릴게요.

➕ Additional Expressions

inform someone: 알려 주다, 고지하다
come up with: 뭔가를 생각해 내다, 고안해 내다, 만들어 내다

* * *

제대로 조사를 안 했네요! Someone didn't do their research!

"제대로 조사를 안 했네!" 하고 비꼴 때 쓰이는 표현으로 Someone didn't do their research.가 있습니다. 누군가를 특정해서 말은 안 하지만 '누군가는 충분히 조사를 안 했네 ~'라는 아주 열 받는 표현이죠. 비슷한 것으로 Someone didn't do their homework.도 있습니다. '여기 숙제 안 한 사람이 있네 ~' 이런 거죠. 특히 뭔가 준비해 와야 하는 상황인데 준비가 미비한 상황일 때 이런 식으로 말할 수 있습니다만, 굳이 이런 사람이 되지는 맙시다. 안 그래도 인생 고달픈데 변화구 말고 직구로 갑시다!

🗨 Good to Know 🗨 A research? The research?

명사 research에 붙는 관사는 a일까요 the일까요? 정답은 NO관사입니다. 왜일까요? research는 불가산 명사죠. 셀 수 없다고 보기 때문에 그냥 research라고 쓰셔야 합니다.

1. Recent **research** into Parkinson's has shown some surprising results.
   최근 파킨슨병에 관한 연구는 아주 놀라운 결과를 선보였다.

2. As **research** suggests, it's more likely for women to lose fat when they exercise after eating.
   연구 결과가 입증하듯 여성은 식사 후에 운동할 때 지방이 감소할 확률이 더 높다.

4. investigate (조사해) 알아보다

의미_ 분석적으로 조사하여 알아보는 느낌입니다.

활용_ 앞선 do some research (on)보다 더 포멀한 느낌이에요. 업무에 큰 지장을 주는 상황이나 이슈를 실질적으로 조사할 때 쓰면 적합합니다. 경찰 수사도 investigate 동사를 쓰니 그 느낌을 생각하시면 됩니다.

- We will **investigate** this case and report to you immediately.
  이 케이스 조사해서 즉시 보고 올리겠습니다.

We have **investigated** the issue and we will now take needed measures to improve it.
이슈는 조사를 완료했으니 이제 개선을 위해 필요한 조치를 취하겠습니다.

We need to **investigate** this issue more closely because it might have a profound impact on consumer sentiments. If possible, please escalate the case to the engineers at headquarters.
이 이슈는 고객 심리에 지대한 영향을 미칠 수 있기 때문에 면밀히 조사할 필요가 있어요. 가능하면 본사 엔지니어 팀에 상부 보고를 해 주세요.

⊕ Additional Expressions

measures: 조치, 개선책
closely: 긴밀히, 면밀히
profoundly: 지대하게, 폭넓게, 심층적으로

* * *
상부 보고는 report?

일이 점점 커져서 내 선에서는 해결되지 않아 상부 보고하는 경우가 있죠? 이럴 때 '위로 올리다, 위로 보고하다'는 의미를 escalate 동사로 표현하곤 합니다. 체력이 바닥인 우리 직장인에게 필수인 에스컬레이터도 이 동사를 명사화한 거죠. 그래서 보통 상대 측에서 이 건을 escalate하겠다라고 이야기를 한다면 굉장히 안 좋은 신호입니다. 기분이 단단히 상했다는 이야기일 때가 많죠. 예를 들어, 협업을 하는데 한 쪽에서 너무 협조가 안 될 때 "We will have to escalate this issue to the head of marketing." 이라고 말하면 '너네 하는 꼴이 더 이상 내 선에서 해결이 안 되고 나는 너무 단전에서부터 화딱지가 나니까 위에다가 이를 거야'를 멋지게 표현하는 문장이 된답니다.

◀ Good to Know ▶ sentiments는 경제 용어?

sentiments는 '감정'이라는 뜻이죠. 그런데 이게 왜 경제 용어일까요? 투자자 심리, 고객 심리 등 어떤 사건 등에 반응하는 전반적인 심리를 일컬을 때 investor sentiments, customer sentiments 이렇게 sentiments란 단어를 사용한답니다!

5. examine (꼼꼼히) 알아보다

의미_ 건강 검진, 시력 검사할 때 '검사'를 examine의 명사형 examination에서 따온 exam이라고 합니다. 건강 검진할 때 몸을 꼼꼼하게 살펴보는 느낌의 '알아보다' 입니다.

활용_ 꼼꼼히 살펴봐야 하는 대상에 어울립니다. 예를 들어 지출 내역 같은 것들요.

- I asked Jay to **examine** our expenditures so that we know where we might have had some leaks.
제이님께 지출 내역을 좀 꼼꼼히 살펴봐 달라고 했어요. 어디서 좀 누출이 있었을 수 있는지 알 수 있도록요.

Did you **examine** the recent trends in this industry? I think adding a few pages of trend analysis will go a long way in talking our client into sealing the deal with us.
업계 최근 현황을 꼼꼼히 알아봤어요? 트렌드 분석을 몇 장 추가하면 클라이언트가 우리와 계약하도록 설득하는 데 큰 도움이 될 것 같아요.

My team is going to **examine** the case and escalate it to the APAC team if we believe this case might be relevant to all of Asia.
저희 팀이 이 케이스를 좀 들여다본 후에 만약 아시아 전역에 연관성이 있는 케이스라고 생각이 들면 APAC 팀에 상부 보고하겠습니다.

⊕ Additional Expressions
go a long way in: ~을 하는 데 큰 도움이 되다
talk someone into something: 누군가에게 무언가를 하도록 설득하다
relevant: 연관성이 있는

* * *
확정을 짓다 seal the deal
도장 딱 찍고 봉투에 계약서 넣고 봉인을 하죠? 이 봉인을 seal로 표현하기 때문에 seal the deal은 '계약을 완료하다'의 뜻 외에 '완전히 확정을 짓다'라는 의미도 있습니다.
I'm so happy we **sealed the deal** today!
오늘 계약을 완료해서 너무 기뻐! 완전히 확정되어 너무 기뻐!

* * *
examine vs. check something out
examine은 조금 진지하고 포멀한 표현이죠. 그래서 이런 느낌을 좀 캐주얼하게 쓰고 싶을 때는 check it out을 쓰시면 됩니다! 췌끼라웃? 우리는 알 수 없는 랩 추임새로 알고 있지만 뭔가 잘 모르고 알아봐야 할 일이 있을 때 Don't worry, I'll check it out. 하면 간단하게 '걱정 마, 내가 알아볼게.'라는 뜻이 되지요. examine이 문어체라면 check it out은 구어체 표현입니다.

회사 언어에서 제일 중요한 건 어떻게든 부드럽게 말해서 큰 사건을 최대한 별것 아닌 것처럼 넘기는 걸 텐데요. 이때 유용한 쿠션 표현이 might have입니다. 앞의 예문에서도 where we might have had some leaks라고 말하면 '어디에서 어쩌면 누출이 있었는지'라는 조심스러운 표현이 됩니다. 반대로 where we had some leaks라고 바로 써 버리면 누출이 있었던 걸 깔고 가는 거죠. 그러니 그럴 수도 있고 아닐 수도 있는 가능성을 열어 놓을 때는 might have 를 써 주시면 좋겠죠!

6. find out (모르는 것을) 알아내다

의미_ 모르는 부분을 질문 받았을 때 '제가 그거 한번 알아낼게요'의 의미로 사용하기에 가장 적절합니다.

활용_ 회의나 보고처럼 구두로 동료나 상사와 이야기할 때 범용 표현으로 캐주얼하게 사용하기에 적합합니다.

I'll **find out** and get back to you.

제가 알아보고 알려 드릴게요. (= I'll find out and let you know.)

Is it so difficult to **find out** what caused the error code? My inbox is flooded with complaints!

뭐가 에러 코드를 발생시켰는지 찾아내는 게 그렇게 어렵나요? 제 메일함이 컴플레인 메일 로 넘쳐나고 있어요!

It's going to take at least an extra hour for us to **find out** how to restore the server. I think it's best we send out an official apology.

저희가 서버 복원하는 방법을 알아내는 데 최소 한 시간은 더 걸릴 거예요. 공식 사과문을 발표하는 게 좋을 것 같아요.

⊕ Additional Expressions

be flooded with ~: ~로 가득 차 넘쳐나다(물이 넘쳐 범람하는 느낌)

* * *

추가로 한 시간 더 an extra hour

'extra' 하면 영화에 나오는 엑스트라가 먼저 생각나지만, extra는 '더, 추가로'라는 의미가 있죠. I need an extra hour. 하면 무슨 일을 하는 데 3시간을 줬으면 나는 추가로 1시간 더, 즉 네 시간이 필요하다 라는 의미가 됩니다. 돈을 낼 때도 You'll need to pay me an extra 500 dollars if you want the newest model.은 '최신형을 원하면 추가로 500불을 더 내셔야 해요.'라는 의미가 되겠죠?

상황❶ 켄과 마크에게 문제 해결에 대한 진척 상황을 확인하는 제인 팀장

Jane:
↳ 나 엄청인데 마크, 켄 도와줘!

I received a message from Dave requesting that we ① _____ into an error that's causing some issues on our server. How are we doing with this?

데이브 님에게 연락이 왔는데, 우리 서버에 문제를 일으키는 에러에 대해 좀 조사해 달라고 하네요. 이거 어떻게 되어 가고 있어요?

Mark:
↳ 저도 진짜 몰라서 이럽니다.

I ② _____ on our server, but ended up forwarding the email to the engineers in IT.

서버에 대해서 제가 좀 조사를 했는데, 결국은 IT팀 엔지니어분들한테 메일을 재전송 했어요.

Ken:
↳ 그래서 IT팀이 있는 거잖아요.

I think that's the right way to go. It's difficult for us alone to try to ③ _____ what caused the problem. It's not like any of us come from a computer science background!

그렇게 하는 게 맞는 것 같아요. 우리끼리 문제 원인이 뭔지 알아내는 건 너무 어려워요. 우리 중에 컴퓨터 공학 전공자가 있는 것도 아니고요.

Jane:
↳ 나만 바보는 아니네 헤헷.

Okay then, I'll contact the head of IT and ask them to ④ _____ the case.

알았어요. 그럼, 제가 IT팀 팀장한테 연락해서 이 케이스 조사 요청 드릴게요.

① **investigate:** 클라이언트인 데이브가 어떻게 된 것인지 진상을 조사해 달라고 정식으로 요청했으니, 조사해서 알아보는 표현 중 포멀한 investigate가 적합 합니다. 그리고 investigate도 무언가를 면밀히 들여다보는 것이라서 전치사 into와 함께 쓸 수 있답니다.

② **did some research:** 마크가 기특하게 조사를 좀 했나 봐요. 이때는 앞선 investigate 보다 조금 더 캐주얼하게 do some research가 좋습니다. 이 표현은 some이 꼭 들어가야 한다고 강조했어요.

③ **find out:** '알아내다'를 의미하는 범용 표현, find out이 딱입니다. 이렇게 구두로 모르는 것을 알아보는 상황에서 잘 쓰일 수 있죠.

④ **examine:** IT팀 팀장님께 연락해서 아주 꼼꼼하게 조사를 해달라고 해 볼 모양이네요. 건강 검진처럼 꼼꼼한 정식 조사를 의미하는 포멀한 표현은 examine입니다. 여기서는 포멀한 investigate도 괜찮겠죠?

➕ Additional Expressions

end up: 끝에 가서 결국 ~하다
for us alone: 우리끼리만, 우리 힘만으로는 (for me alone: 나만으로는)

****
어떻게 되어 가고 있어요? How are we doing with this?

문제 상황이 발생했을 때 특히 중요한 건 문제가 얼마나 파악되어, 부드럽게 해결되어 가고 있는지 상황을 확인하는 거죠. 우리말 표현에만 집착하면 "How are we doing with this?"는 나오기 어려운 표현인데, "이것과 관련해서 우리가 어떻게 하고 있지?" 즉 "어떻게 되어 가고 있어?"라는 진척 상황을 묻는 표현입니다.

How are we doing with the project? I just got back from my vacation and I'm completely in the dark.
저희 프로젝트는 어떻게 되어 가고 있어요? 휴가에서 막 돌아와서 완전 문외한이에요.

****
무슨 이력이 있다, 무슨 전공이다 come from a 000 background

영어로 '무슨 출신이다, 무슨 이력이 있다, 무슨 전공이다'라고 할 때는 come from a 000 background 또는 have a 000 background가 아주 찰떡입니다. I'm sorry I don't have a finance background, so I'm not really following you. 이렇게 말하면, '죄송하지만 제가 금융 쪽 이력이 없어서 지금 잘 이해를 못하고 있어요.'라는 의미가 됩니다. 또는 새로운 직원을 소개할 때 Marie comes from a marketing background.라고 하면 '마리는 마케팅 쪽에서 일한 경험이 있는 친구입니다.'라는 뜻이 겠죠?

> **Good to Know** 팀 이름을 영어로 표현할 때!

'인사에서 소문이 흉흉하던데?', '마케팅한데 물어봤어?' 이렇게 팀명을 줄여서 얘기하기도 하죠. 고등학교 때 '야, 수학 오늘 옷 무슨 일이냐!'랑 비슷할지도 모르겠네요. 어쨌든 영어로 팀을 이야기할 때도 단어 team을 빼고 이야기합니다. I work at HR. 이렇게 얘기하면 '나 인사팀에서 일해.'가 되고요. We need PR's permission. 이렇게 말하면 'PR팀 승인이 필요해.'라는 뜻이 되겠죠? 그래서 앞의 대화문에서도 IT team이라고 안 하고 그냥 IT라고 하면 IT팀이라는 의미가 되는 거랍니다.

상황❷ 허둥지둥 원인을 찾는 IT팀장과 팀원들

Michael:
└ 혼자서
가능하겠니?

Guys, marketing flagged us some issues regarding server B. Who's got time to ① _____ the issue? Christine, do you think you can handle it?

여러분, 마케팅팀에서 서버B 관련해서 이슈를 제기했어요. 이 이슈 확인해 볼 시간 있는 사람? 크리스틴, 혹시 할 수 있겠어요?

Christine:
└ 어디서
짱처리를?

I can try to ② _____ on the case, but I wasn't the one who set up server B, so I'm actually totally new to this project.

알아볼 수는 있는데, 제가 서버B 셋업한 사람이 아니라서요. 이 프로젝트는 사실 아예 아는 바가 없어요.

Michael:
└ 다시 한번
공을 돌려
봅니다!

Oh, who was the one in charge of server B then? Was it you, Noah?

아, 그러면 그때 서버B 담당이 누구였죠? 노아 씨, 당신이었나요?

Noah:
└ 나도 그럼
물귀신
작전으로!

Yup, it was me and Lucas. We are working on two other projects right now, so we do have a lot on our plates. But sure, we can try to ③ _____ what went wrong.

네, 저랑 루카스요. 저희가 지금 다른 프로젝트 두 개를 담당하고 있긴 해서 뭐가 좀 많긴 한데요, 알겠습니다. 저희가 뭐가 문제인지 알아내 보겠습니다.

> ① **look into:** 캐주얼하게 말해야지 누군가 하려고 나서겠죠? 캐주얼하게 가장 잘 쓸 수 있는 표현 look into, 또는 check out도 잘 어울리겠습니다.
>
> ② **do some research:** 여기서 내가 해결이 아니고 내 선에서 알아본다는 의미를 주려면 do some research가 적절하겠죠. '해결하겠다'가 아니라 '알아는 보겠다'라는 의미니까요. 우리의 MZ 크리스틴이 폭탄을 가져가지 않기 위해 말을 아주 신중히 골라서 하고 있습니다.
>
> ③ **figure out:** 여기서는 뭐가 문제인지 잘 모르는 걸 확실히 찾아내는 거니까 figure out 이나 find out이 아주 적절할 것 같습니다. 조용히 없는 사람처럼 숨 참고 있었는데 결국 떠맡게 돼 버렸네요!

➕ Additional Expressions

handle: 처리하다, 해결하다

new to something: 전혀 모르는, 완전히 문외한인

* * *
표시하다, 제기하다 flag

문제가 있어서 팀원이나 다른 팀에게 '이를 알리고 제기하다'라고 할 때 영어로는 동사 flag를 씁니다. flag가 명사로는 깃발이니까 깃발을 들어서 '얘들아 여기 문제가 있어!' 하고 알리는 거죠? flag an issue, flag a problem으로 캐주얼하게도 포멀하게도 쓸 수 있습니다.

Good to Know — have a lot on one's plate

그대로 직역해 보면 접시에 뭐가 많다는 뜻이죠? 즉, 처리해야 할, 담당하는 일이 많다는 의미입니다. 업무적으로도 당연히 쓸 수 있고 그냥 일상 생활에서 집안일도 해야 하고, 친구 생일도 있고 애기도 봐야 하고 하는 정신없는 상황에서 I have a lot on my plate.라고 쓸 수 있습니다. 특히 바빠서 거절해야 할 때 Sorry, I have a lot on my plate right now.라고 하면 "미안. 내가 지금 좀 너무 바빠서 정신이 없어."라는 의미가 됩니다.

상황❸ 문제 해결 방법을 찾은 제인과 데이브의 대화

Jane:
└ 내가 또
해냈나다!

Good news Dave, we ① _____ the server problem and we ② _____ how to resolve it.

데이브 님, 좋은 소식입니다! 서버 문제 들여다봤는데 해결 방법을 찾았어요!

Dave:
└ 아슬아슬
했다~?!

That's great! I was starting to get a bit concerned because as you know, the service launch is just around the corner.

너무 다행이네요! 아시다시피 서비스 런칭 일자가 바로 코앞이라 조금 신경 쓰이려던 참이었거든요.

> ① **looked into:** 앞선 상황에서 제인 팀장이 IT팀장에게 연락해서 조사를 요청하기로
> 했어요. 그분이 열심히 서버를 들여다봤겠죠? 문제를 알아보기 위해
> 안을 들여다보는 느낌, look into가 딱입니다. 또 곁다리로 배운
> checked out을 써도 무방합니다.
> ② **figured out:** 확실하지 않던 원인의 형태, 해결책을 알아낸 거죠. figure out이
> 어울리네요.

➕ Additional Expressions

concerned: 신경 쓰이는, 걱정되는 (worried는 감정적으로 정말 걱정하는 느낌이고, concerned는
거슬리고 신경이 쓰이는 느낌이라 업무에서는 worried보다 concerned가 더 맞는
경우가 많습니다!)

* * *
OO가 코앞이야 just around the corner

누구보다 런칭을 앞두고 문제가 발생해서 속이 타는 건 을인 제인 팀장님 쪽이었을 텐데, 데이브가 그냥
고맙다고 하면 될 걸 '런칭이 코앞이라 신경 쓰이기 시작했다'라고 한마디 굳이 굳이 보탰네요.
하지만 덕분에 우리는 꿀 표현을 배울 수 있죠! just around the corner는 코너를 돌면 바로 거기에
있을 정도로 아주 가까이 다가온 것을 말합니다. 가까이 온 것은 앞선 예문처럼 런칭일 수도 있고
고대하던 휴가나 생일일 수도 있어요.

Christmas is **just around the corner**.
크리스마스가 정말 금방이야!

I can't believe my parental leave is **just around the corner**. I can't wait!
이제 금방 육아 휴직에 들어가다니 믿기지가 않아. 기다리기 너무 힘들다!

 **Good to Know** resolve vs. solve

resolve, solve는 "re"가 있냐 없냐의 차이인데, 실제로 용례에 어떤 차이가 있을까요?
solve가 보통 답이 정해져 있는 수학 문제 같은 것을 풀어서 답을 찾는 느낌이라면, resolve는
뭔가 명확하게 딱 떨어지는 답이 없을 수 있는 환경 문제라든가 더 큰 개념의 문제를 해결해서
끝맺음을 하는 느낌입니다. 슬프게도 회사에서 보통 딱 떨어지는 문제는 없죠? 그렇기 때문에
solve보다 resolve를 쓸 일이 훨씬 많습니다. resolve 말고도 tackle, address, overcome
같은 표현들을 쓸 수도 있죠!

"할 것 좀 하고, 일 좀 보고" 이런 이야기들 자주 하죠? 예를 들어, 별건 아닌데 뭐 은행일을 좀 봐야 한다거나 집안일이 쌓여서 밀린 집안일을 좀 처리해야 한다거나 할 때가 있잖아요. 이럴 때 굳이 쓸데없이 정확하게 나는 집이 없기 때문에 은행에 가서 전세 대출을 알아봐야 한다거나 나의 어마무시한 귀차니즘으로 인해 사흘 밀린 설거지를 해야 한다고 말할 필요가 없습니다. 이럴 때 이런 걸 뭉쳐서 뭐라고 말하시나요? Do some⋯ things? 말이 안 되진 않지만 좀 더 원어민 느낌으로 말해 볼까요?

첫 번째, 집안일! '집안일'은 영어로 chores라고 합니다. '쇼얼스'가 아니고 '쵸얼스'라고 읽고요. chores랑 짝꿍으로 같이 다니는 동사는 do입니다. do some chores라고 하면 되고요. chores에는 설거지, 빨래, 청소 온갖 집안일이 다 들어갑니다. 집안일을 너무 사랑하시는 분은 없죠? 그래서 '하기 싫은 귀찮은 일, 고역'을 chores라고 부르기도 합니다.

I need to get some **chores** done before I can help you with fixing the fridge.
너 냉장고 고치는 데 도움을 주기 전에 내가 집안일을 좀 해야 해.

I find training the newbies a real **chore**.
나는 신입들을 교육하는 게 정말 일이야, 고역이야.

두 번째, 밖에서 처리해야 하는 사소한 일들! 이건 errands라고 하는데요. 앞에서도 간단하게 다뤘죠? 집안일과 다르게 은행일을 보거나 우체국에 가거나처럼 어디로 가서 뭘 처리하는 그런 일들이다 보니 짝꿍으로 같이 다니는 동사는 do가 아닌 run이랍니다. run some errands라고 쓰는데요, errand가 '심부름'의 뜻도 있어서 run errands for someone 이렇게 for someone을 뒤에 붙이면 '그 사람을 위해 심부름을 해 주다'라는 뜻이 된답니다.

I took the afternoon off to run some **errands**.
할 일들 좀 처리하려고 오후 반차를 썼어.

After work I run **errands** for my old mother.
퇴근하면 나는 연세 많은 어머니 심부름을 해 드려.

마지막으로 해야 할 일이건 뭐건 통칭해서 아무렇게나 쓸 수 있는 단어가 바로 stuff입니다. I need to work on some stuff. I've got some stuff to do. 등 우리말로 "뭐 좀 해야 해."의 '뭐 좀'을 담당하죠. 단, 조심하셔야 할 점은 chore, errand와 달리 stuff는 uncountable이기 때문에 s가 붙지 않고 그냥 stuff인 점, 기억해 주세요!

Unit 20
죄송합니다

문제 상황이 발생하면 바로 알아보겠다와 세트를 이루는 표현이 있습니다. 내 잘못은 아니지만 일단 고개를 숙이고 봐야 하는 K-직장인. 우리 집에선 내가 공주이고 왕자였는데 사회생활을 하면서는 내가 나인지 축구공인지 이리 차이고 저리 차이고, 내 잘못이 아닌 데도 사과해야 할 때가 참 많습니다.

생각해 보면 '고맙다, 미안하다'는 언어를 배울 때 제일 먼저 배우는 표현 중 하나라서 참 친숙하죠. 머릿속에 몇 개 떠오르기도 하고요. 하지만 실제 사과해야 하는 상황을 마주하면 머릿속에 단 한 가지 표현만 떠오릅니다. 그래서 미안함의 강도에 따라 이렇게 표현하죠.

I'm sorry. 〈 I'm so sorry. 〈 I'm really really sorry.

우리들은 그저 쏘리쏘리만 하염없이 반복할 뿐이지만, 비즈니스 커뮤니케이션 상황에서 사과하는 마당에 표현을 제대로 못 하면 분위기가 더 난처해질 수 있습니다. 이렇게 사과도 잘하는 것이 중요한 만큼, 이미 알고 있던 사과 표현도 확실히 뉘앙스를 짚어 보고 상황에 맞게 사용할 수 있도록 연습해 보겠습니다. 가볍지만 중요한 '죄송합니다'의 결정적 표현을 시작합니다.

I'm sorry	미안합니다, 유감입니다	casual / formal
apologize	(공식적으로) 사과하다	formal
pardon	(중대하지 않은 사안에) 미안해요	casual / semi-formal
excuse me for / excuse my	(가볍게) 미안해요, 실례해요	casual / semi-formal
It's my bad!	제 탓이에요!	casual
Forgive me for ~	~한 거 이해해 주세요	casual / semi-formal

1. I'm sorry 미안합니다, 유감입니다

의미_ 모두가 아는 '미안해요'의 대표 주자 sorry는 '미안한, 유감인'의 의미가 있습니다.

느낌_ 안타까움을 한 스푼 듬뿍 넣은 느낌의 표현이라고 기억해 주면 좋습니다. sorry 라는 단어 자체가 '유감이다'란 근원적 의미가 있죠?

활용_ 캐주얼하게, 또 진지한 상황에서 두루두루 사용할 수 있으며, 명복을 빌 때도 쓰는 표현입니다.

I'm sorry it took me so long to get back to you–I was on vacation.
답이 너무 늦어 미안해요. 제가 휴가 중이었어요.

Sorry about earlier. What did you need me for?
아까는 (응대하지 못해) 죄송해요. 무슨 일로 절 찾으셨나요?

I am sorry for the confusion, please let me clarify.
혼란을 드려서 죄송해요. 제가 명확하게 설명할게요.

I'm sorry to hear that.
유감입니다. 안타깝게 생각합니다. (누군가에게 나쁜 소식이 있다는 말을 들었을 때)

* * *
안타까움을 담은 sorry의 사용 예시

클라이언트가 연락이 한동안 안 되어 걱정했는데 나중에 연락이 왔어요. '할머님이 돌아가셔서 상을
치르느라 정신이 없었다, 미안하다'라고 합니다. 이럴 때 소중한 할머니를 잃은 클라이언트에게 부드럽게
위로의 말을 전달해야 하죠. 여기서 오케이. 하고 바로 비즈니스 이야기 시작하면 세상에 만국 공통 피도
눈물도 없는 사람 되는 건 한순간입니다.

자, 그럼 위로의 말을 건네야 하는데 내가 뭘 해결해 줄 수는 없고, 해 줄 수 있는 건 공감뿐이다 할 때
바로 "I'm sorry for your loss.(할머니를 여의게 되어 유감이에요.)"로 sorry를 사용할 수 있습니다.
loss 뒤에 of your grandma가 생각된 것이죠. 가까운 이의 죽음을 '잃음', 즉 loss로 표현하곤 합니다.
또 힘든 상황을 겪고 돌아온 사람에게도 "I'm sorry you had to go through that."이라고 말해 줄 수
있습니다. '그렇게 어려운 상황을 네가 지나와야 했다는 게 맘이 아프다. 유감이다.'라는 뜻이죠. sorry에
담겨 있다는 안타까움 한 스푼, 이제 이해되시죠?

🗨 Good to Know 🗨 #RIP

사회생활을 하다 보면 조의를 표해야 하는 상황이 해가 갈수록 늘어나죠. 참 슬픈 일입니다.
말 한마디가 큰 힘이 되는 이 상황에 사용할 수 있는 적합한 표현을 알아볼게요.
먼저, '애도, 조의'라는 뜻의 condolences를 사용해 "My condolences."라고 할 수 있습니다.
캐주얼하게는 "May she rest in peace." 즉, "00가 영면하시기를…" 하고 명복을 빌 수
있습니다. SNS에서 RIP라고 태그를 다는데, 바로 rest in peace의 줄임말이랍니다. 또 "My
heart is with you."라는 표현도 있어요. '내 마음은 너와 함께 있다'로 '널 생각하고 걱정하고
있어'라는 의미가 담긴 아주 고마운 표현이죠.

2. apologize (공식적으로) 사과하다

의미_ 우리말 '사과하다', '죄송하다'에 가깝습니다.

활용_ sorry보다 더 공식적으로 사과할 때나 사안이 중대한 경우 I apologize for ~ 형태로 사용할 수 있습니다. 공식적인 사과문에서 꼭 나오는 표현이고, 이게 있어야 진짜 사과를 했다고 보는 거죠. 참고로 '공식적인 사과'는 official apology입니다.

- I **apologize** on behalf of my team for making you go through this trouble.

  제 팀을 대신해서 이런 불편을 겪게 해드린 데 사과 말씀드립니다.

- We **apologize** for the inconvenience.

  불편을 드려서 죄송합니다.

- If we don't get an official **apology**, we'll have to escalate this issue to the management.

  공식적인 사과가 없다면 이 문제를 경영진에게 상부 보고할 수밖에 없습니다.

* * *
making you go through this trouble이 너무 길다면!

예문으로 나온 I apologize on behalf of my team for making you go through this trouble.이 잘 안 외워지는 문장 형태라면 causing you trouble 또는 I apologize on behalf of my team for the trouble.처럼 이렇게 "the trouble" 형태로 간단하게 표현할 수도 있습니다.

> **Good to Know** 사과문을 '발표'할 때는 "issue"

기사에서 가장 자주 보는 표현 중 하나가 '논란'입니다. 어떤 논란이 생길 때마다 기업은, 정부는, 또 공인은 공식적으로 사과문을 발표하는데요. 이러한 사과문을 '발표하다'라는 동사는 issue입니다. issue an apology 하면 '사과문을 발표하다'라는 뜻입니다. issue가 하필 명사로도 '논란'의 뜻인 것도 재밌죠? 보통 뭔가를 발급할 때 issue라는 동사를 쓰는데, 사과문 또한 issue를 쓴다는 점 기억해 주세요!

3. pardon (중대하지 않은 사안에) 미안해요

의미_ pardon은 '사면하다'라는 뜻을 가지고 있어요. Pardon me.라고 말하면 '실례합니다, 미안합니다'의 의미입니다.

느낌_ 격식 있는 표현으로 크게 잘못한 것은 없는데 예의를 차리는 느낌에 가깝고, 사안이 중대한 느낌은 아닙니다.

활용_ 회의 중에 모르는 주제가 나왔을 때, 나를 낮추면서 "내가 몰라서 미안한데…"라며 대화의 윤활유 역할로 쓰기 아주 좋습니다.

- Please **pardon** my ignorance; but what exactly is a beta test?
  몰라서 죄송한데요, 베타 테스트가 정확히 뭐죠?

  I beg your **pardon**, I have a very quick question before we jump in.
  미안한데, 시작하기 전에 간단히 물어볼 게 하나 있어요.

  Pardon me, but I didn't hear you.
  죄송해요, 제가 못 들었어요.

* * *
뭐라고요? Pardon? Pardon me?

Pardon?, Pardon me? 또는 I beg your pardon?이라고 물음표를 붙여 끝을 올려 말하면 '뭐라고요?', '다시 한번 말해 주세요.'라는 의미가 돼요.

Good to Know 의도치 않은 생리 현상에도 Pardon me!

의도치 않게 트림을 하거나 재채기를 해서 대화의 흐름이 끊겼을 때 간단히 Pardon me! 하면서 넘어가면 됩니다. 우리나라에서는 그런 생리 현상을 안 본 척, 안 한 척하는 게 예의죠? 부장님이 콜라 2리터 원샷한 듯한 용트림을 해도 '아무것도 듣지 못했습니다'의 느낌으로요. 그러나 미국에서는 그냥 Pardon me! Excuse me! 하고 지나가는 편이랍니다.

Good to Know Bless you!

흑사병이 돌았을 때 흑사병의 전조 증상에 재채기가 있었다고 해요. 그러니 재채기만 나와도 얼마나 무서웠겠어요? 이에 당시 교황님이 재채기를 한 사람이 죽지 않고 살길 바라는 마음으로 God bless you!를 짧게 줄인 "Bless you!"를 외쳐 줬고, 이 말이 그 사람을 흑사병으로부터 지켜주지 않을까 하는 믿음에서 모두가 말하기 시작했다고 합니다. 아주 오랜 역사가 있는 재채기 매너라 그런지, 재채기를 했는데 아무도 Bless you!를 외쳐 주지 않으면 조금 뻘쭘해하는 느낌이 있습니다. 누군가 Bless you!를 외쳐 주면 머쓱하게 가만히 있지 마시고, Thank you!라고 답하면 깔끔하게 재채기 상황이 종료될 수 있습니다.

4. excuse me for ~/excuse my ~ (가볍게) 미안해요, 실례해요

의미_ 우리말 '실례합니다'와 가까운 표현으로 pardon과 유사하게 가벼운 사과의 의미입니다.

느낌_ 비즈니스를 하면서 큰 잘못이 아닌 일에는 Excuse me for 정도의 톤이 딱입니다.

활용_ 〈excuse me for + 동명사구〉, 〈excuse my + 명사 형태〉로 활용할 수 있습니다.

- **Excuse me for** creating a mess. We had a very interactive training session. I'll clean it up right away.
  너무 어질러 놓아서 죄송해요. 아주 인터랙티브한 교육 세션이 있었어요. 바로 치울게요.

- Please **excuse my** typo in the email. I do this when I send emails on my phone.
  이메일에 오타가 있어 미안해요. 폰으로 이메일을 보내면 꼭 그러더라고요.

- Please **excuse my** misunderstanding. Now I see the point you're making and I can't agree with you more.
  제가 이해를 잘 못 해서 죄송해요. 이제 무슨 말씀 하시려는지 잘 알겠고 저 역시 완전히 동의하는 바입니다.

* * *
완전 동의해. I can't agree with you more.

'나도 완전히 동의한다'라고 얘기하고 싶을 때는 "I can't agree with you more!"라는 훌륭한 표현이 있습니다. '너에게 더 이상 동의할 수 있는 방법이 없어'라는 의미로 '이하동문이다, 같은 마음이다'라는 뜻입니다. I totally agree.에서 벗어나고 싶으면 이런 표현 한번 써 주셔도 좋겠죠?

5. It's my bad! 제 탓이에요!

의미_ 아주아주 캐주얼하게 "앗 나의 실수!" 느낌으로 써 줄 수 있는 표현입니다.

활용_ 누군가와 잠깐 부딪쳤거나 내가 뭔가 오타를 냈거나 정말 이 정도 가지고 화내면 분노조절장애가 틀림없는 그런 사소한 실수에 써 주면 딱입니다.

- Do you not have a chair? Oh, **that's my bad**. Let me get you one right away.
  의자 없으세요? 앗, 제 탓이에요. 바로 가져다드릴게요.

  It's my bad. I'll add you in on the email loop so you get a better sense of who's in charge of what.
  제가 잘못했네요. 이메일에 CC해서 누가 무슨 담당인지 더 잘 아실 수 있게 할게요.

  Did I spell his name wrong? **It's my bad**. I'll fix it up and get you a new copy.
  제가 그분 성함을 잘못 썼나요? 제 잘못입니다. 고쳐서 새로 한 부 뽑아 드릴게요.

***
~에 감을 잡다 get a better sense of ~

get a sense of something은 '뭔가에 대해 감을 잡다'라는 뜻이에요. get a sense가 아무것도 모르는 상태에서 감을 잡는 것이라면, get a better sense of ~는 대략 알고 있는 상황에서 더 잘, 깊이 이해하는 것을 뜻합니다. 뭔가를 상대방에게 이해시키고 설명할 때 to help you understand 대신 쓸 수 있는 표현입니다.

To help you **get a better sense of** the work-in-progress, here's the timeline.
지금 진행 중인 일 관련해서 이해를 돕기 위해 여기 타임라인을 보여드려요.

Good to Know ▶ get의 활용

'한 부 새로 뽑아 드릴게요'를 영어로 하려면 또 뇌정지가 오죠? 이때 I'll get you a new copy.라고 하면 get에 프린트를 해서 갖다주는 것까지 전부 포함됩니다. 가성비 갑인 표현이죠? 그래서 첫 번째 의자가 모자랐던 예문에서도 Let me get you one right away. 하면 '의자 바로 가져다줄게.'라는 의미가 됩니다. 동료가 해외로 휴가를 다녀왔는데 야무지게 탄 얼굴로 돌아와서는 I got you something.이라고 하면 이건 무슨 뜻일까요? '뭐 사 왔어, 선물 사 왔어'라는 뜻입니다. get은 이렇게 뭔가를 해서 누군가에게 주는 그 모든 프로세스를 하나도 통치는 동사라고 생각하면 되겠습니다.

6. Forgive me for ~ ~한 거 이해해 주세요

의미_ '~한 걸 용서해 줘, 이해해 줘'라는 약간은 애교스러운 캐주얼한 사과의 의미입니다.

활용_ '용서해 주세요' 하니까 한국어로는 포멀하게 들리지만, 실제로는 캐주얼한
느낌의 표현입니다.

- **Forgive me for** the noise. I am on the move right now, so I can't
- help with the background noise.

  소음 나는 것 이해해 주세요. 지금 이동 중이라 뒤의 소음을 어쩔 수가 없네요.

  Forgive me for mispronouncing your names. I'm trying my very
  best.

  성함 잘못 발음하는 거 용서해 주세요. 최대한 노력하고 있습니다.

  Forgive me for being late. The traffic was just incredible.

  늦어서 죄송해요. 차가 정말 어마무시하게 막히더라고요.

* * *
이동 중인 on the move, on the go

정말 잘 쓸 수 있는 원어민다운 표현입니다. on the move는 움직이고 있는 거죠? 즉, '이동 중'이라는
뜻입니다. People love Netflix because they can watch anything on the move.라고 하면
'넷플릭스는 모든 콘텐츠를 이동하면서도 볼 수 있어서 사람들이 좋아합니다.'라는 뜻이 되겠죠. on the
go도 비슷하게 움직이고 있거나 active한 상황을 뜻하는데요. He's always on the go / move.하면
늘 뭔가를 할 준비가 되어 있는, 늘 바쁜 사람이라는 뜻도 된답니다.

> **Good to Know** I can't help it.

I can't help it! 무슨 뜻 같으세요? 난 도와줄 수 없어!라는 매정한 의미로 느껴지나요? I can't
help it!은 '어찌 할 수가 없어!, 내가 어쩔 방도가 없어!'라는 뜻입니다.
매정과는 오히려 반대에 가깝죠? 예를 들어 누가 자꾸 머리를 긁는 버릇이 있어서 너 그만 좀
긁어라 했을 때 그 친구가 I can't help it. 하면 '(나도 안 하고 싶은데) 어쩔 수가 없어, 자꾸
하게 돼.' 이런 느낌인 겁니다.
따라서 위의 예문에서도 I can't help with the background noise.라고 하면 뒤에 소음이
들리는 걸 내가 지금 이동 중이라 어떻게 할 수가 없다라는 의미입니다.

상황❶ 제인, 데이브, 지나가 참석한 컨퍼런스 콜이 지연된 상황

Jane:

ㄴ 기술이 잘못
했지 내가
잘못했나!

I am ① _____ for the delay in starting the meeting, Dave and Gena. We were experiencing some technical difficulties with our video conferencing system.

데이브 님, 지나 님, 회의 시작에 딜레이가 있어서 죄송해요. 저희 화상 시스템에 기술적 문제가 좀 있었어요.

Dave:

ㄴ 나도 회의
미뤄서
미안했어.

No big deal, Jane. I wanted to ② _____ on my part for asking to reschedule the meeting. Thank you, Jane and Gena, for your understanding. I really appreciate it.

신경 쓰지 마세요, 제인 님. 저도 회의 연기한 거 사과드리고 싶었어요. 제인 님, 지나 님 이해해 줘서 고마워요. 정말요.

Jane:

ㄴ 안 미뤘으면
펑크낼 뻔했지.

It wasn't an issue for us, now shall we …

뭐 별일 아니라 괜찮아요. 그럼 이제 우리 …

Gena:

ㄴ 다음 프로젝트도
픽미픽미
픽미업!

③ _____ my interruption, Jane. But I also wanted to take this opportunity to thank you for coordinating everything. I know it's not an easy gig to be a mediator. I really wanted to thank you on behalf of my team.

끼어들어서 죄송해요, 제인 님. 그런데 이 기회를 빌려 다 준비해 주신 거 고맙다고 말씀드리고 싶었어요. 중간 역할을 하는 게 쉬운 게 아니잖아요. 저희 팀 대신해서 감사의 말씀 전하고 싶어요.

Jane:

ㄴ 빈말 따리를
끝내 주세요!

How kind of you to say that. Now, shall we jump in and start taking a look at the presentation slides? Oh, please ④ _____ typo.

그렇게 말씀해 주셔서 너무 감사하네요. 그럼 이제 시작해서 PPT 슬라이드를 볼까요? 아, 오타가 있어서 죄송해요.

---

① **sorry:** 켄이 세팅한 화상 시스템에 문제가 있었나 봐요. 대대적인 공식 사과까지는 필요 없지만 미안하다고 말은 해야겠죠. 만국 공용어 sorry가 적합합니다.

② **apologize:** 3자 회의를 연기한 건 모두의 일정을 조정해야 한 좀 큰 일이니 무게감 있고 공손하게 apologize를 씁니다.

③ **Pardon:** 말을 끊은 게 미안하긴 하지만 별건 아니니 pardon으로 사과하면 되겠습니다.

④ **excuse my:** 비즈니스에서 웬만한 큰일이 아니면 〈excuse my + 명사〉가 좋습니다.

➕ Additional Expressions

technical difficulties: 기술적인 문제

It wasn't an issue for us.: 우리에게 별일 아니다.

gig: 일, 일거리, 직업

No big deal: 별거 아니야. 신경 쓰지 마. (That's okay. 대신 쓰기 좋은 쿨한 답변)

* * *

Thank you.를 대신할 수 있는 표현

제인의 마지막 말 "How kind of you to say that."은 우리말에서는 나오기 힘들지만 원어민은 정말 자주 쓰는 표현이죠. How kind of you. 혹은 How nice of you. 이렇게도 쓸 수 있는데, 친절한 말을 들었을 때 '감개무량하다, 감동했다'하는 뜻으로 Thank you. 대신 아주 잘 쓸 수 있습니다. '그렇게 말씀해 주시니 너무 나이스하시네요, 너무 친절하세요.', 즉 감사하다 하면서 상대방을 칭찬하는 좋은 표현이니 꼭 써 보세요!

* * *

일, 직업, 퍼포먼스 gig

한국어로 번역하기 힘든 표현들이 원어민다운 표현이자 한국인이 영어할 때 생각해 내기 힘든 것이죠. 예를 들어, 지난번 나온 stuff도 그런 표현이었는데, gig도 마찬가지입니다. 일거리, 직업, 일 등을 포괄하는 표현이자 공연/퍼포먼스라는 뜻까지 포함합니다.

He did a few modeling **gigs** before his debut as an actor.
그는 배우 데뷔 전 모델 일을 몇 건 했어.

It's not an easy **gig**.
그게 쉬운 일이 아니지.

I know it's not an easy **gig,** but I'm sure you can pull it off.
쉬운 일 아닌 거 아는데 너는 분명 잘할 수 있어. (병 주고 약 주는 표현)

Good to Know 🗨 화상 회의 중 발생하는 기술적 문제

미국인은 기술적인 문제에 굉장히 유한 느낌입니다. "그럴 수 있지" 하고 기다려 주거든요. 그래서 뭔가 문제가 있을 때 "Sorry, technical difficulties!" 이렇게만 말해도 '미안, 알잖아 기술적인 문제' 느낌으로 어려움을 전달할 수 있습니다. 화상 회의뿐만 아니라 컨퍼런스를 하는데 연사가 파워포인트가 잘 넘어가지 않을 때도, 안 넘어간다고 멍하게 있을 순 없으니까 "I guess we're experiencing some technical difficulties." 이렇게도 많이 말합니다. 당혹스러운 상황에서 꼭 활용해 보세요.

Ken:
└ 나보고 하랬지만
마크한테 토스!

Hi, we have a reservation under Mark Ruffalo. Five people.

안녕하세요, 마크 러팔로로 예약되어 있을 거예요. 다섯 명이요.

Waiter:
└ 제대로 확인
하시라고요.

I'm ① _____ , we don't seem to have a reservation under that name. Any chance it's under someone else's name?

죄송해요, 그 성함으로 예약된 게 없는 것 같습니다. 다른 분 성함으로 예약하셨을 수도 있을까요?

Mark:
└ 내 듣에 흐르는 건
식은땀인가?

No, it should be under my name. Can you double check?

아니요, 제 이름일 거예요. 다시 확인해 주시겠어요?

Waiter:
└ 신입 같은데
내가 살려준다!

Oh, I see. You booked for next Wednesday, not today. But good news, we will have a table for five in fifteen, if you guys don't mind the wait.

아, 알겠네요. 오늘이 아니라 다음 주 수요일로 예약하셨어요. 그렇지만 좋은 소식은 15분 후에 5인 자리가 날 거예요. 기다리실 수 있으면요.

Mark:
└ 일단 석고대죄
석고대죄ㅠㅠ

Oh my gosh! Thank you so much. It's totally ② _____.
③ _____ for my mistake! Are you guys okay with a fifteen-minute wait?

세상에. 너무 감사합니다. 완전 제 탓이에요. 실수해서 죄송해요. 15분 대기 괜찮으세요?

Jane:
└ 원샷했더니.

It's fine, Mark. (BURRRP) Oh my, ④ _____ me.

괜찮아요, 마크. (꺼억) 어머나, 죄송해요.

① **sorry:** 여기선 사과는 하지만 실제로 미안진 않죠. 그냥 간단하게 I'm sorry 하고 넘어가면 되겠죠?

② **my bad:** 완전 마크 탓이죠? 이때는 '제 탓이에요'라는 뜻의 my bad를 써 주면 딱이겠죠.

③ **Forgive me:** 마크가 열심히 용서를 구하는 상황이니까 '용서해 주세요, 이해해 주세요' 라는 의미의 forgive me를 써 주면 forgive me for my mistake로 잘 맞습니다. 을 끊은 게 미안하긴 하지만 별건 아니니 pardon으로 사과하면 되겠습니다.

④ **pardon:** 생리 현상에는 excuse me 말고도 pardon me도 써 줄 수 있었죠? 어느 거나 상관없이 잘 어울립니다.

* * *
00 이름으로 예약하다 have a reservation under

'누구 이름으로 예약하다' 할 때 쓰이는 전치사는 under입니다. We have a reservation under Mr. Simpson.(심슨으로 예약했습니다.) 이런 식으로 쓸 수 있죠! 가끔 for를 쓰는 분들이 계신데, for 뒤에는 보통 시간/일자/사람 수가 옵니다. We have a reservation under Mr. Simpson for 8 PM. (오후 8시에 심슨으로 예약했습니다.) 이렇게 쓰면 되겠죠?

* * *
신경 쓰지 않다 don't mind

'신경 쓰지 않다'라는 의미의 don't mind. '난 괜찮아, 신경 안 써' 할 때 I don't mind라고 할 수 있죠. 예문에서도 if you guys don't mind the wait이라 했는데요, the wait은 대기를 명사화한 거죠. '대기 상관없으면요'라는 의미로 쓰인 표현입니다. 예를 들어 다섯 명인데 차에 자리가 4자리뿐이에요. 그런데 내가 걷는 걸 좋아하면? I can walk. I don't mind. 또는 You guys can take the car, I don't mind the walk. 이렇게 walk를 명사화해서 써 주실 수도 있답니다.

 **Good to Know** **Take a five!**

예문 we will have a table for five in fifteen에서 뒤에 minutes가 빠진 것 같은데, 편집 실수인가? 하셨던 매의 눈의 소유자분들. 이 minutes는 생략되기도 한답니다! 예를 들어 '5분만 쉴까요?'를 저희는 Let's take a five-minute break.로 달달 외웠지만, 짧고 간결하게 Take a five? 이렇게도 많이 씁니다. 여기서도 이 we'll have a table for five in fifteen이니까 '5인용 자리가 나올 거야, 언제? 15분 안에'라는 뜻이 되겠습니다.

비즈니스 상황에서 사과할 때 정말 자주 쓰일 수 있는 추가 표현, inconvenience를 알아보겠습니다. inconvenience가 뭐죠? '불편'입니다. 편의점이 영어로 convenience store죠? 편의(convenience)에다가 in을 붙이면 반의어, 바로 '불편'이 됩니다. 그런데 우리가 사과할 때 '불편을 드려서 죄송합니다'라고 많이 덧붙이잖아요? 이때 이 '불편을 드리다'를 어떻게 말하는지 볼게요.

자, '불편'이 inconvenience고, '불편을 드렸다'는 어구가 causing you inconvenience니까 이걸 명사구 형태로 하면 Sorry for causing you inconvenience.가 됩니다. 따라서, 사과할 때 "불편을 드려서 죄송합니다." 또는 "혹시라도 불편을 드렸다면 죄송합니다."라는 표현을 쓰고 싶다면 다음과 같이 써 주세요.

We are sorry for causing you inconvenience.
We apologize if this caused you any inconvenience.
Please pardon the inconvenience.
Please excuse any inconvenience this may have caused.

'불편'이란 말에 inconvenience 대신 trouble을 쓸 수도 있습니다.

I'm sorry for the trouble.
Please forgive me for causing you trouble.

Unit 21
요청 드립니다

회사원은 매일 요청받고 요청하지만 특히 문제 상황이 발생했을 때의 요청이 가장 절박하고 또 이제까지 내가 어떻게 사회생활을 해 왔는지 돌아볼 수 있는 시간이 되곤 하는 것 같습니다. 예를 들어, 내가 요청할 땐 일주일 걸린다고 한 게 동료가 다시 가서 이야기하니까 이틀 만에 된다?! 이런 상황을 마주하면 굉장히 슬퍼지죠. '내가 간식을 더 나눠 주었어야 했나?' 자기 전에 생각해 보게 되고요. 이렇게 요청을 잘하는 것도 능력인 게 사회생활인가 봅니다.

요청 잘하는 프로 요청인이 되기 위해 이번 유닛에서는 '요청 드립니다'라는 표현을 배워 보려고 하는데요. 여러분은 '요청하다' 하면 어떤 표현이 떠오르나요? 아마 많은 분들의 마음이 뱉어내는 표현이 하나 있을 것 같습니다.

request

이번에도 역시 틀린 표현은 아니지만 조금 무거운 감의 포멀한 뉘앙스의 표현이라, 이 단어를 쓰면 사안을 무겁게 받아들여 부탁받는 이가 부담을 느낄 수 있습니다. 구두로 가볍게 요청하거나, 부드럽게 돌려 말해서 요청하는 표현은 없을까요? 왜 없겠어요! 사람 사는 세상 다 똑같은데 미국, 영국, 호주에도 물론 있습니다. 조금은 생소하지만 원어민은 매일 쓰는 '요청 드립니다'를 결정적 표현에서 확인해 보세요.

'요청 드립니다'의 결정적 표현들

mp3 042

request	(공식적인 느낌의) 요청, 요청하다	formal
ask for	(조금 더 가벼운) 요청하다	casual / semi-formal
would like to see ~	~해 주기를 부탁하다	formal
Can I have + 물품? Can I have + 사람 + 행위?	~ 좀 요청해도 될까요?	casual

1. request (공식적인 느낌의) 요청, 요청하다

느낌_ 조금은 딱딱하고 공식적으로 '요청'하는 느낌의 표현입니다.

활용_ 공식적인 루트를 통한 요청 시 활용하면 적합합니다. 또는 회사 대 회사로 어떤 계약서라든지 문서를 요청할 때도 쓸 수 있습니다. 동사 형태와 명사 형태 모두 사용할 수 있습니다.

- I sent over the report yesterday as per your **request**, but the email bounced back. I think it might be because your mailbox is full.
  어제 요청대로 보고서를 보냈는데 이메일이 되돌아왔어요. 아마도 수신함이 꽉 찬 게 아닐까 싶네요.

  We **requested** a slight change in the terms of our agreement last week, but we haven't heard from you since.
  저희가 지난주에 계약서 조항에 약간의 변경을 요청 드렸는데 그 이후로 답이 없어서요.

  Marketing has been repeatedly **requesting** an extra budget for their new gig, but we don't have room for that right now.
  마케팅 팀에서 새로운 행사 관련해서 추가 예산 요청을 계속해서 하고 있는데, 저희가 지금 그럴 여유 자금이 없어요.

➕ Additional Expressions
as per ~: ~에 따라
terms: 조건, 조항
room: 여유 자금, 여유 시간, 여유 공간

221

* * *
요청에 따라 as per your reguest

as per your request는 '요청에 따라, 요청대로'라는 뜻의 굉장히 문어체적인 표현으로 비즈니스 상황에서 사용하기 좋습니다. 같은 의미의 표현으로 as you requested가 있는데, 이보다 더 격식을 차린 표현이에요. 또 하나 낯선 표현, 이메일이 bounce back했다는 건 bounce가 공이 튕기는 거니, '튕겨져서 되돌아왔다'는 뜻입니다.

* * *
그 후로 연락이 없다 haven't heard from you since

'그 후로 연락이 없어서'라면서 은근히 상대를 쪼는 기술, 너무 중요하죠! 이때 정확한 표현이 We haven't heard from you since.입니다. since 뒤에 마지막으로 연락한 그 시기가 생략되어 있는 거죠. We haven't heard from you since (we wrote to you last week). 이런 식으로요.

Good to Know 여유를 뜻하는 room

'여유 자금이 없다, 여유 시간이 없다' 등 모든 종류의 여유를 통칭해서 room 표현을 쓸 수 있습니다. 실제 물리적으로 여유 공간이 없을 때도 We don't have room for that.이라고 쓸 수 있지만, 보통 추상적으로 많이 쓰죠. We don't have room for extra speakers.라고 하면 '연사를 더 부를 여유가 없어요.'란 뜻인데요, 이건 시간적 여유가 없을 수도, 예산적 여유가 없을 수도 있겠죠.

I sent over the report yesterday as per your request.

2. ask for (좀 더 가벼운) 요청하다

느낌_ request의 '요청하다'와 같은 뜻이지만 조금 더 가벼운 표현입니다.

활용_ 공식 요청이기보다는 캐주얼하게 물어볼 때 적합합니다. 뭔가를 달라고 또는 해 달라고 물어보는 표현으로 뒤에는 문서나 물건이 올 수도 있고 행위가 올 수도 있습니다.

- I was going to **ask** James **for** some advice on how to handle this complaint.
  이 민원을 어떻게 처리하면 좋을지 제임스에게 조언을 좀 구하려고 했어요.

  I would like to **ask for** your assistance for the pop-up store we'll be opening next month.
  우리가 다음 달에 여는 팝업 스토어에 지원을 요청 드리고 싶어요.

  He **asked for** a pay raise and gave an ultimatum: if he doesn't get the raise, he's quitting.
  그가 연봉 인상을 요구하면서 최후통첩을 날렸어요. 인상 안 해 주면 그만두겠다고요.

* * *
달라고 하다, 주세요 ask for + 명사

ask for 뒤에 명사가 오면 '해 주세요' 느낌이 아니라 '주세요'라는 뜻이 됩니다.

He **asked for** the draft contract.
그분이 계약서 초안 요청하셨어요.(달라고 했어요)

Did he precisely **ask for** a hard copy? If not, we'll save some trees and just send him a soft copy.
그분이 하드카피로 달라고 명확히 말씀하셨나요? 아니면 종이도 아낄겸 그냥 파일로 보낼게요.

He **asked for** the invoice, but I have no idea how we should charge him.
그분이 송장을 요청하셨는데 금액을 어떻게 요구해야 할지 전혀 모르겠어요.

🗨 Good to Know 🗨 ultimatum과 결혼의 관계

give/issue an ultimatum은 '최후통첩을 날리다'의 뜻입니다. '이렇게 안 해 주면 끝이야!' 의 의미로 통첩을 날리는 건데, 이게 결혼과 무슨 연관이 있을까요? 연인 사이에서 I gave him the (marriage) ultimatum.은 보통 '결혼을 하든가 헤어지든가 해!'라는 최후통첩입니다. 넷플릭스 리얼리티 쇼 중에 The Ultimatum이라는 콘텐츠가 있죠. 실제로 오래 사귄 커플들이 헤어질지 결혼할지의 기로에서 선택을 하는 프로그램입니다. 이처럼 최후의 선택을 강요할 때 give someone the ultimatum 표현을 쓰실 수 있습니다.

3. would like to see ~ ~해 주기를 부탁하다

의미_ 직역하면 '~를 보고 싶어'인데 우리말로 하면 회사에서 자주 듣는 "이 대리 이것 좀 부탁할게."에서 '~ 좀 부탁할게'와 아주 흡사합니다.

활용_ 역시 물건, 행위 모두 가능하겠죠. 요청은 요청인데 한 번 돌려서 정중하고 부드럽게 요청할 때, 특히 상사가 부하 직원에게 일을 시킬 때 쓰기 적절합니다.

- I know that the project reach is confined to Asia right now, but **I'd like to see** it expand over to Europe as well.

  프로젝트 영향력(범위)이 지금은 아시아 지역에 한정되어 있지만 유럽 지역으로도 확장해 주시기 부탁할게요.

  I would like to see the evidence for these numbers.

  이 수치들에 대한 증빙 자료를 좀 보고싶어요.(= 이 수치 증빙 자료 좀 부탁해요.)

  I'd like to see the design in three different color palettes, if that's possible. I don't think the current color scheme would appeal to a younger audience.

  가능하다면 디자인을 세 가지 컬러 시안으로 좀 보고 싶어요. 지금 컬러는 젊은 층한테 별로 먹히지 않을 것 같아요.

* * *
먹히다, 어필하다 appeal to

소위 말하는 '어떤 대상에게 먹히다, 어필하다'라는 표현은 말 그대로 appeal to라고 쓸 수 있는데요, appeal to a OOO audience / crowd / people 이렇게 주로 씁니다. OOO에는 그 audience / crowd / people의 범위를 좁히거나 넓히는 형용사가 들어갈 수 있겠죠. 예를 들어 appeal to a broader audience라고 하면 '더 폭넓은 타겟층, 사람들에게 어필하다'가 되는 거고, appeal to the female population 하면 '여성 인구(고객)에 어필한다'라는 뜻이 되겠습니다.

> **Good to Know** reach의 활용

비즈니스상 reach는 정말 다양하게 활용될 수 있는 단어예요. 동사 reach를 생각해 보면 팔을 뻗어 닿는 거죠. 그래서 '영향력, 범위' 등의 표현을 모두 reach로 표현할 수 있어요. 어떤 app의 reach가 Asia이다 하면 아시아 안에서만 서비스되는 앱일 수도 있지요. '영향력, 범위, 사정권' 등 다양하게 풀이될 수 있어서 그만큼 다양하게 활용할 수 있답니다.

4. Can I have + 물품? / Can I have + 사람 + 행위?

~ 좀 요청해도 될까요?

의미_ 무언가를 달라는/해달라는 요청을 부드럽게 돌려 말한 것으로 '~ 좀 요청해도 될까요?'라는 의미입니다.

느낌_ '나도 그것 좀 줄래?'라는 느낌의 캐주얼한 표현으로 편하게 쓰실 수 있어요.

활용_ have의 '가지다' 의미 때문에 물건만 되지 않을까 생각할 수 있는데 행위도 충분히 가능합니다. Could 자리에 Can을 써도 됩니다.

Could I also **have** a copy of that report?
저도 보고서 한 부 받을 수 있을까요?

Could we **have** Jane take care of social media marketing alone? I'd like to have Ken on another project.
제인이 SNS 마케팅을 단독으로 맡아 주는 걸로 요청해도 될까요? 켄은 다른 프로젝트에 투입하고 싶어서요.

Can I get a look into the first draft? If you need a hand with the graphs, I can definitely chip in.
저도 초안 좀 봐도 될까요? 그래프 관련 도움 필요하시면 제가 도와드릴 수 있어요.

* * *
'일손'은 hand!

'도움이 필요하다'라는 의미의 표현은 need a hand입니다. 우리도 손이 부족하다, 일손이 필요하다 이런 이야기하죠? 그런 것처럼 영어로도 hand를 써서 I need a hand.라고 도움을 요청할 수 있어요. 그럼 반대로 도움을 제공할 때는 give a hand라고 생각할 수 있지만, 이때 더 잘 쓰는 표현은 바로 lend a hand입니다. 손을 빌려주는 거죠. '누군가를 돕다'라는 딱 그 표현인데요. lend a hand 또는 lend a helping hand 표현을 많이 쓴답니다.

Jade is always willing to **lend a hand**. That's why everyone loves her.
제이드는 항상 남을 도울 준비가 되어 있어. 그래서 다들 제이드를 엄청 좋아하는 거야.

I offered to **lend a helping hand** with packing the food.
음식 포장하는 거 제가 돕겠다고 했어요.

> **Good to Know** chip in

십시일반해서 어떤 기금에 돈을 기부하거나 조금씩 모을 때도, 대화에 끼어들 때도, 누군가에게 도움을 줄 때도 chip in을 쓸 수 있습니다.

mp3 043

상황❶ 켄에게 부탁이 있어 보이는 마크

Mark:
└ 사실 작지 않아, 미안해!

Hey Ken, can I ① _____ a small favor?

켄 대리님, 혹시 작은 부탁 하나 해도 될까요?

Ken:
└ 싫어, 하지 마.

What can I do for you, Mark?

제가 뭘 해 드리면 될까요, 마크 님?

Mark:
└ 데이브, 왜 이제 와서 딴지야!

It's about that ② _____ from Dave. He said he ③ _____
_____ a brighter color scheme applied to the app's design.
Or should I just tell him that at this point we just don't have room
for changes?

데이브 님 요청 사항 때문인데요. 앱 디자인에 적용되는 색 조합이 더 밝으면 좋겠다고
하시네요. 아님 그냥 이 시점에서는 더 이상 수정할 여력이 없다고 말씀드릴까요?

Ken:
└ 인생은 토스로 시작해서 토스로 끝.

Wait, ④ _____ Lauren take care of that? I was talking
to her on the phone earlier and she said she now offers a free-
of-charge editing service for clients she worked with for more
than a year.

잠깐, 그거 로렌 님한테 부탁하면 안 돼요? 아까 통화할 때 이제 1년 이상 함께 일한
클라이언트한테 무료 수정 서비스를 제공한다고 하던대요.

---

① **ask you for:** 만나자마자 부탁하는 게 아닌 쿠션어를 사용하는 사회성 있는 마크입니다.
포멀한 느낌 없이 '요청하다'의 의미를 전할 수 있는 표현은 ask for가
있었죠. 이렇게 Can I ask you for a small favor?는 이번 유닛 마지막
에서 추가 설명드릴 쿠션어입니다.

② **request:** 데이브가 그냥 넘어가지 않고 추가 요청 사항이 있나 봐요. '요청 사항' 이렇게
명사처럼 쓸 수 있는 표현은 request였죠.

③ **would like to see:** 더 밝은 색 조합을 보고 싶다고 했는데, 이거 이렇게 한번
만들어서 보여달라는 요청이죠? '~가 보고 싶네' 하고 요청하는
표현 would like to see가 딱입니다.

④ **couldn't we have:** 이 와중에 켄은 로렌에게 업무 토스할 생각을 야무지게 해냈네요.
'누가 ~를 하도록 하다', 즉 '누구에게~를 요청하다'를 의미하는
예의 바른 표현 Could I have를 변형해서 사용해 주면 됩니다.

color scheme: 색 조합

free-of-charge: 무료의

* * * *

그냥 ~할까? Should I just ~?

매 순간 최선을 다 해야 하지만, 바쁘디 바쁜 현대인으로 살다 보면 그냥 대충 처리하고 싶은 일들이 생기죠. 우리말로 '(귀찮은데) 그냥 ~할까?'의 느낌과 톤을 'Should I just ~?'로 전할 수 있습니다.

Should we just order catering?

우리 그냥 케이터링 부를까? (회사 행사 때 원래 근처 맛집 샌드위치집에서 사 오려고 했는데, 참석자가 많아졌을 때)

I think we should make eight different designs. Or **should we just** do five?

디자인 시안 8개 만들면 될 것 같은데, 아니면 그냥 5개만 할까?

I was going to have a full-size band play at the festival. Or **should I just** go with a jazz trio?

축제에 완전체 밴드를 불러서 연주하게 할 생각이었는데, 그냥 재즈 트리오로 갈까?

 **Good to Know** offer

로렌이 무료 수정 서비스를 오퍼한다고 했는데, 이렇게 offer는 우리가 흔히 생각하는 '정식 잡 오퍼'처럼 딱딱한 상황에서만 쓰이는 건 아니에요. 서비스 등을 제공할 때 provide, offer 모두 활용할 수 있습니다. 추가로 매장에서 special offer 하면 '특별 할인'이라는 뜻이랍니다!

What can I do for you?

상황❷　　갑자기 데이브와의 계약 조건을 궁금해하는 CEO 테드

Ted:
└ CEO는 잡아
먹지 않아요.

Hey, Jane. Do you have a minute?

제인 님, 안녕하세요. 잠깐 시간 괜찮아요?

Jane:
└ 쫄았지만 세상
쿨인척해 본다.

Sure, Ted. What's going on?

그럼요, 대표님. 무슨 일이세요?

Ted:
└ 왜 괜히 죄
짓는 것 같지?

It's no big deal. Could I just ①_____ into our agreement with Dave?

별거 아니에요. 데이브님과 한 계약서 제가 한번 봐도(요청드려도) 될까요?

Jane:
└ 그냥 물어
볼게!
뭐 있어?

Uh… Sure! I happened to have one printed out for review—you can take this one. Should I be worried? I mean, you've never really ②_____ this kind of stuff.

아… 네! 마침 검토하려고 한 부 프린트 해 놨는데, 이거 가져가셔도 돼요. 혹시 뭐 문제가 있나요? 아니, 한번도 이런 거 요청하신 적이 없으셔서요.

Ted:
└ 개인적으로
필요해서.
입 단속!

Oh no, absolutely not! There is nothing to be worried about. To be honest, I need it for personal reasons so let's keep this to ourselves, shall we?

오, 전혀 아닙니다! 걱정하실 것 전혀 없어요. 솔직히, 개인적인 일로 좀 필요해요. 그래서 이 부탁은 우리끼리만 아는 걸로 하죠.

> ① **get a look:** 데이브와의 계약서를 한번 보겠다고 보여달라는 요청을 하는 거죠?
> 이럴때는 get a look into가 딱 적절하겠죠? 테드 입장에서 request나
> ask를 써 버리면 너무 포멀하게 되어 버리는데, 테드는 개인적인 일로
> 슬쩍 부탁하는 거니까 좀 캐주얼한 톤으로 가는 거예요.
> ② **asked for:** 제인은 테드가 아무리 캐주얼하게 말해 봤자 계약서를 공식적으로 요청받은
> 아주 살 떨리는 느낌이 나겠죠? 이땐 ask for을 써 주면 딱 알맞습니다.

* * *
마침 ~인데 I happen to ~

Do you happen to ~? 하고 물으면 아주 조심스럽게 부탁하는 표현이 된다는 게 이전 챕터에 나왔어요.
그런데 I happen to ~하면 '내가 마침 ~하고 있었는데, 했는데'의 의미가 되는 거죠. 타이밍이 어떻게 딱
맞아서 내가 마침 상대방이 원하는 걸 딱 갖고 있거나, 마침 나가려고 했다거나 이럴 때 쓸 수 있답니다.

I **happen to** have an extra pair of scissors, if you need one.
가위 필요하시면 저 마침 한 개 여분이 있어요.

We have a full house today, but she **happens to** be leaving right now so you can take her seat.
오늘 만석인데 마침 저 여성분이 나가실 것 같으니 저 여자분 자리에 앉으시면 될 것 같아요.

Good to Know ── deal의 다양한 사용

'별거 아니야 ~' 하고 상대방을 안심시킬 때 It's no big deal.이라고 할 수 있습니다. deal이
'어떤 사건, 일, 계약' 등을 뜻하니까 big deal이 아닌 거면 별게 아닌 거죠. 반대로 상대방이
뭔가 사건을 이야기했는데 그게 굉장히 중요하거나 굉장히 좋은 일, 엄청난 성과라면? That's
a huge deal! 또는 줄여서 That's huge! 이렇게 말하며 I'm so happy for you.(정말 잘
됐네요.)라고 함께 좋아해 주실 수도 있죠. 오늘은 왠지 돈까스가 당기는데 동료가 "오늘은
돈까스 어때?"라고 했을 때 '콜?'의 의미로 Call? 이러면 외국인들은 전혀 이해 못할 거예요.
이때 콜 대신 Deal?로 물어보면 된답니다. 계약 성사? 이런 느낌이죠. 대답은? Deal! 하고
외치면 됩니다. 콩글리시 콜 말고 딜을 써 주세요!

Good to Know ── Should I be worried?

회사에서 뭔가 예상치 못한 상황이 있거나, 뭔가 흐름이 이상할 때 '무슨 문제가 있는 거예요?'
라고 묻고 싶을 때가 있죠. 이때 problem, issue를 써 버리면 너무 진짜 문!제!가 있는 것
같잖아요. 이럴 때는 Should I be worried?(제가 걱정할 일인가요? 뭐 잘못되고 있어요?)로
에둘러 표현을 많이 한답니다.

Good to Know ── keep something to ourselves

keep something to ourselves, keep it between the two of us 이런 표현은 '우리끼리만
알고 있다'라는 뜻입니다. 즉, 외부에 발설하지 말자는 뜻이죠. 딱딱하게 Do not tell anyone.
하지 마시고 앞으로는 Let's keep this to ourselves.라고 써 보세요!

회의나 공식적인 포럼, 컨퍼런스 등에서 '발표 후에 질문 주시면 되겠습니다'를 We'll have a Q&A session afterwards. 정도로 쓰고 계신가요? 틀린 표현은 아니지만, 쓰던 말만 계속 쓰면 재미없잖아요. 다채롭게 우리의 표현 풀을 넓혀 보겠습니다!

We'll now open up the floor for questions.	이제 질문을 받아 보겠습니다.
If you have any questions, just pop them in the chat and we'll get to them later.	질문이 있으시면 채팅창에 남겨 주세요. 이후에 답변 드리겠습니다.
That's a really good one. Let me get back to you on that.	매우 좋은 질문입니다. 이건 제가 확인 후 다시 말씀드리도록 할게요.
Please feel free to jump in with questions.	편하게 언제든 질문 주시면 되겠습니다.

We'll now open up the floor for questions.
특히 공식적인 포럼, 컨퍼런스 자리에서 발표를 마친 후 Q&A 세션으로 넘어갈 때 이제부터 질문해 주시면 된다는 요이땅! 느낌으로 쓰실 수 있습니다. floor는 청중이 앉아 있는 객석이니 이제 질문을 할 수 있게 객석을 열어 둔다라는 느낌이겠죠.

If you have any questions, just pop them in the chat and we'll get to them later.
챗이 나왔으니 화상으로 회의나 세션을 진행할 때 쓰실 수 있습니다. 동사 pop이 뭔가 뽕! 튀어나오는 느낌이니까 채팅방에다(in the chat)가 '뽕 하고 띄워 주세요'라는 느낌의 표현입니다. 참고로 채팅방은 간략히 the chat이라고 합니다!

That's a really good one. Let me get back to you on that.
난감한 상황에서 우리를 구원해 주는 구원 투수 같은 표현이죠. 잘 모르겠을 때, 혹은 내가 맘대로 답했다가 덤터기 쓰게 생겼을 때 확인해 보고 get back to you(다시 컨택하겠다)라는 의미로 쓰기 적합한 표현입니다.

Please feel free to jump in with questions.
캐주얼한 회의에서 프레젠테이션을 할 때, 그때그때 질의 응답을 하면서 넘어가야 할 때가 있습니다. 그럴 때 쓰는 jump in with questions는 '질문과 함께 뛰어드세요! 맘껏 방해하세요!' 이런 느낌입니다. 반대로 '질문은 기억하고 계셨다 말미에 해주세요'라고 할 때는 Please hold your questions until we're done with all the presentations. 라고 하면 되겠습니다.

Unit 22
진행하겠습니다

드디어 저희가 검토도 하고, 확인도 하고, 공유도 하고, 반영도 하고, 수정도 하면서 이제 마지막! 진행시켜!에 도달하였습니다. 이경영 아저씨가 자주 하시는 바로 그 말씀을 우리는 조금 공손하게 "진행하겠습니다"라고 말하면서 프로젝트나 제품 공개를 진행시키는데요. 이걸 영어로는 뭐라고 하시나요?

Let's do it!

'렛츠 두 잇!' 흠, 좀 더 격식 있게 상황에 맞는 "진행해!"가 너무 절실한 상황이네요. '다음 단계로 진행해!' '계속 진행해! 더 디벨롭해서 진행해!' 등 상황에 맞는 표현들을 알아보면서 대장정의 마무리를 짓겠습니다. 멋쟁이 독자님들, 그간 수고 많으셨습니다!
상황 상황에 딱 맞는 '진행하겠습니다'의 결정적 표현을 시작합니다.

move on	(다음 단계로) 넘어가다, 진행하다	casual / semi-formal
carry on	계속하다, 진행하다	casual / semi-formal
develop into	진행하다	casual / semi-formal
build upon	(보태서) 진행하다	semi-formal
proceed to / with	진행하다	formal
work on	(하던 것을 계속) 진행하다	casual / semi-formal

1. move on (다음 단계로) 넘어가다, 진행하다

의미_ '이동하다, 움직이다'라는 뜻의 move 뒤에 on이 붙어서 그 상황이 유지되는, '계속해서 움직이다'의 뜻이 됩니다. 계속 움직이자, 즉 '다음으로 넘어가자'라는 의미의 진행입니다.

느낌_ 여러 진행 단계가 있는 업무를 할 때 다음 단계로 넘어가거나, 회의 시 이야기하다가 다음 토픽으로 넘어갈 때 쓰기에 아주 좋습니다.

- We will now **move on** to the second item on the meeting agenda.

  이제 회의 안건에서 두 번째 아이템으로 진행하겠습니다.

  Moving on, here is the Venn diagram of the different preferences of our clientele.

  다음으로 넘어가서 저희 고객풀의 선호 취향을 나타낸 벤 다이어그램입니다.

  Why don't we let PR decide on this and **move on** to the logistics?

  이건 PR팀이 결정하도록 두고 세세한 실행 계획으로 넘어갈까요?

⊕ Additional Expressions

preferences: 선호도, 취향, 기호
clientele: 클라이언트풀, 고객층, 고객군
logistics: 계획의 세세한 부분이나 설계(이동 수단, 식사 등)

* * *
PPT 다음 페이지로 넘어갈 때 Moving on!

PPT로 발표에서 다음 페이지로 넘어갈 때 Next page.만 무한 반복하고 계시다면, Moving on! 이렇게 부드럽게 말해 주세요. '자, 다음은요 ~' 이런 의미가 됩니다.

2. carry on 계속하다, 진행하다

의미_ 실어 나르는 의미의 carry가 있어 '계속해서 실어 나르다, 계속 진행하다'의 뜻입니다.

느낌_ move on이 다음 단계로 넘어가는 느낌이라면 carry on은 회의 중에 갑자기 번뜩이는 아이디어를 제의했을 때 부장님이 "호오? 계속해 봐 ~" 하는 뉘앙스로 단계보다는 "계속 진행"이 더 강조되는 차이가 있습니다.

- It's really difficult for us to **carry on** with this negotiation when you keep canceling on us.
  계속 펑크를 내시면 저희가 이 협상을 계속 진행하기가 너무 어렵습니다.

There's very bad press around our upcoming product – do you think it's smart for us to **carry on** with the rollout?
곧 출시될 저희 제품 관련해서 언론 분위기가 매우 좋지 않은데, 출시를 계속 진행하는 게 맞는 걸까요?

I'm thinking of taking a week off because it's really hard for me to **carry on** after my dog's death.
키우던 강아지가 죽고 계속 일을 진행하기가 정말 힘들어서 일주일 정도 쉬려 합니다.

⊕ Additional Expressions

cancel on someone: (누군가와의) 약속을 취소하다, 펑크 내다
upcoming: 곧 나오는, 향후 출시될
rollout: 출시

* * *
호오? 계속해 봐 ~ Carry on!

아이디어가 나와야 끝나는 미팅이라면, 주저없이 생각나는 모든 것을 내던져야 합니다. 그중 하나라도 걸릴지 모르니까요. 일단 "오? 계속해 봐 ~"가 팀장님 입에서 나오는 순간이 그린 라이트인데요. 더 이야기해 보라고 할 때, 앞서 알려 드린 것처럼 carry on도 좋고 go on, elaborate도 쓸 수 있습니다. '계속 얘기해 봐, 더 얘기해 줘 봐' 이런 의미로요. 위의 직급 분께 "오, 더 이야기해 주세요!"는 뒤에 please를 덧붙이면 금상첨화겠죠?

> **🗣 Good to Know 🗣**　keep calm and carry on

carry on을 혹시 비행기에서 들어 보신 적 있으신가요? 'carry-on items'는 내가 실어서 탈 수 있는, 들고 탈 수 있는 물건, 즉 '기내 수하물'을 의미합니다. 실어 나른다는 의미의 carry가 와닿는 표현이죠. 또 하나, 많이 보셨을 포스터 문구 "keep calm and carry on" 입니다. 이 문구는 영국에서 세계대전 직전에 '진정하고 하던 것 계속해'라는 의미로 사용한 선전 문구입니다. 요즘에는 이 문구를 패러디해서 keep calm and drink beer(진정하고 맥주 마셔), keep calm and stay home(진정하고 집에 있어) 뭐 이런 식으로 SNS 같은 데서 많이 쓰죠!

여기서의 press는 press coverage의 줄임말입니다. 즉, '언론의 평가, 보도'란 뜻이죠.
그렇다면 bad press는 언론 보도가 안 좋게 났다는 뜻이겠죠! 뭔가 controversial(논란의
여지가 있는)하거나 하면 그럴 수 있습니다. 반대로 We have some really good press!하면
기사들이 호의적이라는 이야기가 되겠습니다.

We will now move on to the
second item on the meeting agenda.

3. develop into 진행하다

의미_ '어레인지하다'처럼 자주 쓰이는 '디벨롭하겠습니다'의 의미 그대로입니다.

활용_ 디벨롭해서(발전시켜서) '무엇인가'로 만드는 거니 뒤에 into가 붙어야 한다는 점을 잊지 마세요.

- I think this really could appeal to young people – let's **develop** this idea **into** an actual proposal.
  이거 젊은 층에게 잘 먹힐 수 있을 것 같아요. 이 아이디어 진행해서 기획안으로 만들어 보죠.

  Do you think there will be a big enough pool of readers if we **develop** this training session **into** a written manual?
  이 교육 세션을 서면 매뉴얼로 진행시키면 독자 수요가 충분히 있을까요?

  It's going to take at least three months to **develop** this **into** an actual function on the app and I'm afraid the fad will be over by then.
  이것을 앱에서 실제 기능으로 진행하는 데 최소 세 달은 걸릴 텐데, 그때가 되면 유행은 이미 지났을 거예요.

➊ Additional Expressions

fad: 유행(유의어: craze, hype, buzz 등)

* * *

서면의 00 written 00, 00 in writing

서면 계약서, 서면으로 등 '서면'이라는 표현 자주 쓰시죠? 이럴 때 written 00, 또는 00 in writing이라고 쓰시면 됩니다.

We need your consent **in writing**.
당신의 서면 동의가 필요합니다. (= We need your written consent.)

🔲 Good to Know 🔲 a big enough pool

'충분한 (고객) 풀일까?' 할 때 Would it be a big enough pool?이라고 할 수 있습니다. 이걸 응용해서 100명이 오는데 그 공간이 충분히 클까? 넓을까? 할 때도 Would it be a big enough space for 100 people?이라고 할 수 있고요. 꼭 big이 아니어도 The space won't be wide enough for exhibition of the different laptops. 이렇게 말하면 '다양한 노트북을 전시하기에는 그 장소가 충분히 넓지 않아요.'라는 의미가 되겠죠!

4. build (up)on (보태서) 진행하다

의미_ build는 짓는 건데, on의 up이니 '뭔가의 위에' 더 짓는 것, 즉 이미 있는 것에 더 추가해 진행하는 것을 의미합니다.

활용_ 앞서 다른 사람이 한 말(이미 있는 것)에 내가 아는 것(추가하는 것)을 덧붙이고 싶은 그런 상황에서 적합합니다. upon과 on 모두 사용할 수 있습니다.

- I think that's a good strategy you've got there. Let's **build on** that
- and see where that takes us.

    좋은 전략인 것 같아요. 거기서 좀 더 진행해서 어떻게 되는지 한번 보죠.

    Are we **building on** this proposal or are we scrapping the proposal and back to square one?

    저희 이 기획안에 더 보태서 진행시키는 건가요? 아니면 기획안은 엎고 처음부터 다시 시작하는 건가요?

    Building on what Katie said earlier, I think we need to speed up our procurement process if we want to stick with the timeline.

    케이티가 아까 언급한 것에 보태서 말씀드리면, 저희 타임라인 그대로 가려면 구매 프로세스에 좀 더 빠르게 스피드를 올려야 할 것 같아요.

* * *
이탈 없이 따라가다 stick with

stick with, 뭔가에 붙어 있는 거죠? 뭔가에 붙어 따라가는 거라서 stick with the timeline, stick with the plan 하면 타임라인이나 계획에 붙어서 이탈 없이 따라간다는 뜻입니다.

Good to Know Let's see where that takes us.

Let's see where that takes us.는 '이렇게 하고 어떻게 되는지 상황을 보자.'라는 의미로 약간 관망적인 표현이에요. 그래서 부하 직원보다는 결정권 있는 윗사람이 쓰기 좋습니다.

Good to Know back to square one

네모 1로 돌아오다니! 이것이 당최 무슨 소리인가! 이 표현은 다시 처음부터 시작한다는 뜻인데요. 재미있는(그렇다고 막 뒤집어지게 재밌지는 않습니다.) 어원이 있습니다. 예전에 라디오로 미식 축구를 중계할 때 듣는 사람이 머릿속에서 공이 어디 있는지 상상할 수 있도록 필드를 분할해서 square 1, 2, 3… 이렇게 설명했다고 해요! Square 1은 골대 쪽이라 다시 시작하는 셈이어서 going back to square one 하면 아예 처음으로 돌아간다는 뜻이 된답니다.

5. proceed to/with 진행하다

의미_ proceed 자체가 '진행하다'의 뜻인데 단계 단계로 분절된 것을 밟고 나아가는 경우에는 (예: 협상 → 계약서 초안 → 검토 등) 뒤에 to를 써서 다음 지점을 향해 나아가는 것을 나타내고, 진행의 의미로 쓰고 하나의 flow로 쭉 진행하는 일은 with를 써서 느낌을 살립니다.

느낌_ 좀 포멀한 느낌, 정말 이경영 아저씨가 말하는 "진행해!"의 느낌이 있답니다.

- Our team is ready to **proceed to** drafting the contract.
  저희 팀은 계약서 초안 작성으로 넘어갈 준비가 됐습니다.

  Do you think it's alright for us to **proceed with** the deal when they haven't paid us upfront any material cost?
  그들이 자재비 선금 지급을 전혀 안 했는데 이 거래 진행해도 괜찮을까요?

  Are they **proceeding with** the premiere of the movie despite the controversy over the lead actor?
  주연 배우 논란에도 불구하고 영화 개봉을 그대로 진행하신대요?

➕ Additional Expressions

pay upfront: 선금을 지급하다
material cost: 자재비, 재료비
premiere: (영화, 연극, 드라마 등의) 개봉, 최초 공개
controversy: 논란

* * *
~임에도 불구하고 despite

despite은 '~임에도 불구하고'를 얘기하고 싶을 때 쓰기 아주 적절한 표현입니다만, despite 뒤에는 꼭 명사 형태가 와야 합니다.

He's coming **despite** his busy schedule.
바쁜 일정에도 불구하고 그가 오기로 했어요.

He's coming **despite** him being very busy this week.
이번 주에 바쁜데도 불구하고 그가 오기로 했어요.

🗨 Good to Know 🗨 to와 with의 뉘앙스 차이

한 지점을 향하는 to와 함께 가는 with의 느낌으로 비교해 보면 proceed to the next level은 다음 단계를 향해, 즉 다음 단계로 넘어가는 거고, proceed with the plan하면 plan이 목표 지점마다 분절되는 게 아니라 plan을 함께 쭉 진행해 나가는 의미입니다. 사소하지만 중요한 뉘앙스 차이를 기억해 주세요.

6. work on (하던 것을 계속) 진행하다

의미_ 하던 것을 계속 진행하겠다는 의미로 다른 표현들과 차이가 있습니다.

활용_ work on과 찰떡궁합인 continue to를 넣어서 원래 진행해 오고 있었는데 '계속 (하던 거) 진행하겠다'라는 의미를 살릴 수 있습니다

- We will continue to **work on** the initiative, if there's no other issue.
  다른 이슈 없으면 저희는 이 계획 계속해서 진행하겠습니다.

  I have too much on my plate right now – if Josh can take over the new project, I'll be able to **work on** the two projects I've been onto for the past 5 weeks.
  지금 제가 감당이 어려울 정도로 뭐가 많아요. 조쉬가 신규 프로젝트를 대신 가져가 주면, 제가 지난 5주간 진행해 온 프로젝트 두 개를 계속해서 진행할 수 있을 것 같아요.

  Can you **work on** the logistics for the conference? We need to sort out everything before we can proceed to printing out the leaflets.
  컨퍼런스 세부 사항들을 계속 진행해 주실 수 있어요? 다 정리가 되어야지 저희가 리플렛을 인쇄할 수가 있어요.

⊕ Additional Expressions

take over: 대신 담당하다
sort out: (분류해서) 정리하다

* * *
진행하고 들여다 보다 be onto something

be on something은 뭔가에 매달려 있는 느낌이에요. 프로젝트면 이걸 '계속 내가 진행하고 들여다 보고 있다'라는 의미가 되고요. 그래서 미드에서 보면 오피스에서 레퍼런스 체크해 달라거나 뭔가 요청이 있을 때 부하 직원이 On it!이라고 하죠. 그럼 지금 하고 있다는 의미가 됩니다. 들여다보고 있는 거죠, 이미.

🗨 Good to Know 🗨 too much on my plate

뷔페에 갔는데 접시에 너무 많이 담으면 넘치거나 떨어뜨리겠죠? 할 일이 너무 여러 가지로 많아서 감당이 안 될 때 바로 이 I've got too much on my plate!를 써 주면 됩니다. 뭐가 너무 많아서 지금 조정을 안 하면 내가 회사를 불태워 버릴 것 같을 때 I've got too much on my plate.를 써서 추가 일을 거절하거나, 조정을 요청하실 수 있습니다.

mp3 045

상황❶ 새로운 프로젝트에 대해 이야기 나누는 제인과 데이브

Jane:
└ 구관이 명관
  이라고 계속
  가 보자!

We're very happy to have wrapped up the previous project with much success! Thank you for your hard work, Dave. I guess we can start ①＿＿＿＿＿＿ what's next in our pipeline.

지난 프로젝트를 성공적으로 마무리할수 있어서 너무 기쁩니다! 데이브 님의 노고 덕분입니다. 자, 이제 그럼 차기 프로젝트 진행을 시작해 볼 수 있겠네요

Dave:
└ 당신 덕분인
  것 맞아.

All credit goes to you, Jane. I'll make sure my staff ②＿＿＿＿＿ ＿＿＿＿＿the payment.

제인 님 덕분이죠 뭐. 저희 직원한테 결제 진행하라고 해두겠습니다.

Jane:
└ 딴 생각 금지,
  밀어붙이기!

That'll be perfect. Alright then, why don't we ③＿＿＿＿＿＿ the conversation we had with Gena last week and go from there? We can try ④＿＿＿＿＿ that idea ＿＿＿＿＿ an actual proposal.

좋아요. 그럼 지나 님과 지난주에 나눴던 대화에서 좀 더 뻗어 나가 볼까요? 그 아이디어 를 진행해서 실질적인 제안서로 만들어 볼 수도 있고요.

> ① **working on:** 다음 프로젝트로 바로 넘어가서 '진행을 하다, 바로 착수를 하다'란 의미로 working on이 적절하죠.
> ② **proceeds with:** '결제를 진행하다'에서 '진행하다'는 하나의 목표가 아니라 큰 flow의 일부분으로 보면 좋겠죠? proceed to는 다음 단계로 넘어가는 느낌 이라서 그것보다는 proceed with가 적합합니다.
> ③ **build on:** 이미 지나 님과 앞서서 이야기했던 내용이 있나 봐요. 이 이야기 위에 더 얹고 만들어 내는 것이니 build (up)on이 적절합니다. upon과 on 모두 사용 가능 해요.
> ④ **developing, into:** 디벨롭은 말 그대로 디벨롭인데, 뒤에 오는 전치사는 into였죠.

➕ Additional Expressions

wrap up: 마무리하다
All credit goes to you.: 모두 네 덕분이야.
next in our pipeline: 우리의 다음 일, 차기 프로젝트, 진행/개발 중인 프로젝트
go from there: 거기에서부터 시작하다

* * * *
마무리되었어! It's a wrap!

wrap up이 '마무리하다'인 것은 여러 번 이야기했지만, 이 wrap이란 단어를 다양하게도 응용할 수 있는 것 아시나요? It's a wrap!이라고 이야기하면 '이것이 바로 랩이다!'라는 말이 아니라, '마무리되었어! 끝!'이라는 뜻이랍니다. 예를 들어, 여기저기 행사를 진행할 때 진행 요원들끼리 얘기하면서 본인 담당 회의실의 세션은 마무리되었다고 말할 때 It's a wrap for room 302! 이런 식으로 말하기도 합니다.

Good to Know credit

크레딧 하면 크레딧카드(신용카드)가 제일 먼저 생각나시죠? (나의 피 같은 월급을 1차로 거르는 거름망) 크레딧은 이렇게 '크레딧카드'에서 쓰인 것처럼 '신용'이라는 뜻도 있지만, 영화 끝날 때 올라가는 '엔딩 크레딧'에서의 '공, 공헌'이라는 의미도 있답니다. 그래서 Credit goes to you. 하면 '네 공이 커.' 이렇게 상대방에게 공을 돌리는 거고, I really shouldn't be getting all the credit.은 '아우, 내가 한 건 정말 없어.'라고 겸손하게 말하는 겁니다.

Good to Know pipeline 송유관?

pipeline은 송유관입니다. '마케팅 회사에서 왜 갑자기 송유관 얘기를 하지?' 하셨죠? 여기서 비유적으로 쓰인 in the pipeline의 뜻은 바로 '진행 중, 다음에 진행될 건'이라는 의미랍니다. 기름이 아직 전달되진 않았지만 송유관을 통해 막 흘러오고 있는 거죠? 그런 느낌을 생각해 주시면 됩니다. 그렇기 때문에 next in the pipeline 하면 '바로 다음에 진행할 것, 바로 다음에 공개될 것'이란 의미가 되겠죠?

상황②   데이브와 비서 팀의 대화

Dave:
└ 물어보기 전에
   알잘딱깔센.

Tim, did you follow up on that request I made last week–about scheduling a quick meeting with Jane so I can touch base with her on the new project?

팀, 지난주에 내가 요청한 거 팔로업했어요? 그, 제인 님과 신규 프로젝트 관련 간단한 확인을 위해 짧은 미팅 잡는 것 말이에요.

Tim:
└ 달력은
   어디에?

I spoke to Jane and it's on her calendar. I've marked it down on yours as well. So, I guess the negotiation ①_____ towards a better deal?

제인 님과 이야기했고, 날짜 잡아 뒀어요. 데이브 님 달력에도 표시해 뒀습니다. 그럼 협상이 더 좋은 딜로 진행이 되었나 보네요?

Dave:
└ 내 나이
   되어 봐.

Oh, sorry. I must've missed it. We didn't necessarily get a better deal but just decided to ②_____ with what we already have.

앗, 미안해요. 제가 놓쳤나 봐요. 꼭 뭐 더 좋은 협상이 되었다고 할 순 없지만, 그냥 지금 협상대로 일단 진행해 보려고요.

> ① **moved on**: 협상이 더 좋은 쪽으로 움직였다의 느낌? 움직여 진행하는 move on이 적합하네요.
> ② **carry on**: 일단은 지금 딜대로 진행해 본다고 하죠? 이미 가지고 있는 걸 계속 이끌어 가고 진행해 볼 때는 carry on이 맞습니다. carry on은 그대로 진행, move on은 다음으로 나아가는 차이가 있죠.

➕ Additional Expressions

follow up on ~: ~을 팔로업하다
touch base with someone on something: 뭔가에 대해 누군가와 짧게 대화를 나누다
mark ~ down: ~을 적어 두다
not necessarily.: 꼭 그렇진 않아

* * *
끄적끄적 적어 두다 jot down

점심으로 짜장면을 먹으면 오후에는 거의 수면제로 작용합니다. MSG 때문일까요? 회의 참석 중 너무 너무 졸릴 때, 여러분은 어떻게 이겨 내시나요? 볼펜이라도 들고 뭔가 끄적이면 조금 나아질 수 있는데요. 우리가 뭔가를 표시해 두고 적어 두는 것은 본문에 나온 것처럼 mark ~ down이고요, 이와 비슷하지만 좀 더 끄적끄적 적어 두는 건 jot ~ down이라고 합니다. 중요한 건 발음을 조심하셔야 한다는 점!

Let me just **jot down** what you just said.
잠깐 너가 말한 거 적어 두려고. (= 메모 좀 할게.)

Might be better if you **jot** this **down**.
이거는 적어 두는 게 나을 거야.

가끔 이디엄 같은 걸 보면 '도대체 왜 저 말이 저 뜻이지?' 싶은 것들이 있죠. touch base도 비슷한데요. 당최 전체 이디엄의 뜻을 모르고 들으면 뭔 소리인고 할 수 있어요. 이렇듯 영어에는 스포츠 비유가 담긴 표현들이 참 많습니다. touch base도 야구에서 온 표현입니다. 야구에서 1루, 2루, 영어로는 1st base, 2nd base라고 하는데 이걸 돌아가면서 터치해야 하죠? 그래서 '짧게 컨택하다, 닿다'라는 의미로 touch base가 '짧게 확인하고, 이야기하고, 체크하다'는 뜻으로 발전한 것이랍니다!

RECAP: 총정리편
회사원 마크의 하루

마지막 챕터에 오신 여러분 모두 정말 대단하십니다! 스스로에게 꼭 박수와 칭찬을 해 주시면 좋겠어요. 영어책 완독이라는 그 어려운 일을 해내신 여러분은 앞으로 무슨 일이든 하실 수 있을 거라 생각합니다. 끝까지 온 것은 너무 기쁘지만, 이제까지 쉼 없이 많은 동사를 배워 왔기에 몇 개는 기억이 나기도 하고 안 나는 것도 있고 그렇지 않나요?

괜찮습니다. 어느 하나 빼놓을 것 없이 모두 중요한 표현들, 모두 내 것으로 만들 수 있도록 도와드릴게요. 바로 다음 페이지에 앞에 나온 동사 표현들을 정리했으니 한번 쭉 훑어보시고 이 마지막 유닛을 총 복습용으로 활용해 보세요.

우리의 삶과 다를 바 없는 회사원 마크의 하루를 쭉 함께 따라가 보며 이제까지 배웠던 표현들을 활용해 보고 또 되짚어 보겠습니다.

그럼 기쁜 마음으로 '회사원 마크의 하루'를 시작합니다.

검토해 주세요: take a look at | look over | review | consider | go through

확인해 주세요: Are you okay with ~? | make sure that | confirm | clarify

공유해 주세요: share | send | Can I have ~? | provide somebody with something

반영해 주세요: take something into account | reflect | make sure something be corrected/
added/included/taken out | throw something in

수정해 주세요: edit | make a correction (on) | revise | change | polish | revisit

승인해 주세요: confirm | approve (= get an approval) | finalize | be good to go

작성하겠습니다: draft (up) | prepare | write up | put together

시작하겠습니다: get started | jump in | start working on | go with

의견 주세요: discuss | share your thoughts on | give/provide feedback |
let us know what you think | How do you see ~? |
What's your take on ~?

참고해 주세요: refer to | use as reference | take into account | consider | keep in mind

cc 걸어주세요: add me on the look/loop me in | Can you cc/bcc me on the email? |
Can you copy me in on the email? | Include me in the email chain.

전달하다: share | deliver | make sure somebody gets something | let somebody know |
hand over | drop off

설명해 주세요: go over | walk someone through | elaborate (on) | fill somebody in

보고하겠습니다: brief | report | discuss | talk to someone about | go over

회의 준비하겠습니다: set up | arrange | coordinate | schedule | set up | get ready |
prepare (for) | put together

편한 날짜 알려 주세요: When is/would be a good time for ~? | Let me know when ~ |
When are you available for ~? | Does date/time work for you?

연기해 주세요: postpone | reschedule | push back | hold off | put off

취소해 주세요: cancel | call off | opt out | scrap | take a rain check on

알아보겠습니다: look into | figure out | do some research (on) | investigate | examine | find out

죄송합니다: I'm sorry | apologize | pardon | excuse me for/excuse my | It's my bad! |
Forgive me for ~

요청 드립니다: request | ask for | would like to see ~ | Could I have/get ~?

진행하겠습니다: move on | carry on | develop into | build upon | proceed to/with | work on

mp3 046

9:00 근무 시작하자마자 데이브에게 전화를 거는 마크

Mark:
└ 자려고 누웠을
때부터 생각
했다.

Hello, Dave. It's Mark. Just wanted to **make sure** that we're on the same page on the timeline of the new app launch.

데이브 님, 안녕하세요. 마크예요. 신규 앱 론칭 타임라인 관련해서 저희가 똑같이 이해하고 있는지 확인하려고 전화 드렸어요.

Dave:
└ 뭐가 그리
급현디.
메일이나 보내!

Thanks for following up on that Mark. I'll get right back to you after I **talk to** my boss. Can you **share with me** the draft timeline, and also **add my assistant in on the loop** too?

마크 님, 팔로업해 줘서 고마워요. 상부에 보고한 후에 바로 이야기해 줄게요. 타임라인 초안 좀 공유해 줄 수 있을까요? 아 그리고 제 비서도 cc로 좀 넣어 줄래요?

Mark:
└ 보내지도 않고
꼬는 나란
남자!

Roger that. No worries. If the timeline needs to be **revised**, just ring me up anytime.

잘 알겠습니다. 걱정하지 마세요. 타임라인 수정하셔야 하면 아무 때나 전화 주세요.

make sure: 확실하게 확인하려는 의도를 살려 make sure를 넣었습니다. make sure 대신 '확인해 주세요'에서 배웠던 표현 중 confirm이나 check도 좋습니다.

talk to: '보고하다' 기억 나시나요? 이때 report, brief는 각 잡고 하는 공식적인 느낌이었고, 또 심각한 상부 보고의 느낌은 escalate을 쓰면 됐었는데, 그냥 상사에게 "이렇게 하겠다" 하고 이야기하는 보고 상황에서는 캐주얼하게 talk to, discuss, go over 이런 표현을 많이 쓴다고 말씀드렸습니다. 여기서는 뒤에 보고하는 대상이 나오기 때문에 talk to가 가장 적합합니다.

share with me: 공유를 부탁하는 것도 중요했죠. 바로 머리에 떠오르는 give는 명령조니 지양해야 하는 점 다시 짚어 드리며, share with me 말고도 보통 이메일로 달라고 요청을 할 때는 send도 좋습니다. 그리고 'provide [somebody] with [something]' 이런 표현도 있었어요. '나도 공유해 주세요' 할 땐 Can I have ~? 하고 말하기로 했었고요.

add my assistant in on the loop: chain, loop, thread 모두 이어지는 뉘앙스를 가진 표현이라고 설명한 것 기억하시죠? copy me in on the email, cc me, include me in the email chain, 또는 email thread를 배워 봤는데 add somebody in on the loop도 그중 힙한 표현이었어요.

revised: 큰 규모의 수정인지, 작은 규모의 교정 단계의 수정인지에 따라 표현이 나뉩니다. 큰 규모의 수정은 revise, change 좀 더 작은 교정이나 수정에서는 make a correction, edit이 있었죠. 또 다시 보거나 때 빼고 광낼 때는 revisit, polish를 쓰면 좋다고 알려 드렸습니다. 여기서는 다시 보고 수정하는 거니 revise를 사용했어요. 우리 마크가 이제 좀 여유가 생긴 것 같죠? '수정 원하면 오케이해 줄게, 걱정하지 마 ~' 하면서 클라이언트를 안심시킬 줄도 아네요.

⊕ Additional Expressions

Ring me up anytime.: 아무 때나 전화 주세요.

9:30 제인에게 통화 내용을 보고하는 마크

Mark:
└ 이렇게 일
잘하는 인간이
되는 건가.

Jane, I just talked to Dave on the phone. He's going to let us know whether to **proceed with** the draft timeline after he **gets his boss' approval**.

제인 팀장님, 방금 데이브 님이랑 통화했어요. 타임라인 초안대로 진행할지 상사분이 승인해 주시면 바로 알려 주신다고 하네요.

Jane:
└ 당신이 작성을
시작해야겠네!

Great! Oh, we'd better start **drafting** the contract then. Let's **jump right in**. Ken will **walk you through** how to draft one.

잘됐네! 그럼, 우리 계약서 작성을 시작하는 게 좋겠군요! 바로 시작하죠. 켄이 작성하는 법을 자세히 설명해 줄 거예요.

proceed with: 가장 마지막 유닛에서 나왔던 것이니 기억하시죠? '이대로 진행해.'의 느낌일 때는 proceed with가 딱이었습니다. 그 외에도 move on, carry on, build on, work on, develop 이런 표현들을 배웠는데 그냥 지나가면 아쉬우니 한 번 짚고 갈게요. move on과 proceed to는 분절되어 있는 다음 단계로 넘어가는 느낌이고, proceed with, build on, work on, develop은 하나의 flow로 계속 진행되는 뉘앙스였죠.

get his boss' approval: approve는 우리말 '승인하다'와 가장 가까운 표현이고, get an approval로 풀어서 사용할 수도 있습니다. 그 외에도 확인과 승인의 의미를 모두 포함하는 confirm, 최종 승인 뉘앙스의 finalize 그리고 be good to go처럼 캐주얼한 표현도 있습니다. 모두 기억하시리라 믿어요.

drafting: 마크는 칭찬을 기대했는데, 제인은 바로 초안 작성 업무를 지시하네요. 작성할 때는 초안을 작성하는 건지, 앞서 조사까지 다 할지, 정말 작성만 할지 그리고 있는 정보를 한데 모아서 작성하는지에 따라 의미를 나눠 보았습니다. 초안을 작성하는 draft 외에도 '적다'는 그 자체의 의미 write와 마지막 단계인 문서 작성을 포함하여 수반되는 모든 업무를 진행하겠다는 의미의 write up, prepare, 그리고 한데 모아서 작성하는 put together가 있었죠.

jump right in: 바로 뛰어들어 착수하는 거죠. jump right in, start working on 등 다 좋습니다.

walk you through: 켄이 어떻게 하는지 하나하나 알려 주는 겁니다. 숲을 같이 걸으며 하나하나 가르쳐 주는 느낌일 때 쓰기 딱 좋은 표현이죠?

10:30 켄 대리에게 계약서 초안 검토를 부탁하는 마크

Mark:
↳ 뒤에서 모니터
봤는데 시간
않더군.

Hey Ken, do you have a moment? Would you do me a favor and **look over** this contract I put together? It's still a rough draft.

켄 대리님, 혹시 시간 좀 있어요? 미안한데 내가 작성한 계약서 좀 검토해 줄 수 있을까요? 아직 초안이에요.

Ken:
↳ 주식 파란색ㄲ
봐 줄 기분
아니야.

Do I get a free coffee? Just kidding, I'll take a look at it and **let you know if I've got any feedback** for you.

나 뭐 커피라도 사 주나? 장난이고, 내가 검토해 보고 의견 있으면 알려 줄게요.

look over: look over는 제일 처음 유닛에서 배웠죠. '한번 쓱 훑어보다'는 느낌이었고 take a look at은 좀 더 꼼꼼히 보는 뉘앙스의 차이가 있었습니다. 그 외에도 consider, review, go through 같은 표현들이 있었죠.

let you know if I've got any feedback: 응용이 들어간 표현입니다. '의견 주세요' 에서 배웠던 let us know what you think와 give feedback on을 합쳐서 이렇게도 사용할 수 있어요. '의견이 있으면 알려 줄게.'라는 의미죠. 이 외에도 discuss, share your thoughts, how do you see this, what's your take on this도 살펴봤습니다.

mp3 047

13:00 점심식사 후 데이브에게 메일을 보내는 마크

Hello Dave,
Attached below is the draft timeline **for your reference**.
Please excuse me for not sending it over earlier.

Best,
Mark

데이브 님 안녕하세요.
아래 타임라인 초안을 첨부해 드리오니 참고 바랍니다.
더 일찍 보냈어야 하는데 죄송합니다.

감사합니다.
마크 드림

> **for your reference:** 책의 중반쯤에 '참고해 주세요'에서 배운 use as reference,
> refer to를 응용해 for your reference(너의 참고용으로, 즉
> 참고해 주세요)라는 의미로 써 봤습니다. 이 외에도 고려해 달라,
> 염두에 두라고 할 때는 consider, take into account, keep in
> mind 표현도 있었어요.
>
> **please excuse me for:** 사과할 때 그 정도에 따라 적합한 표현을 쓰는 것이 중요합니다.
> 우리가 잘 아는 sorry, apologize 외에도 심각한 실수가 아닐
> 때는 pardon, excuse me for가 유용하다고 말씀드렸습니다.

➕ **Additional Expressions**
attached below: 아래에 첨부된 것

13:30 켄 대리와 커피를 마시는 마크

Mark: Hey, did you hear that Jane **called off** the meeting with Gena because she was being so rude?

└→ 좋다니까 재밌는 이야기
(= 남 뒷) 나 하자.

글쎄, 지나 님이 너무 예의 없게 굴어서 제인 팀장님이 회의 취소한 얘기 들었어요?

Ken: What? Seriously? She wasn't just **pushing back** the date?

└→ 뭐래? 스파게티 소화 완료!

뭐라고? 진짜? 그냥 날짜 연기한 거 아니었어요?

Mark: No, I heard it wasn't like that. I heard Jane had to ask her five times to check **when she was available** because she kept on rescheduling.

└→ 지나 님 짱.
마이 웨이
그 자체!

아니래요, 그건 아니라고 들었어요. 지나 님이 자꾸 날짜를 미뤄서 언제 되는지를 제인 팀장님이 다섯 번이나 물어봐야 했대요.

Ken: Oh my god, that is so unlike of Jane!

└→ 제인 팀장님
성깔 있네.

세상에, 너무 제인 팀장 답지 않다!

called off: 마크와 켄 대리는 가까운 사이이니 cancel보다는 조금 덜 포멀한 call off를 써 주었습니다. 그 외에도 나만 빠질 때는 opt out, 완전히 엎는 상황에서는 scrap, 좋게 사양하거나 미루거나 취소하고 싶을 때 캐주얼하게 쓰는 표현 take a rain check on까지 살펴봤습니다.

pushing back: 전반적인 대화 상황이 캐주얼하죠? 캐주얼하게 쓰는 '미루다'는 push back이 가장 적합하겠네요. postpone은 우리말 '연기하다'와 가장 비슷한 느낌으로 포멀한 표현이었고, hold off와 put off는 잠정 중단의 느낌, 그리고 요즘에 가장 많이 쓰는 긍정적인 뉘앙스가 담긴 표현에는 reschedule이 있었습니다.

when she was available: 지나 님이 정말 계속 미뤘나 봐요. 앞서 본 reschedule이 나온 것 일단 확인하시고, 자꾸 미루는 지나 님에게 제인 팀장님은 언제 가능한지 확인했어야겠죠? 날짜를 확인할 때 사용할 수 있는 when she was available 이라는 유용한 표현이 딱이겠습니다. 이 외에도 let me know when, share your availability가 있는데, 너무 캐주얼하지도 너무 딱딱하지도 않은 좋은 정중한 표현들 이에요.

15:00 제인 팀장님께 계약서 초안을 확인받는 마크

Mark:
└· 안 괜찮기만 해 봐!

Hi Jane, I **dropped off** the draft contract on your desk before lunch. Did you find it okay?

제인 팀장님, 점심 전에 팀장님 책상에 계약서 초안 올려 두었는데, 어떻게 괜찮나요?

Jane:
└· 오올 마크.

Oh yes, Mark. It seemed fine. Can you **set up** a meeting with Dave so we can look over it together?

아, 맞아 마크. 좋은 것 같아요. 데이브 님이랑 같이 검토해 보게 미팅 좀 잡아 줄래요?

Mark:
└· 하, 스무드해. 오늘은 칼퇴각!

Copy that. I'll **find out** when's a good time for him and let you know asap.

알겠습니다. 언제가 좋으신지 알아보고 바로 알려 드릴게요.

---

dropped off: 여기서는 마크가 계약서 초안을 두고 가서 전달한 상황이니 drop off가 딱 이겠네요. 물리적으로 전달하는 것 중 hand over은 손에서 손으로 건네 주는 것이고, 이 외에 말을 전달할 때 쓸 수 있는 deliver, share, let somebody know도 기억해 주세요.

set up: 미팅을 잡고, 어레인지할 때는 set up, arrange 둘 다 좋습니다. 특히 다자간에는 coordinate, 일정을 잡을 때는 schedule이 적합합니다.

find out: 마크가 신나서 알아보러 가네요. '알아보다'의 범용 표현은 find out과 figure out이 있는데, 지금 상황에서는 이 두 개 모두 사용이 가능합니다. 좀 더 실질적인 조사에 들어가는 경우 look into, do some research on, investigate, examine 이런 표현들도 쓰실 수 있습니다.

16:30 데이브에게 메일을 보내 미팅을 잡으려는 마크

Hello Dave,
It's Mark again.
Jane would like to have a meeting with you, so we can **go over** the draft contract together. Please let me know when you're available.
Also, may I **ask for** some feedback on the contract beforehand?
I'll **take those into account** and revise it before the meeting, so we can keep the meeting brief.

Best,
Mark

데이브 님 안녕하세요.
또 마크입니다.
제인 팀장님이 계약서 초안을 함께 검토하기 위한 미팅을 했으면 합니다.
언제 가능하신지 알려 주시면 감사하겠습니다.
그리고 혹시 사전에 초안에 대한 피드백을 요청 드려도 될까요?
회의 전에 피드백을 반영 및 수정해서 회의가 간결하게 진행되도록 할게요.

감사합니다.
마크 드림
　└‣ 미팅에서 세월아 네월아 하지 마시고
　　미리미리 보내 주십쇼.

go over: 함께 계약서 초안을 훑어보는 거니까 go over가 적당하죠?
ask for: 마크가 이젠 일 처리가 정말 깔끔하죠? 제인 팀장님이 사전 피드백은 요청 안 했는데, 미리미리 회의 때 계약서를 처음 보면 시간이 걸릴 수 있으니 사전에 피드백 요청을 드렸어요. 이때 가벼운 느낌의 ask for는 '요청/부탁할게'라는 뜻이죠.
그 외에도 포멀한 표현은 request, 정중하고 우회적인 표현은 would like to see ~, Could I have ~? 등이 있습니다.
take those into account: 미리 피드백을 받아서 반영해 두겠다는 거죠? 뺄 것도 있고 넣을 것도 있고 고칠 것도 있을 수 있으니 통합해서 take those into account를 써 주면 딱입니다.

Glossary

ㄲ

ㄴ

ㅂ

ㅃ

ㅅ

263